Cuentos que curan

Cuentos que curan

Conocernos mejor con el poder terapéutico de los cuentos

Bernardo Ortín
Trinidad Ballester

OCEANO

Primera edición, abril 2005
Segunda edición, septiembre 2005
Tercera edición, febrero 2007
Cuarta edición, abril 2009
Quinta edición, octubre 2011
Sexta edición, febrero 2014
Septima edición, mayo 2019
Octava edición, julio 2023

Cuentos que curan
© Bernardo Ortín y Trinidad Ballester, 2005

Ilustraciones: Trinidad Ballester
Cubierta: Jordi Galeano

© Editorial Océano, S.L., 2023
Grupo Océano
Milanesat, 21-23 – 08017 Barcelona
Tel.: 93 280 20 20* – Fax: 93 203 17 91
www.oceano.com

Derechos exclusivos de edición en español para todos los países del mundo.
Queda rigurosamente prohibida, sin la autorización escrita de los titulares del copyright, bajo las sanciones establecidas en las leyes, la reproducción parcial o total de esta obra por cualquier medio o procedimiento, comprendidos la reprografía y el tratamiento informático, así como la distribución de ejemplares mediante alquiler o préstamo público.

Cualquier forma de reproducción, distribución, comunicación pública o transformación de esta obra solo puede ser realizada con la autorización de sus titulares, salvo excepción prevista por la ley. Diríjase a CEDRO (Centro Español de Derechos Reprográficos, www.cedro.org) si necesita fotocopiar o escanear algún fragmento de esta obra.

ISBN: 978-84-7556-225-4
Depósito Legal: B-6598-XLVIII
Impreso en España - *Printed in Spain*

9001643080723

*A nuestros padres por contarnos cuentos
y a nuestros hijos por escuchar los nuestros.*

AGRADECIMIENTOS

Este libro es el resultado de mucho tiempo de atención a los relatos. También es la consecuencia de los muchos cursos, talleres y seminarios que hemos impartido sobre el lenguaje metafórico y de la recopilación de los cuentos que nos han conmovido. En el proceso ha habido muchas personas que nos han apoyado y han contribuido a que el libro salga a la luz. Queremos agradecer el apoyo que hemos recibido de todos ellos.
A Laura Actis y Víctor Amat por todas las ocasiones en las que nos han brindado la oportunidad de impartir seminarios sobre este tema.
A todas las personas que han participado en nuestros cursos.
A Miguel Pérez Rizo por los relatos que hemos compartido.
A Víctor Amat, Gema Berenguer, Yolanda Calero, Ana Espert, Yasmina Galán, Eulalia Lozano, Marisa Navarro, Susana Rodrigo, Javier Romeu y Lola Seres, que tan amablemente han contribuido a este libro con sus relatos.
A la editorial Océano por confiar en este texto y publicarlo.

Índice

Prólogo 11

Introducción 17
La inteligencia duplicada 20
Lenguajes persuasivos 24
Utilidades del empleo de relatos en la comunicación 29

El uso de las metáforas en la comunicación 31
Metaforizar es pensar en algo en términos de otra cosa 31
El sentido de las historias lo aporta el oyente 34
Las metáforas afectan a la vitalidad 36
Las historias están dentro de nosotros 37
Buscar lenguajes dirigidos al pensamiento sensorial 43
La metáfora es lo que mejor permanece en la memoria 48

El origen de los cuentos 53
Los cuentos son expresión de procesos psíquicos 53
Los cuentos son expresión de verdades filosóficas esenciales .. 55
Los cuentos son explicaciones de la Naturaleza 60
Los cuentos son relatos de sueños 61

Los cuentos son la expresión de arquetipos 68

Hechizos y antídotos 73
Relatos dirigidos a las tres capacidades 75
La construcción de problemas (hechizos) y posibles soluciones (antídotos) .80

La construcción de la metáfora (el método) 117
Conocer la situación inicial 119
Construir la metáfora 140
Contar la metáfora 153
Recomendaciones finales 159

Relatos eficaces 161
El problema es el problema 162
Dirigir el relato a la solución deseada 181
Dirigir el relato a la percepción que la persona tiene del problema 193
Dirigir el relato al estado personal que mantiene el problema 208
Dirigir el relato a escenarios en los que el problema no se produce 221
Dirigir el relato al cambio de perspectiva y enfoque del oyente 231
Dirigir el relato a la percepción del tiempo 236
Dirigir el relato a las capacidades y puntos fuertes del oyente 243
Dirigir el relato a las creencias que sustentan el problema 247

Recuperar la biografía 259
De la biografía al caso 259
Recuperar la biografía 261
La autobiografía 273

Cuentos que curan 285
Relatar es relatarse 286
  Los primeros pobladores de La Eliana (Trinidad Ballester) 286
El miedo, los miedos 292
  Sunna (Eulalia Lozano) 293

Hablar no ayuda	297
Preferiría no hablar (Bernardo Ortín)	297
Cruzar el mar sin que el cielo lo note	300
Las palabras de Juan (Gema Berenguer)	300
Confiar en la vida	305
En el centro de China (Susana Rodrigo)	306
La mujer triste (Susana Rodrigo)	307
Lo bueno de lo malo y lo malo de lo bueno	308
El palacio (Yolanda Calero)	308
Soledad	312
Las cosas importantes (Bernardo Ortín)	312
Escenarios	313
El encuentro (Marisa Navarro)	314
La falta de poder corrompe	315
Placer vicioso (Víctor Amat)	315
Explorar la identidad	317
La hora de la estrella (Yasmina Galán)	317
El juego sereno y constante con los interrogantes	321
La pregunta (Lola Serés)	322
Asumir la propia sombra	328
Lo mejor para el príncipe (Javier Romeu)	328
Alucinaciones	330
Escucha... (Bernardo Ortín)	331
Ante la urgencia, detenerse	334
Los leñadores (Víctor Amat)	334
Pequeñas cosas	336
El bosque (Marisa Navarro)	336
Subpersonalidades silenciosas	337
Alba y Candela (Bernardo Ortín)	337
Resiliencia	343
La semana (Javier Romeu)	343
Evitar el sufrimiento	346
El problema contiene la solución (Bernardo Ortín)	346

Atención enfocada, atención simultánea 348
   El origen del mundo (Michael Strassfeld) 349
Autoestima, percepción de la autovalía 350
   Hubo un tiempo en que... (Bernardo Ortín) 350

Referencias bibliográficas 353

Prólogo

Este libro contiene alrededor de 170 cuentos y de 110 ejercicios prácticos, y puede leerse de dos maneras. La primera es la usual, desde el principio hasta el fin con las pausas que el lector considere oportunas. La segunda forma consiste en leer solamente los relatos que lo componen.

Las metáforas explican a la inteligencia intuitiva lo que el resto del texto explica a la inteligencia analítica. Así que aspiramos a satisfacer la exigencia de dos tipos de lectores, los que desean disfrutar de las historias y los que desean conocer los fundamentos teóricos que explican la fuerza comunicativa de los cuentos. Siempre habrá lectores que se apunten a los dos grupos o incluso que un tipo de lenguaje les lance al otro.

CUENTOS QUE CURAN es el resultado de años de pasión por los relatos y, sobre todo, por cómo son capaces de provocar el disfrute y la toma de conciencia con mucha más eficacia que otros lenguajes.

El pensamiento afecta a nuestra vitalidad; tal y como nos hablamos a nosotros mismos producimos una energía vital determinada. El relato es una forma de reorganización emocional y vital. Mediante la orientación de la atención, capturamos la fuerza necesaria para dirigirnos hacia lo que deseamos y también hacia lo que no deseamos.

Los relatos dicen cosas que no se pueden decir de otro modo. Nos ayudan a protagonizar vidas soñadas, en lugar de soportar lo cotidiano. Los cuentos nos conectan con nuestro deseo, con la posibilidad de imaginar el mejor de los mundos, el que más nos acerca a nuestro propio centro.

Este libro es también una respuesta a la cantidad de veces que nos han preguntado cómo hacer relatos efectivos, o bien, de qué depende que la atención humana sea captada por el lenguaje.

Resulta difícil encuadrar este trabajo en alguna disciplina, ya que presenta aluviones de literatura, de lenguaje hipnótico, de artes escénicas, de antropología, de sociología, de filosofía, del funcionamiento de la mente y, sobre todo, del espionaje de las conversaciones entre personas, verdadero teatro total de la comunicación humana.

Su enfoque es eminentemente práctico, ya que posee la estructura de un curso de aprendizaje del lenguaje metafórico que impartimos desde hace años.

El desarrollo del texto está pensado para facilitar la exploración del mundo metafórico en cada lector. Así que lo deseable es que al acabar la lectura del libro haya tantas versiones de él como personas lo han leído. Una parte de la información aquí contenida va dirigida a la inteligencia consciente del lector y otra parte de ella a la inteligencia inconsciente.

Los ejercicios que el libro incluye son una pista de investigación para quien lo lee, así como una guía de trabajo para educadores, terapeutas, sociólogos, padres, directores de grupos humanos y todo tipo de personas interesados en las metáforas.

Le recomiendo vivamente que haga los ejercicios. Ellos suponen una puerta a su inconsciente y pretenden liberar las historias que ya anidan en su mente.

El libro puede describirse del siguiente modo:

- **Introducción.** Habla del afán de los pensadores de todos los tiempos por encontrar una lengua perfecta que fuera capaz de explicar cualquier experiencia del ser humano en la vida. Se fundamenta en nuestra doble inteligencia: el pensamiento sensorial y el conceptual. Se bosquejan las características esenciales de los lenguajes persuasivos como la metáfora, la sugestión y el arte de hacer preguntas, y se explica la especial receptividad que la mente humana tiene para escuchar historias.

- **Capítulo Primero.** Inicia las primeras aplicaciones del lenguaje metafórico que pueden realizarse en procesos educativos formales e informales, así como en otros contextos de relación interpersonal.
Se enuncian las primeras orientaciones metodológicas relacionadas con la comunicación basada en relatos y se orienta una primera búsqueda de relatos en las propias experiencias y anécdotas personales.

- **Capítulo Segundo.** Está dedicado a las especulaciones sobre el origen de los cuentos y se relatan las más fundamentadas desde el análisis junguiano de los relatos. La vinculación de los cuentos con sistemas secretos de transmisión de conocimientos prohibidos, la relación con los sueños, la explicación de los fenómenos naturales o del funcionamiento psíquico humano parecen las más verosímiles.

- **Capítulo Tercero.** Desarrolla una formulación de los problemas humanos que solemos construir con el pensamiento y que en realidad funcionan como hechizos que guían nuestro comportamiento.
Estos encantamientos provienen básicamente de la inadecuada utilización de los tres tipos de pensamiento humano. Es decir, la inteligencia racional, la emocional y la exploratoria:

  — En primer lugar, exploramos el espejismo de que se puede controlar la realidad mediante el pensamiento racional.
  — El segundo hechizo se basa en el olvido del propio deseo. El sortilegio de pensar que se puede vivir sin lo que verdaderamente nos emociona, centrándose sólo en las exigencias que el mundo exterior nos plantea.
  — En tercer lugar, existe el delirio de insistir en acciones y soluciones que sabemos que no funcionan.
  — Cada hechizo dispone de un antídoto. Contra la obsesión de pensar: centrarse en la percepción sensorial del mundo. Contra el delirio de olvidarse de uno mismo: conectar con el propio deseo. Contra la insistencia en soluciones fallidas: hacer otra cosa. El sortilegio final apunta a la comprensión global de las cosas.

- **Capítulo Cuarto.** Apartado dedicado al método de construcción de relatos. El sistema que se presenta está basado en la comprensión de la situación más o menos problemática a la que se dirige el relato, a la elaboración del cuento y al momento de la narración. El capítulo bebe de las aportaciones del lenguaje hipnótico y de la técnica literaria.

- **Capítulo Quinto.** Es el más extenso y habla de los factores que convierten un relato en una forma efectiva de comunicación. En este sentido, se hacen algunas recomendaciones como la de evitar nombrar directamente el problema y por el contrario abundar en la creación de soluciones, sugiere dirigir el relato a la percepción que la persona tiene del problema, al estado personal que mantiene el conflicto, a los escenarios en los que el problema no aparece, a la perspectiva o enfoque que la persona sostiene y que está manteniendo el displacer, a ciertas alteraciones de la percepción del tiempo que pueden resultar más útiles, a las capacidades o puntos fuertes de nuestro contertulio que permanecen en la sombra del sufrimiento y por último a las creencias que la persona tiene acerca de las causas del problema que le impiden otras lecturas.

- **Capítulo Sexto.** Expone una propuesta para abordar la propia autobiografía. La recuperación del relato de la propia vida es un viaje altamente rehabilitador, en unos tiempos en los que el deseo ha sido raptado por la necesidad de adaptación a un mundo excesivamente exigente.
  Dominar el propio relato es manejar las claves de la propia libertad. Dotar a la propia existencia de una estructura narrativa es como tiene que terminar este proceso de aprendizaje de escuchar y crear relatos.

- **Capítulo Séptimo.** Presenta un conjunto de relatos elaborados desde la perspectiva del libro. Cuentos que curan distintos sufrimientos humanos y ayudan a buscar alternativas al miedo, la soledad, la merma de la autovalía y la desorientación en algunas etapas de la vida.

En cuanto a la **bibliografía**, se anotan las referencias que nos han servido de guía para la exploración. No aspiramos a hacer una bibliografía completa del campo metafórico, sólo llamar la atención de algunos libros que pueden ayudar de modo efectivo a la construcción e interpretación de buenos relatos.

Quisiéramos concluir el prólogo con una historia anónima que recoge Stephen Gilligan y que nos permite evaluar nuestro grado de satisfacción personal en la vida de un modo sencillo y rotundo.

> *De los cinco pensadores judíos más relevantes, el primero fue*
> *Moisés, que apuntó a la cabeza y exclamó: los mandamientos deben*
> *focalizarse en el logos. Si se concentra en conservarlos en la cabeza*
> *no le irá mal.*
> *Jesús apuntó al corazón y enfatizó que si se concentra la atención ahí,*
> *todas las cosas buenas acontecerán.*
> *El tercero, Karl Marx entró en escena, tocando el plexo solar,*
> *en cuanto hablaba de hermandad y coraje.*
> *Freud, naturalmente apuntó más abajo al teorizar sobre los centros*
> *importantes de conciencia.*
> *Finalmente, Albert Einstein llegó y colocó todo en perspectiva*
> *cuando dijo: todo es relativo.*
>
> (Anécdota anónima. En Gilligan, S. 2001: 118)

Y ahora yo le pregunto: ¿En qué parte de su cuerpo está su centro? Identifique esa parte del cuerpo y conéctese a ella sintiendo la sensación que le produce.

Ahora piense en su trabajo, en su casa, en su familia, en su modo de emplear su tiempo libre...

Piense lentamente en cada cosa por separado y evalúe en cada una de ellas si le desconecta o le conecta con su propio centro.

Normalmente sentirá que muchos pensamientos de los que tiene le desconectan de su centro, le alejan de su sensación de integridad. Pasamos demasiado tiempo *descentrados* y creo que ciertos relatos son capaces de conectarnos con nosotros mismos como ninguna otra cosa. Los cuentos nos capacitan para soñarnos a nosotros mismos en el mejor mundo de los posibles.

Introducción

Nada llega al intelecto que no haya pasado antes por los sentidos.

(Aristóteles)

Encontrar un lenguaje perfecto ha sido uno de los objetivos más deseados por los pensadores a lo largo de la historia. Una lengua capaz de explicar todas las sensaciones que el ser humano experimenta, capaz de relatar las imágenes que pueblan nuestro pensamiento, los matices de los sabores y olores, el modo en el que el sonido de una voz o de una música es capaz de transportarnos a un estado de placer, de nostalgia o de excitación. Un idioma perfecto que explicase cualquier experiencia humana. Valdría para que cualquier persona de cualquier cultura pudiera entenderlo.

Algunos creyeron que esta lengua perfecta fue la que Dios empleó para hablar a Adán. Cuentan que para conversar con él agitó las tormentas, sacudió las ramas de los árboles, provocó silbidos de viento que daban distintas notas musicales según el espacio que transitaban. Utilizó un lenguaje relacionado directamente con el comportamiento del mundo (Eco, U. 1994).

Esta lengua que expresaba directamente las cosas del mundo era común a toda la humanidad. Todos compartían este lenguaje hasta que por culpa de la soberbia fueron castigados con la maldición bíblica de la Torre de Babel, en la que reina la confusión mientras los hombres construyen una obra de arquitectura monumental que llega al cielo. Dios fragmenta el idioma universal y castiga a los seres humanos a no entenderse.

Frente a un excesivo desarrollo de la sociedad, ante un desenfrenado nivel tecnológico se produce una descompensación y olvido de otras áreas como la comunicación genuina entre seres humanos. El castigo de la maldición babélica es un aviso contra este olvido. La necesidad de seguir expresando la vivencia del mundo es lo que ha hecho que los seres humanos lleven la lengua más allá de su utilización como mero instrumento de intercambio de víveres.

Una lengua es un modo de entender el mundo y en consecuencia, la búsqueda del lenguaje total tiene un argumento oculto y nos habla del poder. Aquel que domine esta lengua dominará el idioma de Dios, el idioma de una supuesta verdad única. El dominador de la lengua perfecta podría explicar a Dios y ganar así la conversión de los demás a su propia fe, a su propia cultura, a su concepción del mundo. Dominar la lengua universal procurará hegemonía a la cultura que detente este saber.

El problema que se les plantea de inmediato es elegir cuál sería: ¿sánscrito, griego, latín, el lenguaje de los números, la Cábala? ¿Qué criterios garantizan el éxito de la elección? Han sido muchas las discusiones sobre esto en la historia de la filosofía y de la semiótica. «San Agustín pensó en una lengua perfecta y común a todos los pueblos, cuyos signos no son palabras sino las cosas mismas, de modo que el mundo se presenta (...) como un libro escrito por el dedo de Dios» (Eco. op. cit.: 25). Sin embargo, desconfiaba de los textos sagrados escritos en griego y precisamente porque el que él dominaba era el latín, en esa época lengua oficial de la Iglesia. Por eso nunca acababa de entregarse a los matices que las lenguas extranjeras le proponían.

Esta desconfianza en las traducciones de lenguas inclinó a muchos pensadores al estudio de los símbolos, ya que se parecían más al objeto del que hablaban. La pasión por el jeroglífico egipcio arranca de esta percepción. El símbolo engaña menos, parece que habla más directamente de lo que representa y todo el mundo puede entenderlo. Erich Fromm se refiere a ello en los siguientes términos:

«El símbolo universal es el único en el que la relación entre el símbolo y lo que representa no es coincidente sino intrínseca. Tiene su raíz en la experiencia de la afinidad que existe entre una emoción o un pensamiento, por una parte, y una experiencia sensorial, por la otra. Puede ser llamado universal porque es compartido por todos los hombres, en oposición no solamente al símbolo accidental, que es por su naturaleza completamente personal, sino también al convencional, limitado al grupo de personas que participan del mismo convenio. El símbolo universal tiene sus raíces en las propiedades de nuestro cuerpo, nuestros sentidos y nuestra mente, que son comunes a todos los hombres, y por consiguiente no se limita a personas o grupos determinados. El lenguaje del símbolo universal es, en verdad, la única lengua común que produjo la especie humana, lenguaje que olvidó antes de que lograra elaborar un lenguaje convencional universal.» (Fromm, E. 1980: 22).

La quimera de los buscadores del idioma universal consistía en la siguiente fantasía: El hablante, en lugar de referirse a cosas, tendría un inmenso zurrón que contuviera todo lo existente en el mundo, para conversar sacaría ante su interlocutor el objeto del que quería hablar y simplemente lo señalaría. Así podría referirse sin lugar a equívocos a objetos, pasiones, mecanismos de poder, sensaciones, sabores... en definitiva, a todo.

La relación y distancia entre la realidad y lo que el lenguaje nombra, entre las palabras y las cosas, entre el mapa y el territorio es recurrente en el estudio de las metáforas y constituye un tema nunca zanjado. Las experiencias de contacto con la realidad o con las palabras que la nombran son distintas. El siguiente relato nos habla de ello.

EL ADORADOR DEL DRAGÓN

La gran afición del aristócrata Ye venía probablemente de su nacimiento. Según el zodiaco chino vino al mundo cuando reinaba el signo más fuerte de los doce animales que conforman el horóscopo chino. No sólo nació en el año de dragón, sino, curiosamente, también con el ascendente de ese animal mitológico. Adoraba ese signo legendario como si fuera algo propio de su esencia existencial. Los techos de su residencia se remataban con dragones tallados. Todos los muebles de la casa estaban decorados con imágenes de ese animal omnipotente. Su fabulosa colección de figuras de dragón era indudablemente la mejor de todo el imperio. Y como si la profusa presencia del animal en su casa no fuera suficiente, adornó todas sus prendas con bordados o estampaciones de dragón, se casó con una mujer del mismo signo, doce años más joven que él, eligió la servidumbre únicamente entre las doncellas nacidas con el mismo signo de su preferencia. Dragón, dragón, todo dragón.

Cuando el rey dragón, que vivía en el cielo, se enteró de su gran afición, conmovido y agradecido, descendió a la Tierra para visitarlo. Entró en el salón y lo encontró disfrutando de una preciosa pintura titulada «Nueve dragones entre las nubes». Pero cuando sintió la presencia de algo raro en su casa, por el vaho helado y magnético que exhalaba el animal todopoderoso, se puso pálido. Su terror creció desmesuradamente cuando vio de soslayo las escamas de un cuerpo ondulante y escarchado. Se desmayó bañado en sudor frío.

El rey dragón se desilusionó:

–¡Con que sólo te gustaba la representación de mi especie! ¡Cuando ves al dragón de verdad, te mueres de pánico!

(Sánchez-Mejías, R. 2002: 162-163)

El sueño de los buscadores de la lengua perfecta, que tiene una realización improbable, sin embargo, nos pone ante una evidencia que toma cuerpo en las teorías de la comunicación más modernas. Dichas teorías hablan de que el ser humano no tiene un único modo de pensar, sino que su inteligencia es doble: por un lado es sensorial y por otro, conceptual.

La inteligencia duplicada

Piense en un momento en el que acababa de ver una conmovedora película. Imagínese a usted mismo en silencio, momentos después de ese episodio y aún embargado por él. Vuelva a ver los colores de la película, vuelva a oír en su interior los sonidos de la música, de las voces de los personajes, recupere las sensaciones corporales que le producen todo esto.

Piense que la persona que se halla con usted, dice:
–¿Te has fijado en la técnica fotográfica?...
O bien:
–¿Qué opinas de este director?

Al oír estas preguntas se produce la siguiente experiencia: las palabras se dirigen a nuestro cerebro como una flecha que comienza a abrir una serie de archivos de nuestro ordenador mental en el que tenemos almacenada la información sobre el conjunto de fotografías de cine, sistemas de color cinematográfico, técnicas de revelado y montaje, galería de personajes, catálogo de películas de este director u otros, qué es ser buen actor y qué no lo es, desde qué criterios de evaluación artística se puede abordar este análisis... y todo tipo de cuestiones relacionadas con esto. Esta rápida apertura de ficheros inicia un proceso de particiones de la información que tenemos sobre el tema.

La pregunta de su compañero le fuerza a cambiar de registro en el pensamiento y es muy fácil que su experiencia de íntimo éxtasis se difumine. Incluso, es posible que la pregunta le siente mal, le saque de un estado y le devuelva a una realidad menos apetecible.

A cada tipo de inteligencia corresponde un tipo de lenguaje:

Uno de ellos es objetivo, definidor, cerebral, lógico, analítico; es el lenguaje de la razón, de la ciencia, de la interpretación y de la explicación, el lenguaje de la descomposición analítica y, por lo tanto, el lenguaje de la mayoría de las prácticas de aprendizaje. Es el lenguaje del pensamiento dirigido, que sigue las leyes gramaticales, sintácticas y semánticas.

El otro lenguaje es mucho más difícil de definir, es el lenguaje de la imagen, de la metáfora, del símbolo, es el lenguaje de la totalidad. Es capaz de la comprensión global y holística de las totalidades, es el lenguaje del pensamiento no dirigido que se funda por el contrario, en los sueños o fantasías, en las vivencias del mundo interior y en cosas similares. Tiene sus propias reglas a-lógicas que se expresan en chistes, juegos de palabras, alusiones veladas...

Estas dos formas de pensar articulan la coherencia o incoherencia de la comunicación.

A continuación vamos a presentar dos textos. Por favor, lea con atención y constate diferencias entre los dos tipos de escrito.

Ejercicio

Preste atención a los siguientes textos...

1º. «La pauta general del trabajo psicoterapéutico consiste en acompañar (pacing: llevar el mismo paso), es decir, copiar, aceptar y utilizar las experiencias y la conducta del paciente, y por otro lado en conducir, esto es, ayudar al cliente a lograr acceso a sus recursos personales, para construir otras experiencias o experimentar las cosas de un modo diferente del habitual. El acompañamiento verbal consiste inicialmente en describirle al paciente su conducta observable en curso, teniendo el cuidado de atenerse a descripciones sensoriales. A continuación el hipnotizador comienza a describir la experiencia en curso, no observable, del cliente, utilizando las siguientes categorías lingüísticas: procesos de modelado causal lingüístico; fenómenos transderivacionales; ambigüedad; estructuras menores incluidas, y significados derivados.»

2º. «Un día yo regresaba de la escuela con un grupo de amigos, cuando un caballo desbocado con el cabezal puesto nos pasó a toda velocidad y se metió en una granja, buscando agua para beber. De un salto monté al caballo... Como tenía las riendas puestas, logré sujetarlas y le dije: «¡Arre, arre!», conduciéndolo a la carretera. Sabía que el caballo trotaba y galopaba. De vez en cuando olvidaba que estaba en la carretera y comenzaba a correr a campo traviesa. Entonces yo le tironeaba un poco las riendas y dirigía su atención hacia el camino. Finalmente, a unos seis kilómetros del lugar donde lo monté, dobló y entró en una granja. El granjero exclamó: «Así que la criatura ha vuelto. ¿Dónde lo encontró?». Le dije: «A seis kilómetros de aquí». «¿Cómo sabía que debía traerlo a este sitio?». Le respondí: «El caballo lo sabía, yo no... Lo único que hice fue mantener su atención fija en la carretera».

¿Con qué imágenes, sensaciones, recuerdos y estados de ánimo ha conectado al leer cada texto?...

Seguramente le ha sido más sencillo seguir el hilo del segundo.

Ambos fragmentos explican la misma idea: El modo en que debe dirigirse un trabajo psicoterapéutico, según el psiquiatra Milton Erickson, la sintonía con el cliente y la aceptación de su percepción del mundo. La diferencia está en que el primer texto está dirigido a la inteligencia analítica y el segundo se dirige a la inteligencia intuitiva.

El lenguaje más persuasivo es el destinado a la inteligencia sensorial. Lo que más íntimamente incide en las personas es dirigir nuestro mensaje a su pensamiento sensorial para que instale nuevas imágenes, sonidos y sensaciones que amplíen su mapa del mundo.

El siguiente cuento explica de modo magistral lo que estamos tratando.

EL PRÍNCIPE Y EL MAGO

Érase una vez un joven príncipe que creía en todo, salvo en tres cosas. No creía en las princesas, no creía en las islas y no creía en Dios. Su padre, el rey, le había dicho que esas cosas no existían.

Como no había ni princesas, ni islas en los dominios de su padre y ningún signo de Dios, el príncipe creía a su padre.

Pero un día el príncipe se escapó de su palacio y llegó a otras tierras. Ahí, ante su asombro, vio islas desde la costa, y en estas islas vio a unas extrañas criaturas que no se atrevió a nombrar. Mientras buscaba un bote, se le aproximó un hombre elegantemente vestido.

–¿Esas son islas verdaderas? –preguntó el joven príncipe.

–Por supuesto que son islas verdaderas –dijo el hombre elegante.

–¿Y esas extrañas criaturas?

–Son princesas auténticas y genuinas

–Entonces, ¡Dios también debe existir! –exclamó el príncipe.

–Yo soy Dios –respondió el hombre elegante haciendo una reverencia.

El joven príncipe regresó a casa lo más rápido que pudo.

–Veo que has regresado –dijo su padre, el rey.

–He visto islas, he visto princesas y he visto a Dios –dijo el príncipe en tono de reproche.

El rey permaneció inmutable.

–No existen islas verdaderas, ni princesas verdaderas, ni Dios verdadero.

–¡Yo los vi!

–Dime cómo estaba vestido Dios.

–Dios estaba elegantemente vestido.

–¿Tenía las mangas de su vestón enrolladas?

El príncipe recordó que efectivamente el hombre llevaba las mangas de su vestón enrolladas. El rey sonrió.

–Ese es el uniforme de un mago. Has sido engañado.

Ante esto, el príncipe regresó a esas tierras, y fue a la misma playa, donde nuevamente se encontró con el hombre.

–Mi padre, el rey, me ha dicho quién eres tú –dijo el príncipe indignado–. La última vez me engañaste, pero no lo harás nuevamente. Ahora sé que ésas no son islas verdaderas, ni princesas verdaderas porque tú eres un mago.

El hombre de la playa sonrió.

–Eres tú quien está engañado, muchacho. En el reino de tu padre hay muchas islas y muchas princesas. Pero tú estás bajo el hechizo de tu padre y no puedes verlas.

Pensativamente, el joven regresó a casa. Al ver a su padre lo miró a los ojos.

–¿Padre, es cierto que tú no eres un verdadero rey, sino sólo un mago?

–Sí, hijo mío, soy sólo un mago.

–Entonces el hombre de la playa es Dios.

–El hombre de la playa es otro mago.

–Debo saber la verdad, la verdad más allá de la magia.

–No hay verdad más allá de la magia –respondió el rey.

Al príncipe lo invadió una gran tristeza. Dijo: –Entonces, me mataré.

El rey, mediante la magia, hizo aparecer a la muerte. La muerte se detuvo en la puerta, llamando al príncipe. Éste se estremeció. Recordó las bellas, pero irreales islas y las irreales, pero bellas princesas.

–Muy bien –dijo–: Puedo aceptar que tú seas mi mago.

–¿Ves, hijo mío? –dijo el rey–: También tú ya comienzas a ser un mago.

(John Fowles. En Bandler, R. y Grinder, J. 1994: 17 ss.)

Lenguajes persuasivos

«Ahora ellos te contarán lo que creen que ha pasado y te dirán lo que piensan y después yo te diré lo que es la realidad.»

Conocí a una persona que solía comenzar así el relato de una discusión familiar. Introducía de este modo la exposición del conflicto que iban a presentar los miembros de su familia. Esta persona se quejaba de que recibía ataques verbales furiosos por parte de su marido y sus hijos y que no comprendía cómo se habían puesto de acuerdo en machacarla de ese modo. Esta frase la decía delante de su familia y provocaba una reacción colectiva inmediata de rabia casi incontenible en su clan. Era prácticamente imposible explicarle el mecanismo que desataba esa furia familiar. Lo más adecuado era crear un relato que sustituyese a los personajes reales por otros de ficción que no tuviesen nada que ver con su vida.

Cuando alguien quiere dar una visión muy exacta de lo que piensa suele ocurrir, como resultado de su explicación, que deja a muchos oyentes fuera de su discurso. El efecto más notable de lo que estamos diciendo se produce cuando las personas conversan sobre un asunto y manifiestan que no están de acuerdo el uno con el otro y, sin embargo, están diciendo lo mismo.

Hablar de la realidad, de lo objetivo, de lo indiscutible y de lo obvio produce cansancio por la vía de la repetición y la inutilidad.

Conozco a otra persona que contesta lo siguiente cuando alguien le muestra algún desacuerdo con su opinión: «Yo te lo explico otra vez y tantas veces como sea preciso para que lo entiendas. Tú no te preocupes».

El espejismo de que existe una única verdad posible dificulta mucho la comunicación.

Parece más útil pensar que las verdades más inmutables tienen diferentes significados para cada persona. Éste es el poder del lenguaje metafórico.

Este lenguaje supone la comprensión del pensamiento desde tres funciones: la reflexión, la emoción y la acción.

El objetivo de la metáfora es sugerir a la inteligencia emocional y sensible las soluciones que son más difíciles de descubrir en el plano abstracto.

No existe una experiencia más plena que escuchar un relato. En los cuentos, todo lo que les ocurra a los personajes nos concierne. El escenario y la acción narrativa es el conjunto de personajes y situaciones que pueblan nuestra mente cuando divagamos sobre nuestras cosas.

Las intervenciones lingüísticas más eficaces procuran evitar la confrontación directa con el sistema de creencias, opiniones y criterios del interlocutor. Esto provocaría una polarización que arruinaría la comunicación y por tanto el cambio.

Las disciplinas interesadas en el cambio personal han estudiado la fuerza con la que la persona se aferra al comportamiento que le genera problemas y que incluso quiere cambiar. La relación amor-odio que el analizado establece con su analista se basa en esta percepción. Según la interpretación de Freud, el psicoanalista supone cierta amenaza para los sistemas defensivos del analizado.

Para la terapia estratégica, cualquier disfunción psicológica se alimenta del conjunto de intentos fallidos que se han realizado para solucionarlo.

En ocasiones, los especialistas (educadores, terapeutas o interventores sociales de todo tipo) cometen un error al considerar que sus atendidos poseen un menor desarrollo intelectual o una menor capacidad racional que ellos mismos. Esto no suele ser cierto, al contrario la cultura de supervivencia que cada persona está obligada a desarrollar en su contexto vital puede que sea mas apropiada que la que se le propone en cualquier programa.

La efectividad de la comunicación sea para educar, curar o negociar radica en afectar la estructura profunda y personal del destinatario.

Hay que dirigir el relato al centro de la experiencia sensorial del oyente.

Para ello, desde siempre, los tres lenguajes más potentes son:

1. El arte de interrogar
2. La metáfora terapéutica y pedagógica
3. La sugestión hipnótica, con o sin trance

Lo que pretenden estos lenguajes

Necesitamos la facultad creativa de imaginar lo que conocemos.

(Shelley. *En defensa de la poesía*)

El factor común de estos tres lenguajes es que provocan en la psique del sujeto las conexiones necesarias para buscar soluciones a sus problemas. No aportan expresamente nada desde el exterior que el sujeto se vea obligado a tomar o rechazar.

Los tres lenguajes descritos acceden a la estructura profunda de las personas, e incluso más, acceden a la impronta sensorial de esa estructura, es decir, a la experiencia subjetiva del sujeto.

Mediante los tres lenguajes se pueden crear estrategias para conectar, no con lo que la persona dice, sino con la forma en que experimenta la realidad exterior.

Lo esencial es que el sujeto provoque nuevas transformaciones (o estructuras superficiales) que expresen mejor su experiencia de referencia (o estructura profunda).

Se trata, pues, de una ruptura en cuanto al modo de ver la situación problemática tal y como la experimenta el sujeto y provocar otros modos sensoriales de ver la misma.

Para ello podemos aplicar al relato los siguientes recursos:

- Distorsiones espacio-temporales.
- Inducir nuevos modos de relacionar la información.
- Debilitar el consciente y el sistema de creencias y potenciar el pensamiento inconsciente.
- Reencuadrar las situaciones en escenarios con otros significados.
  - Convertir el problema o síntoma en un objeto, en un animal, en un planeta.
  - Localizar y cambiar las forma de percibir.
  - Tomar las posiciones desde otras perspectivas de otras personas, de otros objetos. O bien, poner al receptor del relato en la visión de sí mismo en otro tiempo, en otra postura, haciendo otras cosas.

El objetivo común está en la ampliación del foco de conciencia sobre la situación problemática. Entendiendo por conciencia un nivel de comprensión amplio en el que se incluyen no sólo los aspectos de reflexión del sujeto sino su dimensión emocional y sensitiva.

Hasta las décadas de 1960 y 1970 las teorías de comunicación y análisis del comportamiento se centraban en el correcto diagnóstico del problema. A partir de esta época hubo un giro radical, empezaron a centrarse en elaborar el estado deseado. Las tácticas comunicacionales más efectivas comenzaron a instalarse en pensar la solución.

Si dos personas intercambian una moneda del mismo valor, cada una se queda con la misma suma, si intercambian un relato o una idea, cada una se queda con dos.

En términos freudianos, la característica más importante de la metáfora es que produce ganancia de sentido, sin formar parte directamente del proceso de comunicación, permite que éste se produzca. La metáfora funciona como la siguiente historia.

LA HERENCIA DE ALÍ BABÁ

Historia de Alí Babá y la herencia de 39 camellos que dejó a sus 4 hijos. El testamento disponía que los camellos se repartieran del siguiente modo:

Al mayor la mitad,

Al segundo la cuarta parte,

Al tercero una octava parte

y al más joven una décima parte.

Los hermanos discutían con animosidad y como sólo los hermanos saben discutir, y no lograban ponerse de acuerdo. Un sabio errante que pasaba por allí intervino del siguiente modo: Agregó su propio camello a los del padre, quedando 40 camellos: al mayor le dio 20, al segundo 10, al tercero 5 y al pequeño 4. La suma da 39. Hecho esto montó sobre el camello restante considerando que era suyo y continuó su errar.

La crítica unidireccional, el sermón no solicitado, el mero adiestramiento, las instrucciones incontestables y todo tipo de comunicación aleccionadora en la que el que escucha no puede participar en el discurso, son sistemas de comunicación ineficaces.

Un principio zen dice que cualquier arte o conocimiento que un hombre consigue por medios externos no es realmente suyo, no le pertenece intrínsecamente; es sólo lo que procede de su interior lo que puede reclamar verdaderamente como suyo.

Carl Hammerschlag cuenta una valiosa y sencilla experiencia de aprendizaje que tuvo como psiquiatra cuando trató a Santiago, sacerdote y jefe de una tribu de los indios pueblo.

> Santiago ingresó al hospital donde trabajaba Hammerschlag, víctima de una grave dolencia cardíaca. Prácticamente, se estaba muriendo.
>
> Cuando Hammerschlag se reunió con él por primera vez, el sacerdote le preguntó: «¿Dónde aprendió a curar?». Hammerschlag recitó rápidamente todos sus títulos académicos, que eran muchos. Luego, Santiago le preguntó: «¿Sabe usted bailar?». El psiquiatra le respondió poniéndose a bailar junto a su cama. Santiago, desternillándose de risa, se levantó del lecho y le mostró a Hammerschlag cómo se debía bailar. Después le dijo: «Si usted va a curar a la gente, tiene que saber bailar». «¿Y usted me enseñará sus pasos?», le preguntó Hammerschlag. «Sí, puedo enseñarle mis pasos, pero usted tendrá que oír su propia música», le contestó Santiago.
>
> (Selekman, 1996: 45)

Utilidades del empleo de relatos en la comunicación

Crear relatos que puedan aplicarse como solución a distintos problemas que las personas se plantean es el objetivo de este libro. La habilidad del ingeniero de metáforas consiste en captar lo que preocupa a nuestro interlocutor y devolverle un cuento que le permita reconstruir una solución por sí mismo.

La pregunta que surge de manera inmediata es: ¿Y por qué no hacerlo con un lenguaje directo, sin tener que utilizar el rodeo de las metáforas? Existen varias razones que resumimos a continuación (Zeig, J., 1992):

1. Las historias no implican una amenaza para el sistema de creencias de quien nos escucha.
2. Captan el interés del oyente.
3. Fomentan la independencia del individuo, quien al tener que conferir sentido al mensaje extrae sus propias conclusiones o emprende acciones por propia iniciativa.
4. Pueden ser utilizadas para eludir la natural resistencia al cambio.
5. Pueden emplearse a fin de controlar la relación entablada con el sujeto.
6. Ofrecen un modelo de flexibilidad en cuanto a la percepción del mundo y las posibles actuaciones en distintas situaciones.
7. Pueden crear confusión y así promover en el sujeto una buena respuesta hipnótica.
8. Imprimen su huella en la memoria, haciendo «que la idea expuesta sea más rememorable».

Se critica en ocasiones al lenguaje metafórico su falta de rigor, concreción y objetividad; parece demasiado abierto a la libre interpretación de cada uno. Sin embargo, como muchos cuentos explican, todo es percepción subjetiva. La construcción de la realidad es un artificio mágico, el único para comprender lo que pasa en el mundo.

Lo real y lo imaginario (las trampas mito-lógicas)

Un padre y una madre centauros contemplan a su hijo, que juguetea en una playa mediterránea. El padre se vuelve hacia la madre y le pregunta: ¿debemos decirle que solamente es un mito?

(Kostas Axelos. *Cuentos filo-sóficos*. En Fernández, A. 1990)

El uso de las metáforas en la comunicación

A continuación, presentamos los primeros ejercicios que consideramos esenciales para la ingeniería de metáforas. Todos están basados en presupuestos a los que las personas respondemos bien. Quizá esto sea así porque la mente dispone de unos mecanismos básicos que vuelan bajo el radar de la conciencia.

Metaforizar es pensar en algo en términos de otra cosa

Los carritos del aeropuerto de Atenas se llaman «metáforas».

(Observación de un viajero)

La persona se relaciona con el mundo, piensa, habla, se comunica o simplemente está en diálogo interno. Podemos denominar a esto su estado primario. De aquí se accede a un conjunto de pensamientos y sentimientos que explican lo que está pasando en términos de *otra cosa*. Esta cadena de significantes reencuadran el estado primario y lo explican, le dan sentido. Además de ello, dependiendo del universo sensorial, emocional e intelectual que se despliega en la operación, este meta-estado orienta la energía del sujeto, potenciándolo o limitándolo. No supone la misma economía de energías pensar que el amor es como la guerra, o como una obra de arte, o como un viento libre…

Cada idea remite a un campo semántico y a una determinada vitalidad.

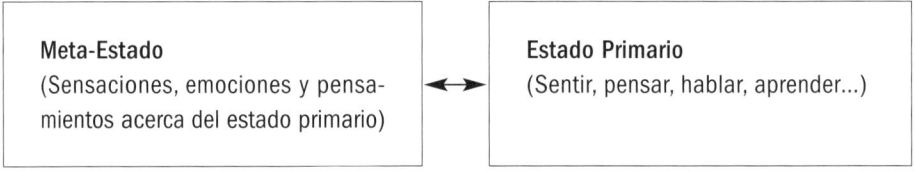

La melancolía siempre ha tenido forma de pez,
se confunde con los labios
en el instante de la metamorfosis.

(Yasmina Galán)

Ejercicio

Piense en su situación actual en términos de otra cosa

1. ¿Cuál es su estado en este momento? (Estado Primario)
   Cualquier experiencia funcionará para este estado primario, cualquier cosa que usted esté haciendo o experimentando. Una experiencia referencial puede ser también cualquier concepto, creencia, valor, criterio o comprensión.

2. Describa el estado primario en términos de otra cosa: elaborar la metáfora y acceder al Meta-estado.
   - «Todo mi cuerpo sobrevuela como un ave el guiso que estoy cocinando».
   - «Siento la fuerza de un toro cuando pienso en este proyecto».

3. Profundice en la cadena de significantes de este meta-estado: ¿A qué le remite la metáfora? ¿Con qué le hace conectar? ¿Qué marcos de referencia establece

la metáfora? ¿Con qué otras cosas conecta mientras piensa en ello? ¿Qué partes de la metáfora están más iluminadas y qué otras permanecen más en la sombra? ¿Qué sugerencias espaciales aparecen: arriba, abajo, dentro, fuera...? ¿Hay incongruencias o ambigüedades?

4. Muy importante:
   - ¿Cómo le afecta personalmente pensar en la metáfora?
   - ¿Aparecen sensaciones corporales, creencias, sentimientos?
   - ¿Le conecta con algo más trascendente, con algún sistema más grande? Conciencia Ecológica
   - ¿Le libera o le limita?

5. Observaciones:
   Si lo desea puede dibujar lo que le sugiere la metáfora y el meta-estado o realizar un esquema o mapa mental.
   El ejercicio también puede hacerse en grupo proponiendo un tema conjunto y construyendo un mapa mental de grupo.

Las mejores metáforas son las que representan las cosas en acción. Usamos las metáforas para hacer un mapa mental de las cosas que no están presentes. Cuando metaforizamos invocamos a una comprensión. La metáfora evoca una estructura profunda de pensamiento, que a su vez afecta a nuestro cuerpo y a su economía energética y vital.

Las metáforas crean visión,
pero también distorsionan.
Tienen su potencial,
pero también sus limitaciones.
Al crear formas de ver,
crean también formas de no ver.

(Morgan, 1993. En Young, 2002: 104)

FLOR Y CRONOPIO

Un cronopio encuentra una flor solitaria en medio de los campos. Primero la va a arrancar, pero piensa que es una crueldad inútil y se pone de rodillas a su lado y juega alegremente con la flor, a saber: le acaricia los pétalos, la sopla para que baile, zumba como una abeja, huele su perfume, y finalmente se acuesta debajo de la flor y se duerme envuelto en una gran paz.

La flor piensa: «Es como una flor».

(Cortázar, J. *Historias de cronopios y de famas*)

Hay que advertir que expresar algo en términos de otra cosa no siempre sale bien.

DISPARATARIO

El primer hombre que dijo que los dientes de su novia eran como perlas, ganó fama de poeta y fue laureado. El primer «ostro» que le dijo a una ostra que parecía diente de mujer, fue calificado de imbécil y desconchado, es decir, expulsado de su concha.

(José María Méndez. En Fernández, A. 1990)

El sentido de las historias lo aporta el oyente

La mente humana está diseñada para escuchar historias. Disponemos de un mecanismo que contrasta permanentemente las evidencias externas que el mundo nos ofrece con las referencias internas o conocimientos que ya tenemos del mismo.

Las personas comprendemos el mundo completando lo que percibimos del exterior con nuestras referencias internas. Seguramente, esto se deba a la necesidad de contrastar lo que viene de afuera con lo interno y así saber si es conocido o desconocido, amigable o amenazante. Es un instinto que arraiga en la preservación de la vida.

Quien le escucha tiene la cabeza llena de historias, lo único que necesita es un pequeño estímulo para desencadenarlas.

Ejercicio

Completar la historia
Aunque la discusión experta no está zanjada, se dice que el cuento más breve de la historia es el siguiente (Fernández, A. 1990: 4):

«Nomeolvides»

Ahora conteste a las siguientes preguntas:
- ¿Quién habla? ¿Es hombre o mujer? ¿De qué edad?
- ¿Qué aspecto tiene? ¿Cómo viste?
- ¿Cuál es su postura corporal? ¿Y su gesto? ¿Qué está haciendo en este instante?
- ¿Dónde está? ¿En una casa, un parque, una oficina, la montaña...? ¿Qué tiempo hace?
- ¿A quién se dirige?
- ¿Qué ha ocurrido antes? ¿Qué ocurrirá después?
- Finalmente, ¿cómo sabe todas esas respuestas?

Escriba su propia historia a partir de ésta...

Cuando escuchamos un relato aportamos la información que parece faltar para obtener la sensación de que nos satisface la historia.

Cada lector del ejercicio creará una historia diferente, en función de las referencias que tenga del mundo.

El significado de los cuentos lo aporta el que escucha, no el narrador. El pensamiento subjetivo, en su divagación, produce nuevos significados.

Se encontró una vieja agenda en la que se podía leer que el Museo Pedagógico de París guardaba una estimulante redacción de un muchacho de 14 años sobre su percepción de la vaca. Nunca pudimos saber si la historia es cierta o no, pero la transcripción del relato es tal y como llegó a nuestras manos:

LA VAQUITA

«El pájaro del que voy a hablar es el búho. El búho no ve de día y de noche es más ciego que un topo. No sé gran cosa del búho, así que continuaré con otro animal que voy a elegir, la vaca. La vaca es un mamífero. Tiene seis lados, el de la derecha, el de la izquierda, el de arriba y el de abajo. De la parte de atrás tiene un rabo del que cuelga una brocha. Con esta brocha se espantan las moscas para que no caigan en la leche. La cabeza sirve para que le salgan los cuernos y además porque la boca tiene que estar en alguna parte. Los cuernos son para combatir con ellos. Por la parte de abajo tiene la leche. Está equipada para que se la pueda ordeñar. Cuando se la ordeña la leche viene y ya no para nunca. ¿Cómo se las arregla la vaca? Nunca he podido comprenderlo, pero cada vez sale con más abundancia. El marido de la vaca es el buey. El buey no es un mamífero. La vaca no come mucho, pero lo que come lo come dos veces, así que ya tiene bastante. Cuando tiene hambre muge y cuando no dice nada, es que está llena de hierba por dentro. Sus patas llegan hasta el suelo. La vaca tiene un olfato muy desarrollado, por lo que se la puede oler desde muy lejos. Por eso el aire del campo es tan puro.»

Las metáforas afectan a la vitalidad

Tal y como hablamos pensamos, nuestro diálogo interno predispone a un estado de ánimo. Las metáforas funcionan como dispositivo administrador de energía vital.

Ejercicio

Deténgase un momento y piense con energía que su trabajo es como...
   ...una cadena pesada de hierro
   ...un viento fresco y suave
   ...una guerra selvática permanente
   ...una ampliación constante de las paredes que limitan su mente
   ...una condena heredada de sus padres o familiares
   ...un invento interesante que Ud. diseñó
   ...una amenaza de crisis que le mantiene siempre alerta
   ...el aliento que guía su vida
   ...una carrera de obstáculos
Siga Ud. mismo con algunas metáforas más...
   ...
   ...
   ...
   ¿Con qué imágenes, sonidos, sensaciones conecta en cada una de ellas? ¿A qué estado emocional le remite? ¿Qué metáforas le hacen sentir mayor o menor vitalidad?

Las historias están dentro de nosotros

En el comienzo del ejercicio de elaboración de metáforas muchas personas piensan que deben acudir a múltiples fuentes inspiradoras de historias. Siendo eso cierto y recomendable, también es cierto que las historias están dentro de nuestra imaginación. Si somos capaces de superar el miedo al vacío narrativo, las historias acudirán a nuestra mente en las situaciones en que sean necesarias.

Ejercicio

Producción de historias sencillas
Le propongo que se siente cómodamente, note su respiración, cierre los ojos e imagine que...

1. ...pasea por el jardín de su vida, cada árbol tiene escrito en una hoja una preocupación suya. Poco a poco las recoge y las quema. Las cenizas se expanden ante tu mirada y despejan el jardín. Después viene a la mente otro pensamiento... ¿Cuál es?

2. ...bucea en el fondo de un lago, el lago de su imaginación, cada pensamiento que su mente tiene lo mete en una burbuja y la deja salir hacia arriba. Con la mente despejada se le ocurre que...

3. ...camina en un desierto caliente donde es difícil avanzar, a lo lejos se ve un oasis bellísimo con agua fresca con una fuente natural en la que refrescarse y al asomarse al agua...

4. ...desciende en una pequeña barca por el cauce de un río, pasa con dificultad algunos rápidos y desemboca en un lago tranquilo, se siente en paz con usted y con el mundo y entonces...

Lo que significan las cosas en nuestro particular modo de experimentar el mundo debe abarcar tres dimensiones:
- La metáfora en sí,
- lo que significa para mí
- y lo que me hace sentir.

Los entrevistadores experimentados exploran en el entrevistado estas tres dimensiones. La metáfora no debe sujetarse a un examen de definición semántica, sino que es una invitación a la confidencia.

Ejercicio

Significado profundo de las analogías (Virginia Satir)
Por parejas, realicen una entrevista teniendo en cuenta este criterio: cada palabra a explorar tiene tres preguntas. Por ejemplo:

Mi trabajo, mi vida, la familia, el conflicto...
- ...es como...
- ...y eso significa para ti...
- ...y eso te hace sentir...

El entrevistador anotará y retomará una palabra del entrevistado que le haya llamado la atención en su respuesta y se la volverá a preguntar en la siguiente tríada. Deben encadenar estas preguntas hasta que la entrevista obtenga fluidez de conversación normal. No es conveniente que el entrevistado piense demasiado en las respuestas.

Cuando los participantes se familiaricen con el juego podemos concluir el ejercicio con la siguiente pregunta (algo imposible de explicar sin metáforas):

¿Quién eres tú?
- Yo soy como...
- y eso significa para mí...
- y eso me hace sentir...

Relatar cualquier episodio de nuestra vida incorporando toda la escenografía de nuestros gestos, lo que sentimos en aquel momento e incluso lo que sentimos en el momento de volverlo a relatar funciona como una metáfora.

La anécdota es un eficaz modo de relato.

Ejercicio

La anécdota funciona como una metáfora
Alguien cuenta un problema o algo que le preocupe (no demasiado).

Un compañero, o un grupo de compañeros, piensan unos momentos y le relatan 3 ó 4 situaciones de sus propias vidas o que le hayan ocurrido a otras personas (reales o ficticias) en las que solucionaron situaciones similares.

Deben procurar no hacer referencia explícita al problema presentado.

Una manera excelente de acceder a nuestro pensamiento inconsciente es el monólogo interior o diálogo interno. Exteriorizar el pensamiento lo pone a prueba ante las condiciones de la realidad. Muchas obras literarias han sido basadas en esta técnica. Llamamos la atención sobre el uso magistral del monólogo en *Pedro Páramo* de Juan Rulfo:

> Vine a Comala porque me dijeron que acá vivía mi padre, un tal Pedro Páramo. Mi madre me lo dijo. Y yo le prometí que vendría a verlo en cuanto ella muriera. Le apreté sus manos en señal de que lo haría; pues ella estaba por morirse y yo en un plan de prometerlo todo. «No dejes de ir a visitarlo –me recomendó–. Se llama de este modo y de este otro. Estoy segura de que le dará gusto conocerte.» Entonces no pude hacer otra cosa sino decirle que así lo haría, y de tanto decírselo se lo seguí diciendo aun después que me costó trabajo zafar mis manos de sus manos muertas.
>
> Todavía antes me había dicho:
>
> –No vayas a pedirle nada. Exígele lo nuestro. Lo que estuvo obligado a darme y nunca me dio... El olvido en que nos tuvo, mi hijo, cóbraselo caro.
>
> –Así lo haré madre.
>
> Pero no pensé cumplir mi promesa. Hasta ahora pronto cuando comencé a llenarme de sueños, a darle vuelo a las ilusiones. Y de este modo se me fue formando un mundo alrededor de la esperanza que era aquel señor llamado Pedro Páramo, el marido de mi madre. Por eso vine a Comala.
>
> (Juan Rulfo)

Ejercicio

Escribir el monólogo interior

Lo que cura es la palabra, la que estructura el discurso del pensamiento. El monólogo interior es un vestigio del inconsciente en nuestra vida cotidiana. En muchas ocasiones, dirigirse a él solventa muchos problemas ya que es su circularidad repetitiva lo que agota la mente de quienes lo sufren. El diálogo interno es útil para cifrar sinté-

▶

ticamente nuestro pensamiento, sin embargo, pierde sentido cuando da más vueltas de las necesarias en nuestra mente.

Escriba su propio Monólogo Interior de lo que piensa en este momento. Después reléalo con calma y note los caminos que adopta su pensamiento.

MONÓLOGO DE SEPTIEMBRE DEL 93

Qué semana hemos tenido... Siempre empiezo igual... Rodeo el asunto con el trabajo hasta que ya no puedo sortear la cuestión de fondo.

Pero es lo que yo le digo a la Carmen, cuando dice que me ve muy solo, que defiendo muy bien mi situación, que siempre estoy ocupado... Pero que no se lo cree... Y ¿qué voy a hacer? Tampoco me lo he buscado yo exactamente.

Algo he contribuido, eso sí. Mira esos dos en la orilla, sentados y mirando al mar... ¡Qué estampa!... Sólo les falta el sol atardeciendo por delante y ellos como una sombra recortada en el cielo, entrelazadas las manos... De calendario. Alguna gaviota en vuelo... También ¿no?... ¡Ah!, pues yo echo de menos esas cosas... yo antes sólo quería eso, que me quisieran, hablar bien, decir cosas interesantes, estar flaco... Y he tenido mis buenas temporadas. Hace dos años, con tres amores a la vez... Eso sólo se puede hacer viviendo solo... ¡Qué época! Aquello sí que era dedicarse a la investigación. Incluso con la Carmen, si ella hubiera querido... Pero tenía miedo, no me fío, no me fío –me decía–, tú ahora estás conmigo y mañana quién sabe. Con esos ojos grises me lo decía.

Los de la orilla llevan un niño en brazos de él, no lo había visto. Ella es desdichada, le sigue el juego a él. A él se le ve más puesto en el papel. Ella está cociendo algo... Aún no está segura, más adelante hablarán, necesita recoger más pruebas para su defensa... Llegado el caso, claro. También lo pasa peor, ya ha comenzado su duelo y él todavía no. Parece una buena mujer.

Y es que no se puede decir todo. La Carmen era demasiado colega y sabía demasiado. Me ayudaba con mis líos. A entretener a una, mientras salía la otra, a inventar excusas por el teléfono... ¡Qué vergüenza! ¿Cómo me iba a querer la Carmen?... Y me lo decía toda enfadada puesta en jarras y... los pies a las diez y diez. Si me oye me asesina... –y no me temblaría la mano–, como diría ella.

Tampoco me gustaba a mí aquello... Me equivocaba de disco siempre. Le ponía el Jazz a la de la Clásica y al revés. Y dormir ¿qué? Ahora porque ya ha pasado pero cómo llegaba a casa... Cansado y cada vez más vacío, cómo si militara en la clandestinidad todas las noches.

La Carmen, que aún estaba de vecina, era lo más familiar... Es lo que le digo a mi padre... Los de mi generación tenemos una crisis de referencias y de modelos... Y eso ¿qué tiene que ver para que yo tenga un nieto?... ¡Ya ves! Yo, también con una crisis de referencias a mi padre... y él con su nieto. Ahora que, un día le doy un susto y le llevo un nieto... ¡Hala! ¡Un nieto, toma, para ti!

Pues tampoco se me pasa la edad... Además, cuando estaba de formal, a última hora tampoco lo sabía hacer, ¡cuatro años! Dice la Carmen que no sería la persona adecuada... ¿Y yo? ¿Yo soy la persona adecuada?

La verdad es que noto que estoy solo en algunos momentos. Cuando me hago la comida. Comer es una cosa social, hacértelo para ti no es lo mismo. Algún fin de semana. Y el momento en que cae el sol, con la primera oscuridad. Cuando me levanto por las mañanas no.

Yo intento hacer cosas, moverme y... eso. El año pasado hice un Máster... Era de organización eficaz de recursos humanos. Luego llegué a la oficina y Anselmo me dijo que él dirigía los recursos humanos en un minuto. Que los recursos humanos de su departamento, con una mirada tienen bastante... Y sin ser Máster ni nada. Hay que ser escéptico con las teorías académicas, pero es que... ¡lo de Anselmo! Ya he vuelto a lo del trabajo. Mira los de la orilla, aún no se han movido, con su niño pequeño, que tienen que educar. Sólo les falta un perro y el Twingo, ese coche de la tele, que dicen:

–Invéntate cómo vivirlo.

Bueno, aquí estoy yo, echando de menos a la Carmen. Yo quería estar con Carmen, por eso tenía a tres. Pero ella, tú estás conmigo ahora, pero mañana... Pues mira, que les parta un rayo a los de la orilla porque yo, me voy.

(Bernardo Ortín, 1993)

Ejercicio

Carta dirigida a sí mismo
En la que exprese:
- Una visión nueva sobre el tema que le preocupa.
- Sus intuiciones sobre la causa del problema.
- Las soluciones que ha intentado para resolverlo.
- Cosas que no tienen que ver y que sin embargo, le acuden a la mente cuando está así.
- Etc.

El monólogo interior puede excederse en ocasiones y crear problemas por su carácter circular y repetitivo. A veces es preciso limitar su influencia y disfrutar de su distancia.

No robes
No robes
a tu soledad pura
tu ser callado y firme.
Evita el necesario
explicarte a ti mismo
contra los casi todos.
Solamente tú solo llenarás
enteramente el mundo.

(Juan Ramón Jiménez)

Buscar lenguajes dirigidos al pensamiento sensorial

El curador no debe decir la verdad desnuda. Tiene que emplear imágenes, alegorías, figuras, un lenguaje portentoso u otros caminos ocultos e indirectos.

(Paracelso. En O'Hanlon, W. 1995: 79)

El haiku. El ingeniero de metáforas debe acostumbrarse a un lenguaje intermedio entre la producción de una idea y su emoción correspondiente. En general, la poesía cubre este terreno expresivo.

Un ejemplo esencial de lenguaje figurado para el despertar de la intuición lo constituye el haiku, definido como la forma poética más breve que pueda encontrarse en el mundo de la literatura. Consiste en 17 sílabas distribuidas en tres versos, en los que se plasma un elevado sentimiento humano.

Un haiku no expresa ideas, sino que plantea imágenes que reflejan intuiciones.

Frente a quien piensa que cómo algo tan corto puede expresar tanto, Suzuki nos recuerda este mundo empezó cuando Dios dijo simplemente: «Hágase la luz».

La brevedad del haiku no guarda relación ninguna con el significado del contenido. En el momento supremo entre la vida y la muerte lanzamos un grito o hacemos un gesto, pero nunca argumentamos ni nos entregamos a una prolongada charla.

R. H. Blyth, profundo conocedor del haiku, dice que esta estructura poética «es la expresión de una iluminación transitoria, en la que vemos en profundidad la vida de las cosas [...]. Es una forma de volver a la naturaleza. Es una forma a través de la cual la lluvia fría del invierno, las sombras de la tarde, incluso el día con su calor, y también la larga noche, se hacen verdaderamente vivos, participan de nuestra humanidad, hablando su propio lenguaje silente y expresivo» (Suzuki y Fromm, 1985).

Veamos a continuación algunos ejemplos de haiku.

Matsuo Basho (1644-1694) fundador de la moderna escuela de haiku, escribió éste que, según se dice, marcó el punto de partida de su revolucionario movimiento:

El viejo estanque, ¡ah!
Salta una rana:
¡el sonido del agua!

Otro haiku de gran proyección imaginativa:

*De ordinario detesto al cuervo
pero esta mañana
sobre la nieve...*

En un viaje, Basho se encontró unas prostitutas que iban al templo de Ise. Todos pernoctaron en el mismo albergue y tras escuchar la narración de sus miserables vidas, escribió:

*Bajo un mismo techo,
dormían, también, las prostitutas;
las flores hagi (*) y la luna.*

Sobre una luciérnaga volando:

*Una enorme luciérnaga
vacilante,
pasa.*

Tras la impresión de las hojas caídas del árbol en el fondo del río:

*Bajo el agua,
quedan sobre la roca
las hojas caídas.*

Otras Impresiones:

*Una pequeña rana
subida en una hoja de plátano;
tembleuqeo.*
❖❖❖

---

* Se trata de la Lespedeza striata, que florece a principios de otoño y gusta mucho a los japoneses, especialmente a los poetas haiku y waka.

*De una temprana muerte
no da signos
la voz de la cigarra.*

*Oí cantar al cuco
y miré hacia
donde venía el sonido.
¿Qué vi?
La pálida luna en el cielo del alba.*

A continuación citaré dos poemas que por su similitud temática marcan una diferencia esencial entre el modo de pensar oriental y occidental.

La *nazuna* es una humilde y vulgar hierba en flor nada bonita ni encantadora. Se la denomina «zurrón del pastor» y es ordinariamente inadvertida por la gente:

*Observando de cerca,
la nazuna está florecida
en el seto.*

Es notable la actitud observadora y respetuosa del poeta sobre el objeto de conocimiento, en este caso la nazuna y cómo contrasta con Tennyson, otro gran poeta inglés, cuya actitud es más inquisitiva e interventora. La obsesión de occidente más inclinada a poseer aquello que se desea conocer (Suzuki y Fromm, 1996: 11):

*Flor en el muro agrietado,
te arranco de las grietas,
te sostengo, raíz y todo, en mi mano,
pequeña flor –pero si yo pudiera comprender
lo que tú eres, raíz y todo, y todo en todo,
podría conocer lo que Dios y el hombre son.*

La vocación del poeta del haiku es vivificar la naturaleza y no destruirla. Se cuenta una anécdota de cuando Basho tenía treinta años y estaba enseñando a su discípulo Kikaku. Éste compuso un haiku mientras daba un paseo por el campo con el maestro:

¡Libélulas rojas!
Quítales las alas
Y serán vainas de pimienta.

A esto objetó el maestro: –No. De este modo has matado a la libélula. Di más bien:

¡Vainas de pimienta!
Añádeles alas
Y serán libélulas.

(Rodríguez-Izquierdo, F. 2001: 71)

Ejercicio

Redacción de haiku
Alguien cuenta algo que le preocupe. El compañero o compañeros le escuchan y después le escriben tres haikus cada uno.

Lenguaje de reflejo sensorial en prosa. La prosa plasma el lenguaje sensorial de igual modo que el poema. A continuación vemos un ejemplo.

LOS PRIMEROS POBLADORES DE LA ELIANA (Fragmento)

Los primeros pobladores de La Eliana no fuimos nosotros, fueron los árboles, pensaba mientras el tiempo me parecía eterno y el deseo de salir corriendo a jugar me espabilaba. Era la hora de la siesta, la hora del calor. Reinaba el silencio de los humanos, ese silencio al que nos referimos cuando no oímos voces ni motores ni repiqueteos asociados a la actividad de los otros. Pero se oían intensamente las chicharras (que a mí se me antojaban las mujeres de los grillos, con la misma lógica que ordenaba el mundo en parejas: el sol y la luna, la playa y el mar, el lagarto y la lagarta...) las únicas que no tenían que hacer la siesta. También se oía el batir suave de la cortina de barritas que daba contra la puerta cerrada, más cerrada que nunca y caliente porque allí se estrellaba el sol abrasador esa tarde de agosto. Olía a pino, como huelen los pinos al sol ardiente, como olía La Eliana entonces y ahora, como olerá La Eliana mientras los árboles sean sus habitantes.

(Trinidad Ballester, 1998)

Nota. Este relato obtuvo el primer premio en el concurso literario celebrado en conmemoración del cuarenta aniversario del pueblo de L' Eliana, en Valencia.

La metáfora es lo que mejor permanece en la memoria

Antes de concluir el presente capítulo quiero destacar que el lenguaje metafórico es el más capaz de quedar impregnado en la memoria durante largo tiempo. La estructura de la mente es profundamente sensible a los relatos.

La naturaleza de la memoria es de carácter mítico y a-histórico. El recuerdo de acontecimientos y personas deja de ser una crónica histórica para convertirse en una estructura mítica.

Los acontecimientos históricos y los personajes auténticos no resisten en el recuerdo más allá de dos o tres siglos, con el fin de que puedan entrar en el molde de la mentalidad arcaica (Eliade, M. 2000: 50 ss.). La memoria colectiva funciona mediante estructuras arquetípicas.

Eliade narra la historia del folklorista rumano Constantin Brailoiu, quien tuvo la oportunidad de hallar una admirable balada de un pueblecito de Maramesh:

La historia habla de un amor trágico. El joven prometido había sido hechizado por un hada de las montañas y, pocos días antes de su matrimonio, el hada, celosa, le había arrojado desde lo alto de las rocas. Al día siguiente, los padres habían encontrado su cuerpo y su sombrero enganchados en un árbol. Trasladaron el cadáver al pueblo y la joven llegó a su encuentro; al ver el cuerpo inerme de su prometido entonó un canto fúnebre, lleno de alusiones mitológicas, texto litúrgico de una nostálgica belleza.

Brailoiu quedó hechizado por la historia y se interesó por los detalles de la misma, incluso quiso saber la fecha de la tragedia. Le informaron de que era una historia muy antigua. Sin embargo, el folklorista averiguó que sólo habían pasado cuarenta años desde los hechos, incluso localizó a la heroína que aún vivía y que le contó la historia de primera mano. En realidad todo fue más banal:

El novio se cayó por un precipicio y malherido fue encontrado por unos vecinos que oyeron sus gritos y le llevaron al pueblo donde murió. En el entierro, la novia y el resto de mujeres habían repetido los cantos fúnebres tradicionales sin mencionar al hada de las montañas.

Unos cuantos años bastaron para que el acontecimiento se desprendiera de toda autenticidad y se transformase en una leyenda, a pesar de la existencia de la novia protagonista. Mucha gente había vivido el suceso real, pero no les satisfacía tanto como la mitificación de la crónica. Cuando Brailoiu llamó la atención sobre la versión auténtica, éstos le respondieron que la vieja, en su dolor, había perdido la cabeza. El mito es el que contaba la verdad, los hechos narrados por su verdadera protagonista ya no.

La relación entre mito y realidad es esencial para el ser humano. El mito sobrevive a cualquier crónica pretendidamente real de los acontecimientos.

En este sentido existe un triste y revelador hecho basado en el informe de Thomas A. Sebeok que redactó en 1984 acerca de una cuestión planteada por el gobierno norteamericano (Eco, U. 1994: 151-153). Dicho gobierno había

> **Ejercicio**
>
> Recupere un episodio sencillo, una historia familiar, o del pueblo en el que vive. Es preferible un relato que tenga algunas sombras de la memoria y conviértalo en una historia mítica, añadiendo personajes como brujas, duendes, animales sagrados... La historia debe parecerse a la acontecida, sólo hay que cambiar o añadir algunos personajes. También es importante respetar las leyes psicológicas que rigen el comportamiento de los personajes.

elegido algunas zonas desérticas de Estados Unidos para enterrar allí, a muchos cientos de metros de profundidad, residuos nucleares que iban a seguir siendo radioactivos los siguientes diez mil años.

La cuestión que se les planteó fue la siguiente: ¿Qué mensaje es capaz de advertir a los visitantes de dentro de diez mil años de que esa zona es altamente peligrosa? Sabemos que las civilizaciones más florecientes han desaparecido de la Tierra en mucho menos tiempo. Los jeroglíficos egipcios se volvieron incomprensibles tras la desaparición de los últimos faraones. Nadie es capaz de predecir la situación del mundo después de diez mil años.

Se analizaron diversos sistemas de comunicación. Los ideogramas sólo pueden entenderse en contextos comunicacionales más amplios, las señales olfativas no pueden mantenerse tanto tiempo, los mensajes eléctricos requieren de un mantenimiento constante. Los lenguajes pictográficos pueden ser entendidos desde distintas perspectivas, un logotipo de figuras humanas en interacción no se sabe si están bailando, cazando o peleando.

La dificultad es garantizar que el mensaje será comprensible. Desde el punto de vista cultural es casi imposible mantener esa continuidad.

El informe refiere que la única solución sería instituir una especie de casta sacerdotal, formada por científicos nucleares, antropólogos, lingüistas y psicólogos que se perpetuara a través de los siglos por cooptación y que fuera capaz de mantener viva la idea. Dicho grupo debería crear mitos, leyendas y rituales que advirtieran de tan gran peligro.

La clave es que éstos se verían obligados a transmitir algo cuyo conocimiento exacto hubieran perdido con el transcurso del tiempo y es precisamente esto lo que garantizaría la vehiculación del mensaje aunque el ser humano de esa época futura hubiera regresado a un estado de barbarie.

Es interesante que, fuera de la posibilidad de comprensión real del mensaje, la solución más adecuada en el tiempo es el recurso narrativo del mito.

El mito no se puede descifrar exactamente y produce una expectativa de alerta desesperada que intenta una y otra vez comprenderlo.

Existe una historia judía que tiene relación con lo que estamos diciendo. El relato procede de Polonia:

LO QUE QUEDA DESPUÉS DEL OLVIDO

En una pequeña ciudad donde vivía una comunidad judía había una particular ceremonia, instituida desde hacía mucho tiempo, que se celebraba en el bosque cada treinta años. Un viejo rabino, que conocía al dedillo el ritual de la ceremonia, se lo transmitió a otro rabino antes de morir.

Cuando llegó el momento, éste último condujo a un reducido grupo de fieles al bosque, al lugar preciso, y celebró la ceremonia según el rito exacto. Después de lo cual, todos regresaron a sus casas.

Pasaron los años. Cuando, treinta años más tarde, volvió a llegar el momento de la ceremonia, el rabino ya había muerto. Sólo quedaban tres o cuatro fieles con vida de la última ceremonia, los cuales se fueron al bosque con algunos neófitos y otro rabino.

Una vez en el bosque, les fue difícil recordar el lugar exacto. «Es en este claro», decía uno. «No», decía otro, «es mucho más lejos». Finalmente escogieron un sitio sin estar seguros de que fuera el correcto, celebraron la ceremonia según el ritual y volvieron a sus casas.

Treinta años más tarde, sólo quedaban algunos de los neófitos con vida. Bajo la dirección de un nuevo rabino acompañados por un grupo de jóvenes, volvieron a dirigirse hacia el bosque. Esta vez les fue imposible reconocer siquiera un claro. Todo había cambiado, todo se enmarañaba en sus memorias. Incluso el rito de la ceremonia les parecía incierto, impreciso. ¿Había que pronunciar primero aquella plegaria? ¿o aquella otra? Ya no lo sabían.

Lo hicieron lo mejor que pudieron y regresaron a la ciudad.

Treinta años más tarde, un nuevo grupo, guiado por un nuevo rabino, se adentró en el bosque. Habían oído hablar de una importante ceremonia que allí se celebraba antaño. ¿Qué día? No lo sabían con exactitud. ¿En qué lugar? ¿De qué forma? Imposible decirlo con certeza.

El rabino y los fieles erraron por el bosque durante dos horas, bajo la lluvia, sin celebrar la ceremonia, y luego regresaron. Se volvieron a encontrar en la sinagoga.

Uno de los fieles, desanimado, dijo:

Lo hemos olvidado todo. La próxima vez ya no valdrá la pena ni regresar al bosque.

Es verdad –dijo el rabino–, hemos olvidado todos los detalles de la ceremonia. Pero no todo está perdido. Seguimos teniendo un buen motivo para sentirnos satisfechos.

¿Por qué deberíamos estarlo? –preguntaron los fieles.

Porque siempre podremos contar la historia.

(Carrière, J.C. 2000: 499-500)

El origen de los **cuentos**

Dios hizo al hombre porque le gustaba escuchar historias.

(Keen, S. 1973)

¿De dónde vienen los cuentos?

Ésta es la pregunta de todos los que se acercan a explorar el recurso educativo más antiguo de la humanidad. Existen varias hipótesis sobre el origen de los relatos y a qué interés humano obedecen. Pueden agruparse las más significativas en torno a las siguientes ideas (Franz, M.L. 1993: 8 ss.):

Los cuentos son expresión de procesos psíquicos

Esta primera hipótesis sostiene que el inconsciente está en la misma situación del que, habiendo vivido una visión o una experiencia original, desea comunicarla. Tratará, de modos diversos, de hacer comprender su experiencia. Intentará provocar, por intuición y por analogía un eco en sus oyentes, por tratarse de un acontecimiento que todavía no ha sido nunca formulado, necesitará nuevos medios de expresión, sin cansarse de exponerles su visión, hasta que sienta que le han comprendido.

Jung decía que la alquimia es secreta, en principio, por el afán de protegerla. Pero ese secreto se debe también a que se desconocía en realidad a dónde conducía, ya que sólo podían intuirla.

El cuento es un sistema relativamente cerrado, que expresa un sentido psicológico esencial y único, traducido en una serie de imágenes y sucesos simbólicos.

Para que este factor desconocido penetre en la conciencia, son necesarios cientos de cuentos y miles de versiones (comparables a las variaciones de un tema musical), sin que por ello el tema llegue a agotarse. Este factor desconocido es lo que Jung llama el Sí-mismo, la totalidad psíquica del individuo que, paradójicamente, es también el centro regulador del inconsciente colectivo. Cada individuo, cada pueblo, tiene su propia forma de experimentar esta realidad psíquica.

Algunos temas de los cuentos de hadas se mantienen desde 25.000 años a.C., prácticamente sin alteraciones.

En consecuencia, los cuentos podrían contener los restos de una fe sepultada largo tiempo, expresada en símbolos cuando han tenido que sobrevivir a la persecución (Herder. en op. cit.).

La búsqueda de lo que parecía faltar en la enseñanza cristiana oficial fue lo que empujó en principio a los hermanos Grimm a reunir los cuentos folklóricos, que compararon con un cristal roto, cuyos pedazos esparcidos por la hierba pueden recogerse todavía.

Ante ciertas prohibiciones que la socialización impone al ser humano, el deseo de crecer de éste queda latente pero no se extingue. Frente a la opresión de culturas hegemónicas, queda en la clandestinidad un conjunto de rituales que expresan los anhelos de los seres humanos de un modo más acorde a como éstos se producen. Los procesos de normalización doman el comportamiento humano pero hacen más resistente su idea íntima de libertad que sigue insistiendo en distintos modos de deseo y que busca grietas para poder manifestarse.

Quizá el ejemplo paradigmático de lo que estamos hablando sea el cuento de Juan de Hierro que habla del paso de la infancia del hombre a la época adulta con sus rituales de transición más importantes (Bly, R. 1990).

También pueden consultarse los Cuentos espirituales de Nas Rudin, relatos sufís y de otras tradiciones culturales.

> **Ejercicio**
>
> Explique en un pequeño relato algún aspecto de lo dicho en este apartado. La transición de la niñez al mundo adulto, los cambios en las distintas etapas de la vida, el significado del amor, el proceso de la individuación humana desde lo colectivo...

Los cuentos son expresión de verdades filosóficas esenciales

Hipótesis defendida por la *Escuela simbólica* y según ella los mitos expresan simbólicamente realidades filosóficas y pensamientos metafísicos que contienen una enseñanza de profundas verdades sobre Dios y el mundo.

También se intentó buscar un lugar de donde arrancasen todos los cuentos. Hubo hipótesis acerca de la India, Babilonia y de otros lugares. No se podía determinar un único lugar de origen y expansión de todos los cuentos y se propuso buscar la versión más completa, la más rica y poética. Pensando que la versión mejor expresada sería la original.

El punto débil de esta teoría es que los cuentos al irse repitiendo no tienen necesariamente que degenerar, incluso pueden enriquecerse.

Los *Mitoi*, que es como se llama a las antiguas historias que explican el origen de las cosas, se encuadran en esta hipótesis. Existen abundantes relatos al respecto. Presentamos aquí algunos de ellos.

EL ORIGEN DE LA SABIDURÍA (Cuento de los indios norteamericanos)

Había una vez un hombre, que era el cartero de la reserva, que oyó a algunos de los Mayores hablar sobre objetos recibidos que otorgaban un gran poder. Él no sabía mucho acerca de esas cosas, pero pensó que sería maravilloso recibir un objeto que sólo podía ser concedido por el Creador. En particular, escuchó de los Mayores que el objeto más excelso que una persona podía recibir era una pluma de águila. Decidió que debía tener una. Si podía recibir una pluma de águila, poseería todo el poder, la sabiduría y el prestigio que deseaba. Pero también supo que no podía comprarla. Tenía que llegarle por la voluntad del Creador. Día tras día, salía a buscar una pluma de águila. Creía que para encontrarla sólo debía mantener los ojos abiertos. Llegó un momento en que no pensaba en otra cosa. La pluma de águila ocupaba sus pensamientos desde el amanecer hasta el ocaso. Pasaron semanas, meses, años. Todos los días el cartero hacía sus rondas, buscando afanosamente la pluma de águila. No prestaba atención ni a su familia ni a sus amigos. Mantenía la mente fija en la pluma de águila. Pero nunca la encontraba. Comenzó a envejecer, y la pluma no aparecía. Finalmente, se dio cuenta de que por mucho que buscara, no estaba más cerca de hallar la pluma de lo que había estado el día que inició la búsqueda.

Un día decidió tomar un descanso al costado del camino. Salió de su pequeño jeep y tuvo una charla con el Creador. Dijo: «Estoy muy cansado de buscar la pluma de águila. Pasé toda mi vida pensando en ella. Apenas me ocupé de mi familia y de mis amigos. Lo único que me preocupó fue la pluma y ahora la vida me ha pasado de largo. Me perdí muchas cosas buenas. Bien, abandono la lucha. Dejaré de buscar la pluma y comenzaré a vivir. Quizá todavía tenga tiempo para recuperar a mi familia y a mis amigos. Perdóname por el modo como conduje mi vida». Entonces y sólo entonces, lo inundó una gran paz. De repente, se sintió mejor interiormente de lo que se había sentido en todos esos años. Tan pronto como terminó de hablar con el Creador y comenzó a caminar en dirección al jeep, lo sorprendió una sombra que pasó por encima de él. Miró al cielo y vio, en lo alto, un gran pájaro volando. Al instante, desapareció. Luego vio algo que descendía flotando suavemente en la brisa: una hermosa pluma. ¡Era su pluma de águila! Se dio cuenta de que la pluma había aparecido inmediatamente después de que abandonara la búsqueda e hiciera las paces con el Creador.

Ahora el cartero es una persona distinta. La gente acude a él en busca de sabiduría y él comparte con ellos todo lo que sabe. Si bien ahora posee el poder y el prestigio que tanto anhelaba, ya no le interesan esas cosas. Se preocupa por los demás y no sólo por sí mismo.

Ahora sabes cómo llega la sabiduría.

(Hoh Leila Fisher. En Selekman, M. 1996: 17)

TAMBA-TAYÁ. EL ORIGEN DEL AMOR SUBLIME

Según esta leyenda de los indios Tupí de la Amazonía, al morir su amada, un indio tupí se la llevó al interior de la selva y en la soledad, lejos de todos, se enterró vivo junto al cadáver del ser que amó en vida. Sobre el sepulcro –dice la leyenda– brotó el árbol del Tamba-tayá (...) cuyas hojas son dos hojillas pegadas, una más grande y otra más pequeña unida a la primera. Representan a la desgraciada pareja unida en un abrazo de eterna vida, sublime símbolo del amor.

(Lázaro Flury. *Diccionario de mitos y leyendas*)

EL ORIGEN DE LA BELLEZA Y DE LA FEALDAD

La belleza se bañaba y dejó las ropas al borde del río. La fealdad le robó la ropa y se la puso. Desde entonces hay gente que ve la belleza dentro de ropas feas y gente que no ve la fealdad por sus bonitos vestidos.

(Cuento popular)

EL ORIGEN DE LA MUERTE

Dios dio a elegir a los humanos si preferían vivir toda la vida sin descendencia como la luna, o morir dejando vástagos como las plataneras, el hombre eligió lo segundo. Desde entonces los seres humanos se reproducen y mueren.

(Mito africano)

EL ALACRÁN Y EL BAILE

Akeké, el alacrán, vivía en una cuerda floja.

El cielo sostenido por los hermanos Sapa y Sapo empezó a descender porque ellos se cansaron. Los hombros se les ampollaron y ya eran postillas negras y hombros chatos.

El alacrán se cansó del cielo y bajó por la cuerda. Llegó a la Tierra contento, pero a los pocos días se empezó a aburrir.

Pensó en qué pensaría y terminó sin pensar.

Le dio, entonces, por picar.

Picó al primer hombre que le cruzó por su camino.

Y el hombre saltó.

Luego esperó a que pasara una pareja de un hombre y de una mujer. Cuando la pareja pasó, la picó, y el alacrán dejó de aburrirse porque la pareja bailó del dolor toda la noche.

Entonces avisó a todos los alacranes que cogieran la cuerda y bajaran.

Ellos bajaron y picaron a diestra y siniestra. Y ahí nació el baile. De la picada de Akeké.

(Miguel Barnet. «Los perros mudos». *Fábulas cubanas*. En Fernández, A. 1990)

EL ORIGEN DEL TÉ

Una leyenda afirma que el té fue descubierto por Bodhidharma, el monje que llevó el budismo desde la India a China y fundó el zen. Bodhidharma llevaba nueve años meditando de cara a la pared. Era normal que empezara a quedarse dormido. Pero él luchó contra el sueño, en su afán por vencer la inconsciencia. Quería permanecer consciente incluso mientras dormía. Quería mantener una continuidad de la conciencia: la luz debía permanecer encendida día y noche, las veinticuatro horas, pues en eso consiste la dhyana, la meditación. Hasta que una noche le fue imposible seguir despierto: se estaba quedando dormido. Entonces se cortó los párpados y los tiró. Así no habría manera de cerrar los ojos.

Para acceder a los ojos interiores hay que renunciar a los ojos exteriores. Ése es el alto precio que hay que pagar. ¿Y qué ocurrió? A los pocos días se dio cuenta de que de los párpados que había arrojado al suelo surgía un pequeño brote. Era la planta del té.

Por eso cuando bebemos té algo de Bodhidharma entra en nosotros y nos cuesta dormirnos. Bodhidharma meditaba en una montaña llamada Cha: de ahí procede el nombre del té, de la montaña donde Bodhidharma meditó durante nueve años.

Cuando hoy un maestro zen dice: «Toma una taza de té», en realidad está diciendo: «Prueba un poco de Bodhidharma. No te plantees todas esas preguntas sobre si existe Dios o no, quién creó el mundo, dónde está el cielo y dónde el infierno, cuál es la teoría del karma y si existe o no la reencarnación». Cuando un maestro de zen dice: «Toma una taza de té», está diciendo: «Trata de volverte más consciente, no te entretengas con tonterías. No te van a servir de nada.»

(Osho)

Ejercicio

Redactar un *mitoi*
Se trata de escribir un relato de la aparición de un mito o símbolo o cómo empezó un símbolo o un valor importante... como la belleza, la sociedad, el amor, la solidaridad, incluso hechos cotidianos como el gesto de chocarse las manos.

Escriba ese origen de algo en un relato.

Ejercicio

***Mitoi*: ¿Por qué los dioses se subieron a los cielos?**
En tiempos ancestrales y con el dominio del pensamiento mágico, todo el mundo creía que los dioses estaban en todas partes, en la Naturaleza, en los objetos, en las emociones y pensamientos de las personas... Llegaron a creer que los números tenían magia puesto que si se repetían las medidas, los resultados eran los mismos.

En ese tiempo todos eran panteistas.

Con el avance del pensamiento lógico y reflexivo, estos dioses fueron explicados y se iban retirando de esas cosas que ocupaban antes. Tan poco sitio llegaron a tener, ya que el funcionamiento del mundo era cada vez más tomado por la ciencia que, en un momento dado, decidieron subirse al cielo y por eso ahora residen allí.

Con las noticias que tiene, relate cómo ocurrió todo esto.

Los cuentos son explicaciones de la Naturaleza

Esta hipótesis intenta interpretar los cuentos de hadas como un disfraz de los fenómenos naturales (Max Müller. En Franz op. cit.): el sol, la luna, la vida vegetal, la aurora…

La Biblia es una metáfora de la Creación. También existen numerosos cuentos relacionados con este tema.

EL INICIO DE LA VIDA

Los seres vivos de la Tierra provienen de la unión entre el Sol y la Luna.

(Cuento popular)

LA LUNA Y EL SOL

Hace mucho tiempo la Luna y el Sol vivían juntos en la tierra, pero se enfadaron y empezaron a perseguirse. La Luna indignada se subió al cielo. El Sol hizo lo mismo. Pero uno al otro se vigilan y no quieren reunirse. Por eso cuando está el Sol la Luna no aparece y cuando está la Luna, el Sol permanece escondido.

(Cuento popular)

El sol, rubio y apoplético, y el soberbio y magnífico Júpiter jugaban, por sobre la red de los asteroides, a la pelota, que era pequeñita, verdemar, y zumbaba gloriosamente en los espacios luminosos. ¡Ah!, se me olvidaba: la diminuta pelota que llamáis la Tierra había caído de este lado de los asteroides, y el sol iba a recogerla para proseguir. Este instante, no más largo que la sonrisa de una diosa, los mortales lo llamaríais varios millares de trillones de siglos. Así sois de ampulosos,

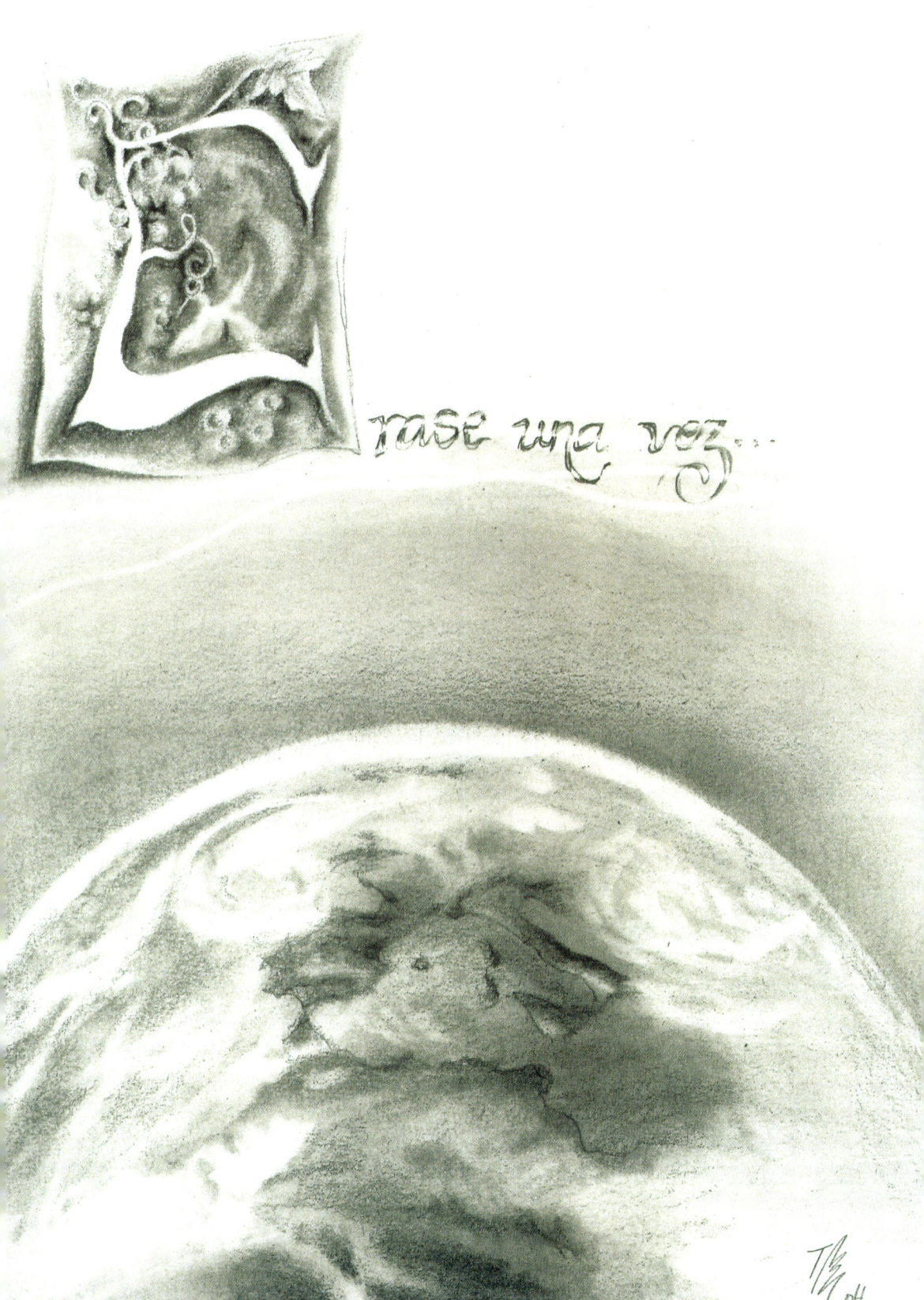

Érase una vez...

vosotros los seres de un momento. Pues bien... ¿pero a qué continuar si ignoráis las reglas del juego?

(Julio Torri. En Fernández, A. 1990)

Ejercicio

Relate una explicación acerca de cómo se producen las tormentas. Puede hacerlo desde una perspectiva mítica y ajena a la explicación científica o reelaborando una teoría científica.

Los cuentos son relatos de sueños

Lo maté en sueños y luego no pude hacer nada hasta que lo despaché de verdad. Sin remedio.

(Max Aub. *Crímenes ejemplares*. En Fernández, A. 1990)

En el siglo XIX, Ludwig Laistner (En Franz, M.L. op. cit.) planteó que los temas fundamentales de los cuentos de hadas y cuentos folklóricos derivan de los sueños. Karl von del Steinen trató de probar en la misma época que la mayor parte de las creencias mágicas y sobrenaturales primitivas que él había estudiado derivaban de experiencias oníricas.

Efectivamente, en las sociedades arcaicas, es un rasgo típico de comportamiento que una experiencia onírica sea considerada como actual y real. Así, si alguien ha soñado que estaba en el cielo y que conversaba con un águila, se sentirá autorizado a contarlo a la mañana siguiente como un hecho concreto, sin añadir que aquello ha sucedido durante un sueño. Según Steinen, es así como nacen los relatos.

A continuación presentamos un sugerente conjunto de relatos derivados de los sueños.

UNA PESADILLA

Cerré la puerta de mi departamento y me dirigí al ascensor. Iba a llamarlo cuando un personaje rarísimo ocupó toda mi atención. Era tan alto que yo debí haber comprendido que lo soñaba. Aumentaba su estatura un bonete cónico. Su rostro (que no vi nunca de perfil) tenía algo de tártaro o de lo que yo imagino que es tártaro y terminaba en una barba negra, que también era cónica. Los ojos me miraban burlonamente. Usaba un largo sobretodo negro y lustroso, lleno de grandes discos blancos. Casi tocaba el suelo. Acaso sospechando que soñaba, me atreví a preguntarle no sé en qué idioma por qué vestía de esa manera. Me sonrió con sorna y se desabrochó el sobretodo. Vi que debajo había un largo traje enterizo del mismo material y con los mismos discos blancos, y supe (como se saben las cosas en los sueños) que debajo había otro.

En aquel preciso momento sentí el inconfundible sabor de la pesadilla y me desperté.

(Jorge Luis Borges. *Atlas*)

DE LAS SÁBANAS FAMILIARES

Estaba tendido en su antigua cama de ébano, frente a la ventana abierta del jardín, entre las sábanas blancas, durmiendo. Lo sabía porque soñaba que estaba así tendido, soñando que soñaba. Despertó luego de caer una eternidad por el hueco de su cuerpo, y, la cara entre las manos ásperas, fue a la ventana por más aire. Una luz añil fogueaba los árboles con sus lentas llamas silenciosas; las hojas metálicas movíanse pesadamente bajo el cuerpo macizo del alba, y en el cantero, minerales, coralinos, los tallos delegados del rosal soportaban flores de un feroz azul resplandeciente. Pensó que aquello era extraño. ¿Cómo imaginaba plantas verdes, de un verde apacible? «No entiendo –se dijo– este rojo entrañado de las hojas. Qué raro que no sean verdes». Y sonriendo propuso que quizás se habría equivocado de sueño. «Me levanto en la otra cama, la del sueño». Con el aire de quien dispersa sus pesadillas fue a sentarse al borde de su cama, repasando con las manos, ya tranquilizado, la conocida cabecera de piedra, las familiares sábanas cenicientas.

(Eliseo Diego. *Divertimentos*. En Fernández, A. 1990)

EL CORTÉS

Una tarde, Kafka me visitó, y atravesó impensadamente una pieza donde estaba recostado mi padre. Éste se despertó, y Kafka murmuró al pasar:
 –Le ruego, considéreme un sueño.

(Max Brod. *Frank Kafka*. Praga, 1937).

SUEÑO DE FELLINI

Soñé que iba a alojarme en el Grand Hotel de Rimini. Al llegar, el recepcionista me dijo: «Qué extraño, ya se ha registrado en el hotel una pareja con ese nombre"», y me señaló a dos ancianos que paseaban por la terraza agarrados del brazo. Eran mi padre y mi madre. Subí a mi habitación y sonó el teléfono. Era el recepcionista. «¿Le gustaría conocerlos?», me preguntó. Y yo le dije: «No, gracias».

(Federico Fellini)

TRES HISTORIAS DE VIAJEROS

Un viajero tuvo un accidente en un país extranjero; perdió todo su equipaje, con los documentos que podían identificarle, y olvidó quién era. Vivió allí muchos años. Una noche soñó con una ciudad y creyó recordar un número de teléfono y, al despertar, consiguió comunicarse con una mujer que se mostró muy dichosa de recuperarle. Se dirigió a la ciudad y vivió con la mujer y tuvieron hijos y nietos. Pero otra noche, tras un largo desvelo, recordó su verdadera ciudad y su verdadera familia, y comprendió que lo que le rodeaba no podía ser real. Tuvo miedo de encender la luz y permaneció inmóvil, escuchando los ruidos de la noche.

(José María Merino. En Fernández, A. 1990)

EL ALCOHOL SOÑADO

Una historia china nos presenta a un hombre que duerme y que en su sueño encuentra una botella de licor de arroz. Muy feliz –porque en realidad es demasiado pobre para poder comprar alcohol–, encuentra un infiernillo, lo enciende, pone el alcohol a calentarse, como debe ser.

De repente se despierta.

–Tendría que haberlo bebido frío –se dice.

(Carrière, J.C. 2000: 81)

EL SUEÑO DE CH'HÂ

Una noche cualquiera, Ch hâ soñó que un desconocido venía a visitarle y le daba, sin explicación alguna, nueve monedas de plata.

Pero Ch hâ no las aceptaba, diciendo:

–¿Por qué nueve monedas? ¡Dame una más, que al menos sea un número redondo!

El hombre negó con la cabeza. Sólo quería darle nueve monedas. Ch hâ insistió, discutió, se quejó, suplicó y se debatió hasta tal punto que acabó por despertar. Entonces vio que se trataba de un sueño. Su mano estaba vacía.

Dos segundos más tarde se volvió a acostar, cerró los ojos y se durmió murmurando:

—Bueno, vale, dame las nueve monedas.

(Carrière, J.C. 2000: 82)

EL TESORO DEL RABINO

Un viejo rabino que se llamaba Eisik, hijo de Jekel, y que vivía en Cracovia, tuvo un sueño que le ordenó con precisión dirigirse a Praga.

Allí, debajo del gran puente que conducía al castillo del rey, descubriría un tesoro.

El rabino rechazó aquel sueño e intentó olvidarlo. Pero el sueño lo persiguió con tanta tenacidad que al final el rabino se puso en camino. En Praga, el gran puente se encontraba tan bien vigilado día y noche por temibles centinelas que el rabino no se atrevió a buscar el tesoro. Pero, como estaba merodeando por el puente, acabó por hacerse notar por un capitán, que le preguntó con severidad qué hacía allí.

El rabino, bastante ingenuo, contó el motivo de su viaje, o sea, su persistente sueño. El oficial se echó a reír tirando la cabeza hacia atrás y se burló del rabino.

—¡Un sueño! —exclamó—. ¿Has llevado a cabo tantos esfuerzos por un sueño?

—Sí —dijo el rabino—, por un sueño.

—¿Si te dijese —prosiguió el capitán sin dejar de reír—, si te dijese que yo también he tenido un sueño?

—¿Cuál?

—¡Una voz me decía que fuese a Cracovia y que allí encontraría un gran tesoro en la casa de un rabino!

—¿En la casa de un rabino?

—Sí, de un tal Eisik. Cerca de la estufa.

—¿Eisik, hijo de Jekel?

—¿Lo conoces? —preguntó el capitán.

Pero el rabino no contestó. Ya había dado media vuelta. Volvió corriendo a Cracovia.

En cuanto a si encontró un tesoro junto a la estufa, o si buscó en vano, este punto se deja a criterio del lector. Depende del humor del momento, de lo que brillan las miradas de quienes escuchan y de los movimientos invisibles del aire.

(Carrière, J.C. 2000: 82)

1983

Es un restaurante del centro, Haydée Lange y yo conversábamos. La mesa estaba puesta y quedaban trozos de pan y quizá dos copas; es verosímil suponer que habíamos comido juntos. Discutíamos, creo, un film de King Vidor. En las copas quedaría un poco de vino. Sentí, con un principio de tedio, que yo repetía cosas ya dichas y que ella lo sabía y me contestaba de manera mecánica. De pronto recordé que Haydée Lange había muerto hace mucho tiempo. Era un fantasma y no lo sabía. No sentí miedo; sentí que era imposible y quizá descortés revelarle que era un fantasma, un hermoso fantasma.

El sueño se ramificó en otro sueño antes que yo me despertara.

(Jorge Luis Borges. *Atlas*)

NOCHES PASADAS...

Noches pasadas soñé con un señor alto, rubio, muy paquete, a la manera del siglo XIX. Y yo sabía que él era inglés como uno sabe las cosas en los sueños. Ese señor tenía melena y una cara que era casi la de un león. Un semicírculo de personas que tenían un poco cara de leones, aunque menos que él, lo rodeaban. (...)

Y él vacilaba. Todo eso estaba fotografiado en un gran cuadro y abajo decía: «Leones». Y había otro señor, de espaldas a mí, que gesticulaba y daba testimonio de todo lo que pasaba en el cuadro. Él era judío y yo lo sabía, como uno sabe las cosas en los sueños, sin que se las digan. Ese señor estaba en el medio, así, enamorado. (...) Sí, y alrededor de él ese semicírculo de personas todas vestidas como él, con melenas y barbas. Algunos, yo me di cuenta, casi no tenían cara de leones. Simplemente buscaban ese puesto y se habían caracterizado. Eso contado, no tiene nada de particular (...)... pero me desperté temblando.

(Jorge Luis Borges. En Gilio, M.E., *Personas y personajes*)

Jung defendía que los sueños no debían ser interpretados, sino que encierran un mensaje para ser vivido.

SUEÑO

Hoy he soñado con un torrente de colores, tamaños, formas, brillos y sombras. He soñado con un océano de sonidos como voces sin palabras, con sensaciones, temperaturas... He sentido un pensamiento trabajoso y pesado que rondaba mi cuerpo como un viento circular de ideas repetidas. Sé que he soñado con los primeros momentos de la Creación, con las cosas que había al principio, antes de que fueran nombradas.
He despertado en el momento en que mi imaginación comenzaba a destilar palabras, cuando los colores, los sonidos y todas las cosas comenzaban a nombrarse.
Retengo el escenario de un gran reloj de arena desde cuya parte superior caen las figuras, los colores, las voces, las sensaciones y emociones... Todo lo que había antes del lenguaje.
He despertado en ese momento de transición y he comprendido como nadie cómo las cosas adquieren su nombre y lo sé porque lo he visto, lo he oído pasar por la breve cintura de cristal del reloj de arena.
Y en ese momento vivido de la conciencia, en el que me hallaba más despierto que nunca...
Me he despertado.

(Bernardo Ortín)

> **Ejercicio**
>
> Escriba un sueño como si usted lo considerara un episodio real.

EL SUEÑO DE LAO TSÉ

Lao Tsé soñaba que era una mariposa y cuando despertó dudó si era una mariposa que soñaba que era Lao Tsé.

Los cuentos son la expresión de arquetipos

> *Negar la presencia del unicornio no le impedirá existir y por el contrario sólo servirá para hacer de él un monstruo.*
>
> (Gregory Bateson, 1971)

Adolf Bastian pensaba que todos los temas mitológicos fundamentales serían *los pensamientos elementales de la humanidad* (En Franz, M.L. op. cit.). Según Bastian, el hombre dispone de una reserva de estos pensamientos que no emigran, sino que son innatos en cada individuo. Estos pensamientos aparecen bajo diferentes variantes tanto en la India y en Babilonia como, por ejemplo, en los cuentos de los mares del Sur. Él llamaba a estos cuentos *pensamientos de los pueblos*.

El arquetipo no se puede atrapar con el pensamiento, sólo se puede intuir mediante la expresión de símbolos. Existe un conjunto de figuras simbólicas que suelen repetirse en los cuentos de hadas y que ofrecen un camino de redención al ser humano.

Imágenes que curan y que conectan a la persona con algo que se asemeja a la expresión de su deseo.

Marie Louise von Franz ofrece el siguiente estudio de frecuentes y evocadoras figuras que pueden servir de referencia para la redacción de cuentos.

Figuras comunes en los cuentos de hadas

> *Todo ser humano es un cosmos y lleva dentro todas las estrellas. El cielo lleno de estrellas es una imagen del inconsciente colectivo y el que las estrellas bajen a la tierra es el simbolismo de la realización, porque la cosa se lleva a cabo realmente en el estado consciente del ser humano.*
>
> (Paracelso)

El héroe de los cuentos de hadas tiene una imagen psicológica que demuestra la tendencia a la construcción del yo y nos sirve de modelo. Esto sugiere la palabra *héroe*, ya que él es una persona modelo. La reacción de imitar esta figura es espontánea.

El interés de las figuras que presentamos a continuación radica en lo que han resistido al tiempo, en su presencia durante muchos años, en muchas versiones de cuentos. Esto nos sugiere que el inconsciente humano es muy sensible a la vitalidad que le produce esta sugestión.

- **Inmersión en el baño.** Se trata de un motivo muy difundido. El agua simboliza al inconsciente. Y sumergirse en el agua y salir de nuevo, tiene cierta analogía con penetrar en el inconsciente. (Piénsese en el sentido de renovación que supone el bautismo). En muchos sueños, el proceso analítico se asemeja a un baño y con frecuencia el análisis se compara con el acto de lavarse o bañarse.
  El calor simboliza la emoción. El baño caliente: Emocionar un conflicto. Temor al baño hirviendo: Temor a quemarse en una excesiva emoción… El agua ardiente: *Aqua ignita*… Realidad total de la verdad. Unión de las actitudes consciente e inconsciente.

- **Cubrirse con piel de animal.** No vivir de acuerdo con nuestros instintos, sino estar parcialmente dominados por un impulso instintivo unilateral que afecta todo el equilibrio humano.

Echar encima de alguien la piel de algún animal significa embrujarlo con alguna característica del animal de que se trate.

- **Golpear con el avellano.** El árbol de avellano y sus ramas se relacionan en la mitología celta y germana con el conocimiento de la verdad. Con la verdad impersonal y objetiva. Si el héroe golpea a la princesa con la vara de avellano le está dando una verdad desagradable de manera objetiva.

- **Comer flores.** Es un motivo que aparece en todas las culturas y tiene relación con la satisfacción de deseos, exorcización de situaciones...

- **Un palacio en el bosque.** Nos conduce al simbolismo de la alquimia. Siempre se ha atribuido una relación entre metales y planetas:
  - Hierro: Marte: Guerra.
  - Plata: Luna: Femenino. Principio blanco, metal suave que se une con facilidad.
  - Oro: Sol.
  - Cristal: Materia espiritual en concreto.

  El palacio de cristal con puertas de hierro, plata y oro tiene las cuatro sustancias del sí mismo, como en la fabricación de la piedra filosofal.
  Simboliza la esencia del sí mismo dentro de una dureza inhumana.

- **Conversión en un animal.** El que un ser humano se convierta en animal significa que se encuentra fuera de su esfera instintiva.

- **La camisa.** La ropa representa una actitud que uno quiere mostrar a su alrededor. (No lavar «ropa sucia» en público).
  La camisa se lleva cerca del cuerpo y suele representar la actitud más íntima. Representa la actitud que no llega a ser la verdad desnuda.
  En muchos cultos esotéricos, el verdadero cambio de la personalidad se expresa a través del cambio de ropa. (Los primeros cristianos llevaban ropa blanca después del bautismo para indicar el cambio de su actitud y la fuerza del sacramento).

La camisa también representa una manera o medio de expresión.

- **El silencio.** Muchos cuentos utilizan el secreto como argumento, o la idea de que el protagonista se mantenga callado durante ciertos lapsos de tiempo.
Si existe algún problema que tiende a dejarnos sin habla, es mejor unirse a él y decidir no hablar sobre él.

- **El momento oportuno.** La luz no es siempre clarificadora, en ocasiones es destructiva si irrumpe inoportunamente, como la exposición intensiva de una planta al sol.
Utilizar el momento oportuno en el relato contribuye a facilitar el descubrimiento del mensaje.

- **El arco y la flecha.** Se trata de un mito ancestral que cuenta que había una vez un arco antepasado cuya esposa era la cuerda, quien, en un eterno abrazo, colgaba siempre sus brazos alrededor del cuello de su marido. De esta manera se mostraban a los seres humanos y de esta forma aprendió el hombre a hacer el arco y la flecha, y a arrojarla. Después, los dos desaparecieron en la tierra.

- **El príncipe.** Generalmente representa el símbolo del sí mismo in *statu nascendi* que tiene que ser extraído o que surge espontáneamente de las profundidades del inconsciente colectivo.

- **El beso.** A veces se pierde la unidad interior por la persecución de otras ambiciones que nos apartan de nuestro destino y nos producen desasosiego. Cuando aparece la desesperación, el protagonista puede ser redimido a través del sufrimiento, o por un beso dado a un ser desagradable (mediante la superación de algo repugnante).

- **Cortar la cabeza.** Éste es un motivo muy difundido en alquimia en donde alude a la separación del aspecto intelectual del instintivo. La decapitación puede significar el mantenimiento de la objetividad, ver las cosas serenamente. O también, una renuncia al deseo de comprender, a fin de permitir que ciertas otras formas de realización se produzcan.

Ejercicio

Redacte un cuento, utilizando uno o más de estos símbolos.

A pesar de su carácter totalmente colectivo, los mitos están ligados estrecha y absolutamente al individuo. Toda abstracción que no tenga en cuenta al ser humano, con sus estructuras y necesidades psíquicas, conduce a un empobrecimiento en su eficacia. Debemos tener en cuenta una dificultad basada en que toda nuestra formación académica tiende a despreciar el factor del sentimiento.

Desde la infancia se nos empuja constantemente a reprimir las reacciones emotivas personales y a educar el espíritu para que se convierta en *objetivo*. Muchos intelectuales descuidan los factores de emoción que van siempre ligados a una imagen arquetípica. Se pueden agrupar todos los grandes cuentos existentes en el mundo, pero lo que habremos reunido no tendrá absolutamente ningún significado si se ha dejado de lado la experiencia afectiva que de ello tiene el individuo.

Intentamos dejar que el cuento se haga explícito, tomando como punto de partida no una teoría previamente establecida, sino la idea de que se trata de un misterio vivido por un ser humano que intenta comunicarlo lo mejor que puede.

Dicha comunicación tan profunda y dificultosa debe traducirse a lo que Erich Fromm llamó *el lenguaje olvidado*, hablando de los cuentos.

Hechizos y antídotos

Hemos encontrado al enemigo, somos nosotros.

(Walt Kelly)

Esta afirmación condensa un descubrimiento que solemos hacer en algún momento de nuestra vida. El pensamiento puede producir nuestra liberación o nuestro sometimiento dependiendo de nuestro modo de utilizarlo y de la importancia que le demos a nuestras facultades.

Recientes estudios de la antropología dedicada a la investigación de la satisfacción humana y del sentido profundo de la existencia hablan de que estamos atrapados por el intelecto y que es imprudente confiar totalmente la conservación de la vida al pensamiento abstracto dejando de lado el instinto y la capacidad sensitiva (Liedloff, J. 2003).

Desearía estar contenta en más ocasiones pero he olvidado la regla para hacerlo.

(La Reina Negra. En *Alicia en el país de las maravillas*)

En el análisis de las funciones del pensamiento que nos facultan para relacionarnos con la realidad ha predominado excesivamente la función reflexiva y el pensamiento lógico-formal.

Sin embargo, hay dos funciones más que afectan el pensamiento: la emocionalidad y la acción o exploración de la realidad. Estas dos funciones representan una ampliación del foco de la realidad necesaria para comprenderla y relacionarnos con ella.

Las investigaciones sobre inteligencia emocional empezaron a impulsarse para intentar dar respuestas a los altos niveles de violencia desatada en las escuelas e institutos de enseñanza obligatoria en los Estados Unidos entre las décadas de 1980 y 1990. (Goleman, D. 1996).

Los experimentos sobre educación informal, basándose en la práctica, más que en la didáctica teórica y conceptual también arrancaron del análisis de la situación de jóvenes inmersos en procesos de inadaptación social.

Los sistemas de aprendizaje que se utilizaron con estos chicos se concretaron en talleres, formación profesional no reglada y educación no formal basada en la exploración de la realidad más que en la especulación teórica. Se buscaba cualquier experiencia pedagógica que posibilitara una relación del aprendiz con el saber de un modo más activo y exploratorio.

Podríamos representar tres capacidades básicas del pensamiento:

- Reflexión
- Acción
- Emoción

Nuestra cultura ha priorizado la función reflexiva, olvidando e incluso reprimiendo las otras dos. Sin embargo, no se produce aprendizaje si no hay cambio emocional. También, existen aprendizajes basados en la acción o manipulación del objeto de estudio, piense en aprender a conducir un coche, a cocinar, a manejar el teclado del ordenador. El aprendizaje tiene un alto valor de competencia inconsciente.

Una formación demasiado abstracta, que procura a algunas personas una indudable vivacidad en el plano de las reacciones intelectuales, les facilita también una tendencia muy particular a imaginar y a representarse la realidad, en vez de sentir realmente, como si conocieran el resultado de lo que va a ocurrir antes de tiempo.

Todo lo que estamos diciendo es simplemente un esquema para explicarnos cómo procesamos el pensamiento. En realidad todo está relacionado en nuestra mente. A veces no podemos conseguir algo y automáticamente cambiamos nuestra opinión sobre el asunto. Es el caso del adolescente que no le dejan acudir a un concierto y se consuela pensando que seguramente no valía la pena asistir y que seguramente la música no le hubiera gustado.

Otras veces cuando no podemos actuar libremente como sentimos, adoptamos otro sentimiento o simplemente lo negamos. Es el caso de la persona que declara su amor a otra y cuando es rechazada cambia su amor por rabia y rechaza a su vez. Muchos casos de comportamiento violento pueden explicarse de este modo.

En la educación emocional es muy importante la acción y la experimentación.

Relatos dirigidos a las tres capacidades

El estudio del mensaje educacional que se encierra en los cuentos de hadas revela que supone un aprendizaje altamente significativo para quien lo escucha. Se sugiere que esto es debido a que el cuento va dirigido a la triple capacidad: racional, emocional y exploratorio. La magia de los cuentos y su larga pervivencia a través de los siglos radica en la combinación de estos tres factores. En este caso, las tres funciones del pensamiento vienen simbolizadas por el Rey, el Héroe y el Hada (Brasey y Debailleul, 1999).

El Rey representa la reflexión, vigila que todo esté en orden en su reino para que las semillas crezcan y den fruto. Encarna la función de la inteligencia abstracta, de la autoridad y de la decisión. Está encargado del análisis del problema, de dar la señal de alarma frente al desorden y la carencia. El Rey formula las preguntas y las necesidades del reino. Representa el estado presente que debe ser cambiado.

Sin embargo, el pensamiento intelectual puede causar problemas si se le utiliza inadecuadamente o se le atribuyen competencias que no son suyas. El aprendizaje significativo se caracteriza porque el aprendiz debe olvidar lo aprendido y confiar en que lo rememorará sólo cuando le haga falta. La habilidad necesaria para muchas cosas de la vida como montar en bicicleta no necesita de la reflexión, sino de la mera ejercitación cuando llega el momento.

El siguiente relato nos habla de cómo una reflexión intelectual puede bloquear el pensamiento.

HISTORIA DE UN CIEMPIÉS

Un ciempiés vivía plácidamente en un bosque dedicado a sus cosas, tomaba el sol, se procuraba la comida y paseaba feliz por su territorio. Un día, alguien que le observaba a diario trajinar, le preguntó qué pata movía primero para caminar.

El ciempiés se quedó desorientado con la pregunta y pensó una respuesta. Se encerró en su casa y poco a poco dejó de salir. Obsesionado por la pregunta perdió la capacidad de andar y su vida se arruinó.

Hasta aquí llega el cuento clásico. Los partidarios de la inteligencia reflexiva añaden otro final:

La pregunta fue hecha por un investigador en metodología. Otros ciempiés fueron capaces de dar respuestas algo más razonables y, como resultado de la investigación, la capacidad media de marcha de la comunidad de los ciempiés mejoró un poco.

(Jesús Ibáñez, 1986: 1)

El Héroe recoge la demanda del rey añade su adhesión total a la solución del problema. Aporta la emoción y presenta su disposición a experimentarlo todo. El Héroe representa la conexión emocional al problema. Sin embargo, no puede conseguir la meta sólo con su decisión y coraje.

El siguiente cuento habla del aprendizaje mediante la experimentación de emociones.

CUENTO DEL SABIO Y EL SAMURAI

Según cuenta un viejo relato japonés, en cierta ocasión, un belicoso samurai desafió a un anciano maestro zen a que le explicara los conceptos de cielo e infierno. Pero el monje replicó con desprecio:

—¡No eres más que un patán y no puedo malgastar mi tiempo con tus tonterías!

El samurai, herido en su honor, montó en cólera y, desenvainando la espada, exclamó:

—Tu impertinencia te costará la vida.

—¡Eso —replicó entonces el maestro— es el infierno!

Conmovido por la exactitud de las palabras del maestro sobre la cólera que le estaba atenazando, el samurai se calmó, envainó la espada y se postró ante él, agradecido.

—¡Y eso —concluyó entonces el maestro—, eso es el cielo!

(Goleman, D. 1996: 85 ss.)

El Hada simboliza la fecundidad infinita, aporta el poder milagroso de conseguir la meta. Es la representación de la acción y del milagro de alcanzar el objetivo. Normalmente indica soluciones al héroe que su inteligencia no comprende pero siguiendo las indicaciones a menudo extrañas el conflicto se resuelve y las necesidades se satisfacen.

El siguiente relato habla de la importancia de la acción sobre el pensamiento.

LOS GUISANTES EN LA MANO

En su lecho de muerte, una mujer joven hace jurar a su marido que no se comprometerá con ninguna otra mujer. «Si faltas a tu promesa, vendré en espíritu y no te dejaré vivir tranquilo.» El marido, al principio, mantiene su palabra, pero, al cabo de tres años, conoce a otra mujer y se enamora de ella.

Muy pronto empieza a aparecérsele un espíritu cada noche que le acusa de haber faltado a su juramento. Para el hombre no hay duda de que se trata de un espíritu, pues el fantasma nocturno no sólo está informado de todo lo que pasa cada día entre él y su nueva amiga, sino que también conoce exactamente sus pensamientos, esperanzas y sentimientos. Como la situación se le hace insoportable, el hombre decide ir a pedir consejo a un maestro de zen.

«Vuestra primera mujer se ha convertido en espíritu y sabe todo lo que vos hacéis» le declara el maestro. «Todo lo que vos hacéis o decís, todo lo que dais a vuestra prometida, él lo sabe. Tiene que ser un espíritu muy sabio. En verdad, tendríais que admiraros de tal espíritu. Cuando se os aparezca de nuevo, haced un trato con él. Decidle que sabe tanto que vos no le podéis ocultar nada y que vais a romper vuestro compromiso, si puede contestaros a una sola pregunta».

«¿Qué pregunta he de hacerle?», dice el hombre.

El maestro responde: «Tomad un buen puñado de guisantes y preguntadle por el número exacto de guisantes que tenéis en la mano. Si no os sabe responder, sabréis que el espíritu no es más que un producto de vuestra imaginación y ya no os molestará más».

Cuando a la noche siguiente apareció el espíritu de la mujer, el hombre lo aduló diciéndole que lo sabía todo.

«Efectivamente», respondió el espíritu, «y sé que hoy has ido a ver al maestro de zen».

«Y ya que sabes tanto», prosiguió el hombre, «dime cuántos guisantes tengo en la mano».

Y ya no hubo espíritu alguno para responder a esta pregunta.

(Watzlawick, P. 1995: 55)

Cada uno de los cuentos descritos tiene relación con la estimulación de una capacidad humana concreta. El cuento del ciempiés nos indica las limitaciones del pensamiento reflexivo y su camino a la obsesión paralizante. El segundo cuento estimula la inteligencia emocional. La comprensión de las cosas se produce cuando hacemos presente lo que sentimos en ese momento. El sentimiento llega donde no llega a veces el análisis y, desde luego, lo hace mucho más rápido. El tercer relato habla de la inteligencia exploratoria basada en la acción. Sólo podemos aprender a cocinar, cocinando. La comprensión intelectual sobre el hecho culinario nos hará más cultos, pero seguramente no mejores cocineros. En este caso la habilidad requerida consistirá en *meterse en harina*.

A toda pregunta verdadera y viva (Rey) corresponde una respuesta precisa (Héroe) en el infinito de los posibles (Hada).

En este sentido los cuentos nos ayudan a:

- Preguntarlo todo (rey - reflexión)
- Experimentarlo todo (héroe - emoción)
- Realizarlo todo (hada - acción)

El desarrollo del aprendizaje hace referencia a estas tres capacidades o sus equivalentes.

Tipos de pensamiento y equivalencias

Reflexionar	Sentir	Hacer	Aplicar	Valorar	Manipular
Cognitivo	Afectivo	Psicomotor	Cabeza	Corazón	Mano
Saber	Saber ser	Saber hacer	Rey	Héroe	Hada
Conceptos	Actitudes	Procedimientos			

Ejercicio

Este ejercicio debe hacerse entre tres personas. Una de ellas cuenta a otra algo que le preocupe, un pequeño problema de su vida cotidiana.

La segunda persona, escucha y sintoniza con el que habla, se pone en su lugar a fin de comprender sensiblemente el problema. Después identifica qué tipo de pensamiento es predominante en el planteamiento del problema (abstracto, emocional o exploratorio) y qué tipo de inteligencia ha quedado fuera de su discurso. La tercera persona observa la interacción de las dos primeras personas y ayuda a la segunda en lo que necesite.

La segunda persona se retira durante diez minutos y bosqueja un pequeño relato identificando algún aspecto reflexivo, emocional o exploratorio que sea útil para resolver el problema.

Las tres personas deben pasar por las tres posiciones.

La construcción de problemas (hechizos) y posibles soluciones (antídotos)

En las capacidades descritas hay algo paradójico. Por un lado, tienen múltiples posibilidades de desarrollo y, por otro lado, un límite de riesgo, desintegración, involución y sufrimiento. Las emociones experimentadas sin inteligencia llevan al sufrimiento. El pensamiento abstracto sin exploración de la realidad alimenta un diálogo interno obsesivo y desconectado. Por último, la acción sin guía racional nos sitúa en la actividad inconexa sin fines ni utilidades.

Cualquier problema humano en forma de displacer, desorden emocional, obsesión o miedos se puede entender como un hechizo en el que la persona cae, atrapada por ciertas construcciones lingüísticas de su pensamiento o por mensajes que recibe del exterior. Estas construcciones o mensajes funcionan a modo de maldición que, una vez asumida, atormenta su vida y le enreda en una trampa en la que ya no encuentra la salida.

De entre los múltiples hechizos en los que podemos vernos atrapados y sobre sus antídotos podemos hablar de tres. Tres hechizos que, a modo de árbol matriz, pueden generar distintas sintomatologías y desarrollar múltiples ramas. Estos hechizos y sus correspondientes antídotos son:

Hechizo	Capacidad afectada	Antídoto
Espejismo de controlarlo todo con el pensamiento. *Hiper-interpretación del mundo*	Racional, lógico-formal	Percibir lo que pasa más que interpretarlo. Acceder a estados de *no saber*
Olvido de sí mismo o rechazo de aspectos del Yo. *Exilio del deseo*	Emocional	Recuperar el deseo. Reconciliarse con las sombras
Insistencia en soluciones fallidas. *Repetición de soluciones que fallan*	Exploratoria	Hacer otra cosa

PRIMER HECHIZO. La ilusión de controlar lo que ocurre en el mundo con el pensamiento

El hombre es tan perfectible y corruptible que puede volverse loco mediante su razón.

(Georges Lichtenberg)

REALIDADES MÚLTIPLES

Dos amigos se van de viaje, salen temprano y empiezan a caminar. Cansados llegan a un río y en la ribera se sientan a comer y descansar. Uno se duerme y abre la boca, de la que sale una mariposa.

La mariposa sale volando y va remontando el río, se encuentra con otra mariposa y llegan a una curva del río en donde hay un animal grande y muerto; en estado de descomposición. Bajo la osamenta hay un mundo de insectos y bichitos.

El hombre despierto, sin saber por qué lanza una piedra hacia las mariposas, se estrella en el agua y a la primera mariposa le cae una gota. La mariposa cae al suelo. No puede volar. Vuelve a intentarlo y puede remontar el vuelo y vuelve a la boca del hombre dormido. Antes de llegar, una hoja de árbol cae en la boca del compañero. La mariposa cae al chocar con la hoja, remonta el vuelo y vuelve a entrar en la boca; lo consigue.

El hombre dormido se despierta y le cuenta a su amigo que ha tenido un sueño tremendo: Quiso salir de su pueblo y comenzó a volar, salió de su tierra y encontró a una pareja. Llegaron a una nueva tierra. Después se puso a llover tremendamente y en la tormenta se cargó de agua y no pudo volar. Tras intentarlo varias veces vuelve a remontar el vuelo y decide regresar a casa. Cuando llega a su casa no puede abrir la puerta. Tras varios intentos lo consigue y al entrar se despierta.

Coexisten muchas realidades: la de los amigos viajeros, la de la mariposa, la del lanzador de la piedra, la del hombre volador y muchas más...

(Forum Trainers, 1995)

A menudo ocurre que antes de tomar una decisión, la mente se puebla de alternativas, algunas razonables, otras irracionales y hasta tremendistas. Incluso en el momento en que ejecutamos la decisión tomada, otras opciones acuden a la imaginación e insisten tanto que llegan a bloquear la senda elegida.

Nuestro diálogo interno puede alcanzar tanta velocidad circular que a veces sentimos que en alguna de sus vueltas arrasará todo lo que encuentra a su paso.

El pensamiento rico en alternativas no es un problema, al contrario, sitúa los límites de lo que podemos hacer y nos aporta ideas para solucionar las cosas que nos preocupan.

El sufrimiento sobreviene cuando pretendemos controlar toda nuestra vida mediante la reflexión y el análisis; es posible que ésta sea una de las peores enfermedades de la civilización.

Lo que enfocamos momentáneamente con la conciencia es un punto en el mapa y pensar que podemos abarcar la realidad enfocando un elemento es una ilusión. Para las personas que creen que su pensamiento abarca todos los detalles de la realidad les recomiendo el siguiente relato.

NO NOTAMOS TODO LO QUE OCURRE

Siéntese cómodamente y adopte una actitud relajada e introspectiva. Para ello puede cerrar los ojos, relajar sus brazos apoyándolos sobre sus piernas y respirar profunda y satisfactoriamente tres veces, de modo que cuando suelte el aire le cueste el doble de tiempo que cuando lo toma, si cuenta hasta tres para inhalar, debe contar hasta seis para exhalar y cuando lo desee le contaré lo siguiente...

En este mismo momento y sin que usted lo note...

la Tierra se mueve

y lo hace en distintos sentidos...

Sobre sí misma...

Alrededor del Sol...

y alterando levemente su propio eje.

Si se basa sólo en la mirada y en lo que nota, parece que el que se mueve es el sol frente a nosotros.

Cada atardecer y sin que nadie lo piense ni otorgue permiso ninguno...

se produce un instante de silencio en los sonidos de la Naturaleza. Silencio que sólo se puede notar si se presta mucha atención. Los sonidos se vuelven a producir instantes después de que el sol se ponga.

También con cada atardecer, se produce el ascenso de millones de seres vivos desde los fondos abisales a la plataforma marina. Con el amanecer, esos seres marinos, sensibles a la luz, regresan a su zona abisal recorriendo a veces cinco o seis mil metros en vertical.

Las diferencias de temperatura provocan la migración de millones de aves por distintas zonas de La Tierra.

Los cambios de temperatura funcionan como un sensor que hace cantar a las cigarras y a muchos tipos de pájaros.

En el mismo sentido, hay otras cosas sobre las que no tiene conciencia y que, sin embargo, ocurren en este momento:

Su propia respiración,

quizá algún proceso digestivo,

la incorporación del oxígeno a los tejidos,

la actividad de los neurotransmisores,

la asimilación del calcio en los huesos,

la integración de multitud de oligoelementos en su organismo,

los estímulos eléctricos que mueven su corazón.

En este momento hay aprendizajes que están produciéndose sobre los que usted no tiene conciencia... y que ni siquiera nota... Lo que debe hacer es ayudarlos a instalarse en su inteligencia, en su mente, aun sin conocerlos.

Sabe cómo mantener el equilibrio de su cuerpo en estos momentos, pero no sabe cómo lo consigue, qué músculos mueve primero y cuáles después...

Confíe en su propio inconsciente, porque del mismo modo realiza muchos aprendizajes útiles. Así que lo mejor es que confíe en sí mismo y esté en ese estado en el que mejor le funciona todo, tranquilo, seguro y a salvo de todo...

Y cuando le parezca que está todo en orden y a su gusto... abra los ojos y observe lo que le rodea.

(Bernardo Ortín)

Antídoto: Centrar el pensamiento en la percepción sensorial de la realidad

Oigo el sonido de algo y olvido todo lo que sé.

Proverbio zen

Frente al espejismo de que podemos controlar el mundo exclusivamente mediante la razón debemos poner en marcha un antídoto que consiste en enfocar el pensamiento en la percepción sensorial más que en la interpretación del mundo.

DESPUÉS DE LA MUERTE

Corto diálogo de origen zen:
—Maestro, ¿Qué le llega al hombre inteligente tras la muerte?
—No lo sé.
—¿No sois un hombre inteligente?
—Sí, pero no estoy muerto.

(Carrière, J.C. 2000: 152)

Ejercicio

Activar la Visión Periférica
Sin desenfocar la mirada, separe lateralmente el brazo a 45° del tronco, después a 90° y perciba sus dedos moviéndose.
   Cuando dialogue con alguien, perciba su cuerpo sin dejar de mirarle a la cara. En una conferencia, observe a los oyentes, no sólo al conferenciante. Se trata de ampliar el foco de atención, de centrarse en las respuestas, no en la emisión del mensaje. Esto da una idea más completa de la comunicación en ese momento.

Esta estrategia era muy utilizada por Milton Erickson y para él entrañaba un acceso directo a la inteligencia inconsciente.

EL PENSAMIENTO HACE DOS TRANSFORMACIONES PARA PRODUCIR CONOCIMIENTO

Como hemos dicho en la introducción, puede afirmarse que las personas realizamos dos transformaciones para elaborar el pensamiento (Grinder, 2000):

- La primera es sensorial, basada en imágenes, sonidos, sensaciones, olores y sabores.
- La segunda es lingüístico-conceptual. En ésta se produce la asignación de palabras, construcción de conceptos, elaboración de criterios, valores, creencias. En definitiva, la atribución de significados.

La construcción del pensamiento se basa en la combinación de estas dos transformaciones de la percepción del mundo.

Ya que nuestra percepción es enormemente compleja, nuestro lenguaje debe aprovisionarse de muchos y complejos recursos lingüísticos. El lenguaje funciona como un código representacional (Estructura de Superficie) de la experiencia sensorial humana (Estructura Profunda).

Cada relato puede ser analizado desde este doble punto de vista. Ahondando un poco más, la estructura profunda acaba conectando con la impronta sensorial que produce el lenguaje.

Nuestra experiencia sensorial y su codificación está instalada en nosotros mismos mucho antes que nuestras creencias, opiniones y criterios racionales (estructura superficial).

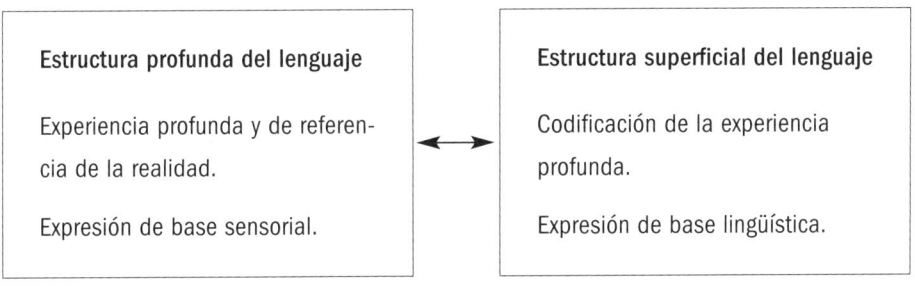

La referencia del conocimiento humano es la información que aportan los sentidos. Lo que busca la metáfora es promover una experiencia sensorial: instalar nuevas imágenes, sensaciones, voces... que reorienten nuestra experiencia y comportamientos (Santos, A. 1996).

Los árboles y el viento me rozan la cara y no puedo impedir el deseo de cerrar los ojos y palpar esa sensación que me llena como una caricia dulce.
Los pies, las piernas, el tronco, los brazos... Nada me pertenece, ya forman parte de esa brisa llena de risas de niños, declaraciones de amantes y acaloradas conversaciones adolescentes. Mi cara es lo único que me pertenece porque siento las alas del viento rozándome.

(Ana Espert)

Cuentan los biógrafos de Lutero que un día se encontraba paseando por las colinas de alrededor de su ciudad en el momento del anochecer. Lutero estaba absorbido por la situación que podría provocar el Cisma con la Iglesia Católica. Las proporciones de la operación a efectos sociales, culturales, políticos eran de una magnitud incalculable.

En el ascenso de una colina contempló la imagen de un abeto con el cielo estrellado de fondo. Cuentan que fue esa imagen la que dio a Lutero la fuerza necesaria para llevar adelante el Cisma (Ortín, B. 2003: 94).

El árbol iluminado por las estrellas supuso un impacto tan fuerte que se constituyó en el símbolo del árbol de navidad que ilumina en los hogares durante esas fechas.

La fascinación que nos producen las imágenes está llena de ejemplos en todas las culturas.

Dice la simbología que los antiguos pensaban que había dos soles en vez de uno. El de verano con una órbita más alta sobre el horizonte, que traía frutos en los árboles, buena temperatura de caza y en general, bienestar. Y el de invierno más bajo y portador de frío, enfermedad y estancia desapacible.

Los seres humanos atribuyeron a esta imagen el símbolo de los soles gemelos, en el que se representa el concepto dicotómico del bien y del mal.

Existe una relación entre el sistema físico del individuo y el sistema ecológico y cultural circundante. Un mito está vivo mientras representa la imagen más exacta de una época.

Muchas veces el mito personal toma fuerza a partir del crepúsculo del mito colectivo.

Por su parte, el psicoanálisis ha investigado el concepto de transmisión de fuerzas psíquicas y de disposiciones emocionales a través de las generaciones. Nicolas Abraham y Maria Torok (1961-1975) trabajaron sobre las consecuencias de sucesos secretos y vergonzantes, y cómo se transmitía su vivencia a la siguiente generación. Aquí llama poderosamente la atención el inicio del proceso, que se remite generalmente a una impronta sensorial. Como ejemplo de ese miedo glacial, producido por el *silbido atronador de la bala de cañón*, ese síndrome experimentado por soldados de la primera guerra mundial hace tétrica referencia al momento en que la bala que pasa cerca del cuerpo pero no les hace nada. La sensación de muerte cala el miedo hasta los huesos e imprime una huella en la memoria muscular. Posteriormente, la experiencia es difícil de traducir en palabras y queda profundamente anclada en cavernas de la conciencia. Con el recuerdo o con asociación libre de ideas en el pensamiento, la persona muestra algo del miedo inexplicable a personas de la siguiente generación, que construyen su personalidad con algo que no saben, pero que existe. Esta travesía del fantasma puede ocurrir también con secretos familiares no dichos por resultar vergonzantes.

Es esencial que aprendamos a leer las comunicaciones silentes tan fácilmente como las escritas o habladas.

(Hall, E.T.)

Ejercicio

Percibir la realidad

Note la diferencia que existe entre percibir e interpretar la realidad. Para ello le propongo que realice el siguiente ejercicio: Lea las siguientes frases y señale las que le parece que están basadas en la percepción sensorial o bien en el ámbito interpretativo:

- Bajó la voz.
- La presiona con muchas responsabilidades.
- Su rostro enrojeció y miró al suelo.
- Se quedó avergonzado.
- Le rechinan los dientes de la rabia que tiene.
- No me pongas esa cara de no entender nada de lo que digo.

Normalmente las interpretaciones de lo que ocurre son producto de la imaginación del que habla, alucinaciones o lecturas mentales que distorsionan la comunicación.

La información que aporta nuestra percepción o nuestro análisis de las cosas es muy diferente. Solemos enfocar nuestro pensamiento hacia la interpretación de lo que percibimos, en lugar de hacerlo sólo hacia lo que percibimos.

Atlas estaba parado, con las piernas bien abiertas, cargando el mundo sobre sus hombros. Hiperión le preguntó:
Supongo, Atlas, que te pesará más cada vez que cae un aerolito
y se clava en la tierra.
Exactamente –contestó Atlas–. Y, por el contrario, a veces me siento aliviado cuando un pájaro levanta el vuelo.

(Enrique Anderson Imbert. *El gato de Chesire*)

Lo que estamos hablando se sitúa en la base de la enseñanza de artes plásticas. Por ejemplo, muchos ejercicios de iniciación al dibujo y la pintura basados en el entrenamiento del hemisferio derecho cerebral se basan en inducir al aprendiz a observar el modelo que desea dibujar sin comprender conceptualmente lo que dibuja. Obligándolo de este modo a dibujar lo que percibe en lugar de dibujar lo que sabe del objeto que percibe (Edwards, B. 2000).

La calidad de información del ámbito sensorial es muy distinta a la interpretativa y cualquier pensamiento se puede desglosar en percepciones sensoriales.

Intento recordar, pero nada claro me viene a la mente. Me parece navegar en una amnesia infinita porque casi he olvidado hasta mi nombre, sólo recuerdo esos ojos que ¡me fascinan!

(Ana Espert)

El entrenamiento en la percepción sensorial es fundamental, si queremos adquirir destreza en las habilidades de la comunicación y el relato eficaz. Es necesario retrasar el juicio interpretativo, ya que éste distorsiona y establece cierres falsos en la interacción que se establece entre las personas.

En otro orden de cosas, el manejo de la sensorialidad facilita y amplía el campo de expresión de los sentimientos. La congruencia de un comportamiento es una condición necesaria para su comprensión por los otros.

Debemos ser capaces de traducir a percepciones sensoriales cualquier impresión que nos producen los demás. El malestar o bienestar que sentimos con algunas personas a menudo es físico. Tiene que ver con su movimiento corporal inconsciente, con el compás de la respiración, con su tono de voz…

La intuición se basa en la percepción de detalles que, a veces, no se registran en la conciencia.

Ejercicio

Alguien va a contarle una historia y usted debe decidir si es cierta o no. Para ello, fíjese en posibles incongruencias posturales, gestuales, disimetrías corporales, desconexiones de la mirada...

Este ejercicio es una de las bases del pensamiento intuitivo y se basa en la atención consciente al lenguaje narrativo y al expresivo. Le ayudará a comprobar su sagacidad para interpretar lo que le dicen.

ACCEDER A ESTADOS DE NO ATENCIÓN CONSCIENTE

John Grinder recomienda acceder a estados de hiperdesarrollo de la atención sin trabas de la inteligencia consciente, o como él mismo dice: acceder a estados de *no saber*. Para ello diseña distintos tipos de ejercicios que buscan despistar la atención del consciente.

Ejercicio

Atención a conversaciones simultáneas

Una persona asiste a dos conversaciones simultáneas. Puede hacerlo en un lugar concurrido como un restaurante, un autobús o cualquier otro sitio en el que tenga acceso a dos conversaciones que se den a la vez.

Después de unos minutos debe resumir ambas conversaciones aportando el mayor número de detalles que le sea posible.

Para conseguirlo es necesario que se centre en percibir sin activar su diálogo interno, es decir que no piense con palabras.

Médicos rehabilitadores y terapeutas de la Psiconeuroinmunología abordan lesiones crónicas combinando el ejercicio con estrategias de despiste de la atención. De modo que, mientras el paciente realiza el ejercicio físico asignado se le hacen preguntas sobre su vida, sobre cultura general, aritmética, etc. Ello tiene el fin de distraer su atención a otro punto y lograr que la inteligencia involuntaria genere otros caminos de salud.

Hay veces que las personas se resisten ferozmente a abandonar sus obsesiones reflexivas. En estos casos son útiles algunos patrones hipnóticos que consisten en rendir al inconsciente, en ofrecerle tal trabalenguas que lo obligue a bajar la guardia, a renunciar a interpretarlo, es en esos momentos cuando se activan otras competencias más adecuadas para encarar el problema. Zeig lanza una desconcertante serie de enunciados que al oyente le resulta difícil seguir conscientemente (O'Hanlon. 1995: 118):

...y a veces un niño comete los errores correctos por razones incorrectas, y a veces un niño comete los errores incorrectos por las razones correctas, y algunos de tales errores que son correctos ahora pueden ser incorrectos al cabo de un tiempo, y algunos de los errores incorrectos ahora pueden volverse correctos más tarde, y algunas de las comprensiones de ahora que pueden no comprenderse más adelante, sólo pueden ser comprendidas mucho tiempo después...

Otro ejemplo de Milton Erickson:

...su inconsciente puede olvidar algunas cosas que su mente consciente recuerda, pero su mente consciente ha olvidado algunas cosas que su mente inconsciente recuerda. Para nuestros fines es importante que su inconsciente se acuerde de olvidar las cosas que se supone le permiten recordar a su mente consciente, y que su mente consciente se acuerde de olvidar las cosas que su mente inconsciente recuerda. Y su mente inconsciente tiene que acordarse de recordar las cosas que se supone que recuerda, y olvidar las cosas que se supone que olvida, mientras que su mente consciente se acuerda de recordar las cosas que se supone recuerda, y olvida las cosas que se supone olvida (op. cit.: 135).

> **Ejercicio**
>
> **Visita a un lugar agradable**
> Construya un relato basado en la descripción de un lugar que le resulte muy agradable. Describa lo que puede verse, oírse, olerse, saborearse y sentirse en ese lugar.
> Puede ser un escenario en el que usted se sienta seguro y a salvo de todo, protegido del mundo. Puede ser un sitio al que suele ir, un rincón de su casa, una playa, al abrigo de una roca en la montaña. Puede ser un sitio al que hace mucho tiempo que no va, quizá la casa de su infancia, el comedor de casa de sus abuelos, el jardín de una casa en la que pasaba el verano.
> Relate la información que le aportan sus sentidos.

Los patrones hipnóticos inducen a la persona a que busque sus propias soluciones, inducen a la Búsqueda Transderivacional de situaciones adecuadas al problema que se está tratando.

SEGUNDO HECHIZO. Olvidar el propio deseo

> *Una imagen o pensamiento reprimido puede abrirse paso en la conciencia a condición de que se niegue.*
>
> (Freud. *Negation*. 1925)

El abandono del propio deseo es el principio de todo sufrimiento humano. El exilio de sí mismo consiste en aceptar lo que se espera de nosotros y desalojar lo que nuestra mente desea. Ésta es la base del proceso de alienación.

El Eneagrama se refiere entre otras cosas a un triángulo que puede explicar muchos conflictos de la personalidad. Esta corriente filosófica sufí habla de que el número nueve corresponde al olvido de sí mismo u olvido de dios, que en los textos sagrados antiguos debe entenderse del mismo modo. Este

abandono provoca originalmente miedo: número seis en el Eneagrama. Ante la incertidumbre se desarrolla una máscara: número tres en el eneagrama. De alguna manera todos participamos de este triángulo básico.

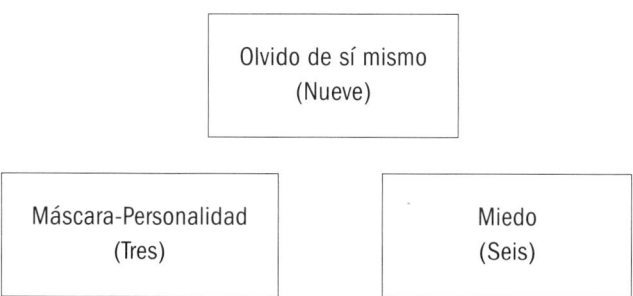

Desde muy temprano el olvido del propio deseo viene motivado fundamentalmente por la necesidad de aceptación. La última pregunta que suele hacer el niño cuando le regaña su padre o su madre es: «Vale, no lo volveré a hacer, pero ¿me quieres?». Si esta necesidad no se sacia en la infancia, tiende a repetirse como experiencia molde a lo largo de la vida.

Nos acostumbramos a funcionar como se espera de nosotros, en la adolescencia tenemos una idea bastante concreta de cómo queremos pensar y comportarnos, después, en realidad nos dedicamos a ser fieles a nosotros mismos (Watzlawyck, P. 1995). Lo que ocurre es que nuestro propio deseo sigue insistiendo y nosotros seguimos negándolo. Cada vez se hace más desconocido para nosotros mismos, hasta extraño, como si nos poseyera desde el exterior y nos provocara alucinaciones.

LA TORTUGA

Existe un cuento que relata la historia de una niña que ha perdido a su mascota.

La niña llora desconsolada por la muerte de su pequeña tortuga. El padre le dice que no llore más, que él le comprará otra. La niña responde que es a su mascota a la que echa en falta y que ninguna otra ocupará su lugar. El padre no puede soportar verla llorar y le ofrece alternativas: te llevaré de viaje, te compraré regalos, la niña llora y llora. Al final, el padre muestra tal desesperación que la niña interrumpe su llanto y manifiesta una convencional alegría. En ese momento aprende que, si quiere agradar a su padre, cuando tenga deseos de llorar debe sustituir su emoción por otra que resulte más aceptable a su padre.

Antídoto: Recuperar partes olvidadas. Conectar con el propio deseo y con la satisfacción

ME GUSTA...

De la primavera me gusta
la marea de azahar
y el alarde verde.

Del verano me gustan
los pies descalzos,
la ropa leve,
la noche.

Del otoño, la luz
y el aire fresco
en mi cara.

Del invierno me gusta
tu cama.

(Trinidad Ballester, 1992)

En distintos programas de medicina psicosomática, así como en estudios relacionados con la Psiconeuroinmunología se recomienda a los pacientes de distintas dolencias que tengan una hora diaria de satisfacción personal. Es *la hora de felicidad.*

La tarea puede ser realizada individualmente o acompañado. El paciente puede hacer siempre la misma actividad o variarla en el transcurso de los días. Lo que sí se prescribe expresamente es que sea una hora de satisfacción y no un momento en el que el paciente aproveche para poner al día asuntos atrasados, o se matricule para estudiar cosas que le supongan nuevos retos. Las personas olvidan la sensación de satisfacción personal, empeñadas en adaptarse a las responsabilidades cotidianas. Esta pérdida produce daños importantes ya que desaloja al yo deseante de la compleja economía psíquica y el principio de realidad adquiere un papel excesivo.

Jung experimentó la depresión en su vida adulta. En uno de los viajes a casa de sus padres descubrió unas cajas que contenían maderas pequeñas y piedras talladas. Recordó que en su infancia disfrutaba con esa tarea y la reemprendió. Comenzó a tallar piedras de mayor tamaño para conseguir enfrascarse en la satisfacción de hacerlo. El deseo de recuperar este estado actuó como motor de cambio a otros planos de su existencia (Pascal, E. 1999).

Ejercicio

«Tenga una hora diaria de satisfacción personal. Una hora diaria de felicidad, al menos.»

El olvido de la satisfacción tiene que ver con los aspectos de nuestra personalidad que nos dejamos en el camino porque no caben en los parámetros y obligaciones que hemos contraído en nuestra existencia. En caso de crisis, el deseo suele ser el primero en caer. Sin embargo, esas partes no se van del todo, persisten en abrirse paso manifestándose de modo más o menos inconsciente. A ello se debe que a veces queramos una cosa y la contraria a la vez.

El antagonismo de polaridades es un argumento recurrente de la mitología. La integración de aspectos contrarios es uno de los fundamentos de la maduración de las personas y está en la base de la tensión humana entre el desarrollo personal y la inserción en la comunidad social, es el Tao. El ser humano, para conocer el mundo hace particiones del mismo, realiza mapas parciales de distintos aspectos de la realidad. Lo que ocurre después es que corre el riesgo de perderse en esas fragmentaciones y experimenta una profunda nostalgia de la unidad a la que tiende a regresar con mayor o menor dificultad. De modo que se mueve entre la necesidad de fragmentación de la realidad y el deseo de volver a la experimentación del mundo como unidad. Los estudios más recientes de la sociología holística apoyan esta tendencia. La evolución desde el pensamiento mágico-mítico al pensamiento científico se basa en particiones progresivas del conocimiento, mediante las cuales se va perdiendo el ámbito vital que sostiene al afán de conocimiento (Ibáñez, J. 1986).

Se puede olvidar el propio deseo.

COMO ÁNIMAS EN PENA

...el drama del desencantado que se arrojó a la calle desde un décimo piso, y a medida que caía iba viendo a través de las ventanas la intimidad de sus vecinos, las pequeñas tragedias domésticas, los amores furtivos, los breves instantes de felicidad, cuyas noticias no habían llegado nunca hasta la escalera común, de modo que en el instante de reventarse contra el pavimento de la calle había cambiado por completo su concepción del mundo, y había llegado a la conclusión de que aquella vida que abandonaba para siempre por la puerta falsa valía la pena de ser vivida.

(Gabriel García Márquez)

LUCES Y SOMBRAS DE LA IDENTIDAD. POLARIDADES Y PARTES EN CONFLICTO

En tiempos remotos, los ejércitos del Bien y del Mal se enfrentaron en el campo de batalla. Arjuna, el arquero y guerrero más poderoso

> *de su tiempo, fue el elegido para liderar el ejercito del Bien en la lid. Cuando Arjuna miró hacia las filas del ejército enemigo, se asombró al ver a numerosos parientes, primos, tíos y hermanos. Pensó que sería un pecado matar a los de su propia estirpe, pero que también sería un pecado no luchar por la justicia y dejar que el Mal prevaleciera. Arjuna se sintió paralizado por estas emociones y se sumió en la desesperación.*
>
> (Bhagavad-Gita)

El mundo está dividido por el pensamiento humano. Lo dividimos en Oriente y Occidente, Norte y Sur, lo bueno y lo malo. La búsqueda de la piedra filosofal por parte de la Alquimia medieval fue un intento de unirlo todo, de regresar a lo instintivo.

Cuando se sugiere a alguien su estado ideal suele remitirse a un escenario en el que nada le importune, en el que no exista el tiempo, ninguna tarea esperando su atención, un lugar en el que la vida fluye y el pensamiento no es importunado por nada, la atención divaga sin nada que hacer en concreto. En definitiva, una vida en la que el simple hecho de existir sea suficiente, en la que la atención permanezca unificada.

LA VIDA DE EDUWARD LEAR

Érase una vez un hombre triste que fue a ver al médico para que le curase de su melancolía. El médico lo reconoció a fondo y le dijo: «No he podido encontrarle nada mal, pero voy a darle un consejo. Hay un circo en la ciudad; vaya esta misma noche. Verá un payaso que es tan divertido que no podrá parar de reírse en una semana».

—Doctor —dijo el paciente triste—, ese payaso soy yo.

> (Emery Kelen. *Mr. Nonsense*. En Fernández, A. 1990)

Cada partición de la realidad ilumina una parte y ensombrece otra. Si descartamos partes de nosotros mismos que no gustan a los demás, inicialmente a nuestros padres y luego a las personas que aparecen en nuestra vida, otras partes serán iluminadas.

Indudablemente, todo ello nos permite mantener la vida. A partir de la percepción sensorial, mediante una operación inconsciente establecemos las distinciones. Y con ello damos sentido a nuestro mundo y así discriminamos (Cade y O'Hanlon 1995: 38 ss.).

Spencer y Brown dicen que la distinción una vez establecida crea dos espacios separados. Para los Pitagóricos había una distinción esencial entre el número Uno y el resto de los números. El Uno es la totalidad, la naturaleza primigenia, el ámbito de lo instintivo, de lo natural e incontrolable, el principio de lo inconsciente.

Sin embargo, esta operación puede hacerse porque existió la distinción inicial entre el observador y el campo de observación y que está simbolizada por el número dos.

Después vienen las particiones que abren la puerta al dominio de la cultura, esto es, la apreciación de matices.

Cuanto más primitiva es una forma de vida, menos distinciones necesitará para funcionar dentro de los parámetros definidos por su forma. Estas distinciones pueden ser: caliente/no caliente. Frío/no frío. Iluminado/no iluminado. Oscuro/no oscuro. Seguro/no seguro. Peligroso/no peligroso...

Cuanto más compleja sea la forma de vida, más distinciones podrá hacer. Cuanto más complejo sea el aparato sensorial y el sistema nervioso, más sutiles serán las distinciones.

Nuestras necesidades son muy básicas: Comer, defendernos, huir, agruparnos, reproducirnos y cuidar a la prole. También estamos dispuestos a reír y a mantener interés por la naturaleza.

Únicamente el lenguaje simbólico es lo que nos ha permitido construir mundos complejos.

No soy un borracho, pero tampoco soy un santo. Un medicine-man no debe ser un «santo»... Debe poder bajar tan abajo como un piojo y subir tan arriba como el águila... tienes que ser dios y diablo a la vez. Ser un buen medicine-man quiere decir estar en plena tormenta y no guarecerse. Quiere decir, experimentar la vida en todas sus fases. Quiere decir, hacerse el loco de vez en cuando. También esto es sagrado.

(Corzo Cojo. Brujo Sioux de la tribu Lakota.
En Jodorowsky, A. 1995: 6).

El sufrimiento de las personas suele estar relacionado con una fuerte negación de la parte descartada. Sin embargo, en un dilema, cada aspecto existe porque existe el contrario. La integración de los contrarios es uno de los mitos recurrentes de la psicología del inconsciente. Esta tensión eterna entre los polos mueve el mundo.

El conflicto de contrarios dentro de la conciencia humana, la lucha entre el «sí y el no», genera una especie de fricción, y esta fricción proporciona la energía necesaria para trabajar con uno mismo.

(G.I. Gurdjieff, 1965)

Lo primero es, pues, reconocer e identificar esas partes negadas por nosotros mismos puesto que, en otro tiempo, hicieron algo que resultó beneficioso para nosotros y que, además, constituyen nuestras pulsiones más básicas.

MI RESISTENCIA

La resistencia es fundamental y básica en mi vida. Por ella vivo y por ella he sobrevivido a todo aquello que más me ha costado entender y asimilar y a tantas cosas que me han intentado imponer por cojones, sin explicación.

Creo que hemos llegado a ser una misma cosa. Cuando ella pierde fuerza, mi mente se debilita, pero si está tranquila y campando a su ritmo, yo soy toda vida. Es como mi unicornio azul.

Sólo nos distanciamos cuando asoma la emoción y quiere quedarse dominando la situación, ser la más fuerte.

La emoción es para mí algo superior. Lo que pasa es que como no siempre la necesito, paso un poco de ella. Aunque debo reconocer que a veces puede con nosotras, con la resistencia y conmigo. Suele coincidir con los momentos más geniales, más mágicos de mi vida... ¡Buf! También con la decepción y la tristeza, las más crueles emociones.

A la emoción le debo el amor, la gratitud, la lealtad, la amistad, la confianza, la melancolía, todas las sensaciones, los colores, los aromas; el olor a monte y el olor a mar... Le debo ser MADRE, con todas las letras mayúsculas.

A la resistencia le debo la vida. Le debo el haber aprendido a deber algo a cada uno, a ser una esponja selectiva, a valorar de cada cual aquello que me ayuda a coser mi vida, a hacer la «labor» más bonita y arriesgada, mi propia vida. Le debo sobre todo la emoción.

Ella me debe el no saber depender de los demás, el pensar siempre que soy yo la que tengo que solucionar las cosas. Me debe muchos momentos de tranquilidad y de paz interior.

Pero gracias a la resistencia soy lo que soy, he conseguido llegar hasta aquí y tener una vida bastante alejada de lo que un día me hicieron creer que era mi destino... ¡Y joder si lo he conseguido!

¡Ah! Se me olvidaba decirte su aspecto. Mi resistencia es una atractiva mujer vestida de traje romano, rojo y dorado, como los de aquellos personajes de las películas de mi infancia (me encantaban las pelis de romanos). Es una mujer fuerte como «Xena» pero vulnerable como «La Dentellière».

La emoción es como el mar más hermoso del mundo, como el mar que sólo se puede vivir con esas personas que a lo largo de tu vida eliges para sentir.

(Yolanda Calero. Enero, 2004)

Ejercicio

Describa una parte de sí mismo que no saca a pasear a menudo, incluso una parte de sí que puede estar dándole problemas últimamente. Que quizá no es la más presentable o que tiene un excesivo vigor. Escriba sobre lo que hace por usted o acerca de cómo le ayudó en el pasado.

ANTES DE LA CREACIÓN DE PARTES

Recordar la caída es moverse un paso más cerca del paraíso. Bajo el primer dolor subyace el primer placer.

Ejercicio

- ¿Cuándo perdió la tranquilidad?
- ¿Recuerda la primera vez que mintió... que se avergonzó... que se sintió pequeño e inadecuado? ¿Cuándo comenzó a usar su segunda cara?
- ¿Cuándo descubrió las limitaciones de su madre... de su mejor amigo... de un héroe?

Deje que sus pensamientos fluyan hacia atrás y lleguen a los momentos de más éxtasis de la infancia. Recuerde cómo se sentía su cuerpo cuando podía correr sin cansarte, cuando no había mañana ni ayer, cuando todo el mundo era perfecto, cuando se sentía querido, seguro y libre. Y si así fue, intente recobrar escenas específicas.

- ¿Qué le mantiene fuera del jardín ahora?
- Una hipótesis: La dura realidad de la conciencia adulta es anormal, y el estado infantil de aprecio es el estado natural de la conciencia. ¿Qué ocurre ahora?

Haga un relato con todo este pensamiento.

Las partes en conflicto también pueden manifestarse en sueños, revelando aspectos de nosotros mismos que no solemos exteriorizar en la vigilia. Muchas veces forman parte de nuevos relatos que tienen como misión que nos acordemos de nuestros propios deseos. La literatura ha utilizado desde siempre estas subpersonalidades dándoles rango de personajes míticos como portadoras de tesoros ocultos de nuestra personalidad.

CUENTO DE HORROR

La mujer que amé se ha convertido en fantasma. Yo soy el lugar de las apariciones.

(Juan José Arreóla. *Doxografía*. Palíndroma. En Fernández, A. 1990).

TERCER HECHIZO. Insistir en soluciones que sabemos que no funcionan

> *En el corazón de Europa hubo una vez una gran imperio. Lo formaban tantas y tan diversas culturas, que no siempre podía alcanzarse una solución razonable para un problema cualquiera y el absurdo resultaba ser el único camino viable de la vida –los austrohúngaros, como el lector ya habrá sospechado– llegaron a ser proverbiales, no por su inhabilidad en conseguir lo imposible de algún modo casi por descuido. Inglaterra, como dice un proverbio, siempre pierde la batalla menos la única decisiva; Austria siempre pierde la batalla menos la única desesperanza (...)*
> *Para ellos la situación es desesperada, pero no seria.*

(Watzlawick, 1995: 9-10)

Así comienza la sugerente obra de Paul Watzlawick: *El arte de amargarse la vida*. Con sugestivos ejercicios de comunicación, el autor nos conduce a los bucles del pensamiento humano que perfeccionan este arte mayor de la existencia.

En realidad no hay nada más difícil de soportar que una serie de días buenos. Rápidamente se pone en marcha el cuestionamiento de lo cotidiano.

Repensar lo que ya funciona bien es una estrategia cotidiana y universal altamente eficiente para introducir infelicidad en la vida.

En el mercado, prácticamente todas las necesidades son inducidas, éste es un principio básico de la publicidad. Cuando usted cree que lo tiene todo para vivir, alguien le acusará de conformista o anticuado por no estar al corriente de las prestaciones que ofrecen los coches actuales, los electrodomésticos inteligentes de última generación (verdaderos artífices del Estado de Bienestar), por no hablar de la informática y las promesas de rapidez que nos ofrece. El correo electrónico es demasiado rápido, no da tiempo a repensar muchos mensajes. En el correo postal había más tiempo para corregir. Las disputas entre departamentos de una empresa u organización alcanzan mayores niveles de furor con el correo electrónico.

Ahora bien, para acceder a estas ventajas, algunas de ellas indiscutibles, es necesario hipotecar el presente, a veces durante largo tiempo. Es una paradoja similar a la del cartel que suele verse en nuestras calles y que restringe el paso a una zona urbana que está en obras. El cartel dice:

Estamos trabajando para mejorar su calidad de vida.
Perdonen las molestias.

El peatón que no puede pasar piensa que es posible que la leyenda del cartel tenga razón, pero la promesa no será para hoy.

Los estados y los mercados, macro-sistemas que cada vez se parecen más, necesitan del malestar de los ciudadanos para legitimar su existencia.

La escuela intenta arreglar los malestares que provoca. Atendí a una familia que me presentó a su hijo de nueve años. El padre dijo: «Este niño tiene inadaptación escolar». Le pregunté: «¿Y la ha traído? Porque me gustaría verla.»

La hipnosis colectiva se basa en que los conflictos que son creados desde el exterior son interiorizados por el ser humano atribuyéndose a sí mismo la incompetencia. Siempre se ha dicho que si se quiere aumentar las infracciones de tráfico, lo más eficiente es aumentar las señales de prohibición.

Ahora bien, aun siendo difícil estar en permanente conflicto con el mundo, el hechizo que quiero someter a su consideración es el que se produce en el interior de la persona. El que se produce en el discurrir del propio diálogo interno. Algunas personas manifiestan estar asustadas porque últimamente todo les está saliendo demasiado bien.

LA MULA

Éste es el relato de una mula que vivía en Grecia y que todas las mañanas llevaba una carga de leña desde la granja en el valle hasta la cabaña en la montaña, pasando siempre por el mismo sendero a través del bosque, subiendo por la mañana y regresando al anochecer. Una noche, durante una tormenta, un rayo derribó un árbol que obstruyó el sendero. A la mañana siguiente la mula, caminando por su habitual trayecto, tropezó con el árbol que le impedía el camino. La mula pensó: «El árbol no debería estar aquí, está en un lugar equivocado» y continuó hasta golpear su cabeza contra el árbol, imaginando que éste se desplazaría, ya que ése no era su puesto. Entonces la mula pensó: «Quizá no he dado un golpe lo suficientemente fuerte»; pero el árbol no se movía. La mula insistió repetidamente.

Dejo intuir al lector el trágico final de esta antigua fábula griega.

(Nardone, G. 2002: 23)

El hombre desea más reconocer que conocer. Aristóteles dijo que es la costumbre de creer, lo que desvía al ser humano de observar. Paulov experimentaba el reflejo condicionado y sometía a un caballo a pisar una plancha metálica electrificada. Cuando se encendía la luz aplicaba corriente eléctrica. Así, el caballo aprendía a levantar la pezuña al ver la luz. Con el transcurrir del experimento, el caballo levantaba la pezuña sin comprobar que la plancha tenía electricidad en ese momento.

El ser humano opera de modo similar, aplica soluciones que antes han funcionado en situaciones similares a conflictos que se le presentan en el presente. Lo que ocurre es que soluciones estandarizadas y después aplicadas a todo tipo de circunstancia es ineficaz. «Una persona tiene grandes dificultades en cambiar una convicción propia, después de haberla creado mediante un proceso experiencial vivido como eficaz» (Nardone, G. op. cit.: 26).

El ritual que conduce a este tipo de hechizo puede recapitularse del modo siguiente:

Un comportamiento adquiere una importancia sobredimensionada, por ejemplo: el adolescente accede a páginas pornográficas de internet. Se empieza a pensar sobre ello, a hacer comentarios sobre el hecho y comienzan las anotaciones en un sistema de registro mental o escrito: cuántas horas lo hace, a qué horas lo hace más, qué días de la semana son los mejores y los peores. Esto predispone a la alarma y comienzan las dudas sobre la anormalidad del suceso. Si además la pauta entra en contradicción con algún sistema de creencias religioso, político o cultural se le tilda de pecaminoso, incoherente o indigno.

Comienza el estudio del problema, búsqueda de documentación al respecto, de consejos, de lecturas sobre posibles soluciones. También comienzan los interrogatorios al chico y los discursos o *filípicas* dirigidas hacia él para que abandone esta conducta. Sermones no solicitados por el adolescente y que le provocan inicialmente fastidio y algunos portazos y encierros en su habitación. La relación familiar se va centrando alrededor de este *síntoma*. A partir de ahí, la mejoría o empeoramiento está en función del número de horas que manifiesta su *anómalo comportamiento*.

Los padres insisten en las soluciones que están fracasando porque forman parte de su cartera de recursos. Ponen en marcha lo que siempre han hecho cuando el chico era niño, decirle lo que debe hacer hasta que lo aprenda. Sólo que el niño ya está en otra etapa vital y redefine las instrucciones educativas que le dan, de otro modo. Se construye así una suerte de comunicación circular en la que la respuesta de unos alimenta la furia de otros. La escalada puede llegar muy lejos e incluso pueden emerger otros tipos de comportamiento inadecuado y cada vez más drástico. Los padres por su parte y el hijo por la suya, pueden acabar acusando al otro de maldad o locura (Watzlawick, P. 1993). El hechizo ha cuajado en forma de rigidez y repetición de soluciones fracasadas.

Por supuesto que existe la variante individual de este hechizo. Una persona puede construir el conflicto pensando en soledad sobre cualquier cosa que identifique como síntoma.

Imagine que se despierta puntualmente en mitad de la noche, imagine que permanece despierto unos minutos. Al día siguiente vuelve a ocurrirle, quizá por un hábito neurológico de la noche anterior. Esta vez se para y piensa: «Ayer me pasó igual.»

Al día siguiente nota una leve desazón cuando anochece y piensa sobre cómo le irá hoy. Esta excitación atrasa un poco que concilie el sueño y por supuesto su inconsciente obedece la orden de no despertarlo en mitad de la noche, o sea, que lo despierta.

Con el paso de los días y a fuerza de ser positivo, cree cada noche que hoy no le pasará e intenta dormir porque le hace falta, porque debe ir a trabajar y tener energías, porque necesita dormir, porque ya sólo le quedan 6, 5, 4... horas de descanso.

Además, siempre ha dormido bien, sólo cierra los ojos y duerme, así que lo intenta una y otra vez y el hechizo está consolidado. Es difícil dormir cuando uno *quiere* dormir. Conocí a un hombre que no podía dormir porque no podía dormir. La orden de no pensar en el insomnio lo activa.

La mente no puede no-pensar sobre una cosa y si quiere haga una prueba: No piense, por favor, en una casa blanca y azul en la costa del mediterráneo. No piense que tiene un jardín alrededor con flores de colores. Una casa sencilla, de piedra sólida con ventanas al mar de madera y reja de hierro. Por favor, no piense en ella...

¿En qué está pensando ahora mismo?

El mundo no es, el mundo ocurre. La afición del ser humano de dotar de explicación a todo lo que pasa lleva a complicarnos la existencia.

LAS RANAS

Cuatro ranas se encontraban sentadas sobre un tronco que flotaba en la orilla de un río. De pronto el tronco fue llevado por la corriente que lentamente lo empezó a arrastrar. Las ranas, sorprendidas por lo que estaba sucediendo. Observaban interesadas el movimiento del tronco.

Al cabo de un rato la primera, tomando la palabra dijo: «Este tronco se mueve como si estuviese vivo, como si tuviese algo dentro que lo empujara a moverse».

> La segunda, mirando con contrariedad a la primera y dirigiéndose a las otras, dijo: «No, queridas amigas y compañeras de viaje, este tronco no se mueve, es el río que lo transporta y que lo hace mover».
> La tercera rana añadió: «No se mueven ni el tronco ni el río, queridas, son nuestras mentes las que se mueven y nos hacen ver el movimiento».
> Las tres ranas en este punto comenzaron a discutir sobre qué era lo que realmente se estaba moviendo, sin embargo, no lograban ponerse de acuerdo. Se dirigieron por ello a la cuarta rana, que hasta aquel momento había escuchado en silencio y le pidieron su opinión.
> La cuarta rana dijo: «Se mueven el tronco, el río y vuestro pensamiento. Ninguna se ha equivocado, todas tenéis razón». Entonces las tres ranas se encolerizaron, porque ninguna quería admitir que la suya no fuera la verdad completa y que las otras no se hubieran equivocado. Sucedió que las tres ranas, todas a la vez, tiraron al agua a la cuarta.
>
> (Fiorenza, A. 2003: 19)

Las personas soportamos mal que nuestras explicaciones sobre la vida no la aclaren totalmente y muchas veces preferimos insistir en nuestra teoría que atender la realidad.

Antídoto: Superar el impulso de insistir en lo que fracasa y hacer otra cosa
El Hada es la que simboliza en los cuentos la fecundidad de alternativas para la acción. Como hemos dicho antes, compete al Hada la ideación de soluciones. Lo que ocurre es que las instrucciones que da suelen resultar oscuras al pensamiento racional simbolizado por el Rey y a la pasión más o menos ciega del Héroe.

Las soluciones a algunos problemas deben ser, en realidad, crípticas y enrevesadas, en función de lo intrincado del conflicto que se quiere resolver o bien de la necesidad que se tenga en despistar a la inteligencia reflexiva.

UN CASO DE MUTISMO SELECTIVO

El siguiente relato puede darnos luz para abordar este hechizo.

Se trata de una niña de cuatro años que no quería hablar en la escuela. La niña dejaba de hablar también en lugares donde hubiese algún desconocido.

La madre y la maestra estaban muy preocupadas y buscaban explicaciones al hecho, quizá una carencia afectiva o una escasa referencia de adultos en su personalidad. Quizá falta de apoyo, baja autoestima... Todos los esfuerzos se volcaron en insistir a la niña para que hablase y ella se mantenía cada vez más obstinada. Con el aumento de mimos sólo hacían que reforzar el síntoma y todas las tentativas de solución parecían perjudiciales.

El terapeuta intervino pidiendo a la madre y a la maestra que hicieran algo diametralmente opuesto a lo que hasta ahora hacían. Debían pedirle excusas por haber sido tan insistentes con ella y que a partir de ese momento aceptaban su silencio porque consideraban que tenía un motivo importante. Se dijo a los adultos que tenían que transmitir a la niña que cuando callaba permitía que otros hablasen en su lugar. Otros que no hubiesen hablado si ella lo hubiera hecho. Finalmente se pidió a la madre y a la maestra que felicitasen a la niña por su silencio.

Con esta intervención se conjuró la resistencia a hablar por parte de la niña. Ya no necesitaba practicar su mutismo, nadie la vigilaba y todos estaban contentos con su comportamiento.

Días después la niña habló normalmente con su maestra y con sus compañeros.

(Fiorenza, op. cit.: 69 ss.)

EL USO DE LA PARADOJA

Hay dos tipos de personas en el mundo:
Las que dividen a las personas en dos tipos y las que no lo hacen.

(John Barth. En O'Hanlon, W. 1995: 64)

Una situación de sufrimiento personal puede ser desbloqueada con una acción diferente a la que estamos acostumbrados a hacer. Con frecuencia el éxito al dejar un hábito muy arraigado, como el de fumar, lo tiene la gente capaz de variar pequeños hábitos que les recuerda el consumo de tabaco. Incluso cambiar el camino habitual para ir al trabajo. Ciertamente, un pequeño cambio inicia un gran cambio o lo apoya de forma sustancial.

A una persona que no podía concluir una monumental investigación universitaria se le recomendó que empezara escribiendo el último párrafo del trabajo. Sorprendido pero comprometido con la solución lo escribió. Como el lector no entendía nada le sugirió que explicara en un folio los fundamentos de ese enigmático párrafo. El folio quedaba también bastante oscuro y necesitaba de nuevas explicaciones que el investigador fue construyendo poco a poco hasta que terminó el trabajo. Escribió el trabajo hacia atrás.

En este caso se utilizó la técnica del escalador (Nardone, G. 2002: 137), que se deriva de la labor que realizan los guías de alta montaña para planificar una escalada. En vez de partir de abajo arriba, operan al contrario: comienzan a diseñar el circuito desde la cima hacia abajo. Se ha demostrado que se puede evitar la proyección de caminos divergentes respecto al objetivo y que la ruta es más favorable para llegar arriba.

En otro orden de cosas, cuando tenemos miedo a algo como subir en avión, si logramos fijarnos en los compañeros de vuelo para identificar quién tiene más miedo que nosotros podemos distraer bastante bien el pánico. A una persona que tenía miedo a las serpientes le encargué un pequeño trabajo de investigación sobre serpientes, clases, formas corporales, colores y costumbres. Poco a poco fue familiarizándose con ellas hasta que concluyó un excelente estudio con imágenes incluidas.

La historia de la psicopedagogía está plagada de sugerencias del Hada, instrucciones oscuras a la razón que desbloquean miedos y situaciones paralizantes.

Conocí una adolescente que no podía pasar por el puente del río para acudir al instituto. Un puente por el que pasaban coches y autobuses a diario. Le pregunté acerca de cuántos pasos podría dar sobre el puente sin sentir miedo. Después de pensarlo un buen rato me dijo que veinte. Le pedí, con cierta carga dramática, que mañana diera sólo cinco pasos y que si sentía un fuerte impulso de continuar caminando no lo hiciera. Le insistí encarecidamente sobre esto último. Bajo ningún concepto debía dar más de cinco pasos. Le pedí por último que me llamara por teléfono para indicarme cómo le había ido.

Al día siguiente tenía un mensaje suyo en mi contestador telefónico que decía: «He fracasado, he cruzado el puente.»

A menudo un hábito no deseado se convierte en una obsesión que genera un problema que se añade al que ya teníamos. Comenzamos a querer predecir cuándo volverá a ocurrir o si la cosa puede llegar a empeorar.

A personas que suelen evitar aquello que les da miedo se les puede recomendar que *eviten evitar* tales situaciones. A personas que se esfuerzan en su vida por complacer a otros, por trabajar, por cumplir con sus responsabilidades en exceso, se les puede recomendar que se esfuercen por no esforzarse tanto.

Los procesos de la comunicación en la que estamos inmersos están llenos de paradojas con las que hemos crecido y convivido desde siempre. Por la costumbre que tenemos de relacionarnos con ellas no caemos en la cuenta de su importancia. Permítame recordarle algunas de ellas: Las paradojas cotidianas ejercen una influencia que escapa muchas veces a la inteligencia consciente. A continuación podemos citar algunas de ellas (Watzlawick, P. 1993):

- Sobre todo esto: ¡Sé fiel a ti mismo! El que es fiel a sí mismo se compromete con lo que «el mundo debe ser» y no con lo que «el mundo es».
- Buscar mejor en la oscuridad del pasado, que hallar, bajo la bombilla encendida del presente.

- La profecía autocumplida: la profecía de un suceso lleva al suceso y el suceso a la confirmación de la profecía.
- Cuantas más señales de Stop ponga la policía, más transgresores habrá del código de circulación, lo cual «obliga» a poner más señales de Stop.
- Cuanto más amenazada se siente una nación por la nación vecina, más se armará, lo que aumentará su capacidad bélica y obligará a armarse a la nación vecina. Esperar la guerra, es cuestión de días.
- Si me amases de veras, comerías ajo de buen grado.
- Si alguien me quiere no está en su cabal juicio.
- No aceptaría ingresar en un club que me aceptara como socio. (Groucho Marx).

Escrito en la pared del baño de damas:
– Mi esposo me sigue a todas partes.
Debajo:
– No es cierto, no lo hago.

LOS ESCLAVOS Y LA LIBERTAD

Un día el amo les dijo a los esclavos:

–Sois libres.

–¿Qué? –exclamaron los esclavos–. ¡Pero no eres tú quien debe decidirlo! ¡La iniciativa tiene que venir de nosotros y si no es así no vale!

–Pues bien –dijo el amo–, decidíos.

–¿Qué? –exclamaron entonces los esclavos–. ¿Tú nos das órdenes? ¿Y para qué sirve ser libres?

La discusión, que se había enfocado mal, pronto se hizo agria. Y le siguió una larga guerra, muy larga, tan larga que los que hoy luchan han olvidado las razones por las que empezó.

(Carrière, J.C. 2000: 118)

Ejercicio

Piense en un problema que tiene relacionado con su comportamiento o con su modo de relacionarse con amigos o familiares. Piense en un pequeño detalle que usted hace o dice e imagínese a sí mismo como si pudiera hacer otra cosa.

Por ejemplo, piense que pudiera comportarse como si pudiera escuchar un sermón de sus padres desde el inicio hasta el final, que les pregunta si tienen algo que añadir y que les agradece todos sus consejos.

O bien, que le aqueja una fuerte amnesia selectiva y se olvida de atender todas y cada una de las necesidades que le plantean sus hijos ya adolescentes y que, paralelamente, no puede quitarse de la cabeza algunos deseos personales que siempre posterga.

ORDALÍAS, RITUALES Y ACTOS REPARADORES

«Aunque no se crea en el poder de la bruja, es conveniente permanecer imparcial y darle todas las posibilidades de actuar» (Jodorowsky, A. 1995: 117). Es preciso seguir las instrucciones aunque no tengas fe en el poder de la Hada, del mismo modo que te entregas a la sabiduría del médico aunque no conozcas el fundamento del tratamiento que te impone como vía a la curación.

Cada vez que desee comportarse como le empuja su irresistible impulso, quiero que lo repita siete veces. Esta extraña instrucción ha sido utilizada por hipnotizadores para conjurar conductas repetitivas que parecen incontrolables (Zeig, J. y Gilligan, S. 1994). Cuando no pueda dormir, levántese y limpie el horno u ordene los calcetines por colores, o dedíquese a clasificar los libros de la biblioteca por autores o por temas, en ningún caso intente dormir.

La Psicomagia opera de modo similar (Jodorowsky, A. op. cit.); propone acciones reparadoras de ciertos desequilibrios que se producen en la vida. Más allá de la paradoja comunicacional, estos actos buscan abrir vías nuevas de vitalidad; son actos creativos, teatrales, en los que interviene el cuerpo y, sobre todo, son rituales bienintencionados que impulsan mecanismos personales inconscientes. Los antiguos cazadores pintaban los animales que querían cazar.

Una mujer que deseaba explorar su feminidad, se le asignó el acto psicomágico de pedirle a un antepasado femenino que le prestara un hermoso vestido mediante un diálogo imaginario. Después debía venir vestida coquetamente a la siguiente sesión.

Otro hombre estaba abrumado por sus padres, le exigían que se ocupara continuamente de ellos, se lamentaban por toda la vida que llevaban, que por otro lado era sencilla y ordenada. Se le asignó como tarea psicomágica que telefoneara a sus padres a diario y se quejara de su propia vida durante diez minutos.

A una mujer a la que los hombres le parecían inaccesibles se le dijo que escribiera relatos en los que compartiera tareas igualitarias con los hombres. Como por ejemplo, relatos de partisanas o combatientes de la resistencia por causas nobles.

A quien su monólogo interior no le dejaba vivir se le dijo que conectara una radio mal sintonizada durante diez minutos y parase uno, después la conectara ocho minutos y parase dos, debía ir prolongando el tiempo de silencio para experimentar la sensación agradables del silencio.

Una joven se quejaba de que había algo en ella muy infantil que impedía que emergiera su faceta sensual adulta. Se le indicó que se vistiera de niña, que hiciera un funeral para la muerte de la niña y que quemara la ropa infantil y se vistiera de mujer.

A quien se quejó de su eyaculación precoz se le pidió que tuviera un orgasmo en la mitad de tiempo en el que lo solía tener, que batiera así su propio record. De este modo prolongó la excitación durante mucho tiempo.

Un muchacho se quejaba de vivir en las nubes, no lograba su independencia económica. Se le propuso que consiguiera dos monedas de oro y se las pegara a las suelas de los zapatos, de modo que esté todo el día pisando oro. Entonces bajó de las nubes y puso los pies en la realidad.

> **Ejercicio**
>
> Diseñe un ritual como los descritos para cualquier problema que le sugiera un compañero que quiera compartir este ejercicio.

SORTILEGIO FINAL. La comprensión global de las cosas.

> *El significado procede de la integridad:*
> *mantiene unidas cosas que tienden a separarse.*
>
> (Bond, D.S. 1995: 11)

El sufrimiento humano está metaforizado en la maldición bíblica de la Torre de Babel, cuya etimología latina viene de confundir. Según la historia, el hombre presuntuoso se eleva desmesuradamente pero le es imposible rebasar su condición humana (Chevalier, J. y Gheerbrant, A. 1999).

Una sociedad hiperdesarrollada, que no tiene alma, está condenada a la dispersión. El castigo divino responde a la excesiva elevación del hombre que no está preparado para manejarse entre el plano humano y el divino.

El ser humano, para conocer el mundo debe fragmentarlo, pero con cada fragmento amplía cierta sensación de nostalgia de lo único, de la energía vital primigenia (Ibáñez, J. 1986).

El lenguaje del relato busca la restitución del mundo como experiencia única.

Todo lo dicho en este capítulo hay que concebirlo como un esquema para entender el funcionamiento de los relatos.

La metáfora va más allá, busca la comprensión global de las cosas.

Los cuentos buscan en el oyente una comprensión integrada de los misterios de la vida. Frente a la percepción fragmentada del mundo, el relato permite el acceso a un entendimiento global de la experiencia humana.

LA FILOSOFÍA ES LA ÚLTIMA MEDICINA

Ésta es la historia de una joven y hermosa mujer india llamado Kisha-Gotami, que de jovencita siempre soñaba con casarse, tener niños y ocuparse felizmente de la casa y de la vida familiar. Vivía en una sociedad donde los padres decidían los matrimonios, por lo que ella se sintió más que satisfecha cuando sus padres se decantaron por el joven muchacho que por sí misma hubiera elegido. Ambos fueron felices desde los primeros momentos que estuvieron juntos pero, un año más tarde, la tragedia de bodas se hizo presente y su marido murió en un accidente. Kisha-Gotami intentó desesperadamente consolarse a sí misma concentrando todas sus energías en su futuro bebé, cuyo parecido con su marido era exacto.

Una mañana fatal, poco después del fallecimiento de su marido, la joven viuda se despertó y encontró a su bebé tendido sin vida a su lado. La pena fue infinita y se volvió loca. Deambulaba por las calles y la carretera de su pueblo abrazando a su niño muerto, negándose a soltarlo para hacerle un funeral adecuado. Aunque un sinnúmero de amigos y vecinos intentaron convencerla para que entregase el cadáver, ella no lo aceptaba. Cuando alguien intentaba arrebatarle al niño de sus brazos, corría y deliraba. Una vieja mujer dijo a Kisha-Gotami que un hombre santo, muy sabio y poderoso, había acampado en una montaña cercana, y que se rumoreaba que hacía milagros de todo tipo, incluso el de devolver a la vida a quienes habían muerto.

Kisha-Gotami corrió a toda velocidad hacia la montaña para ver al Buda serenamente sentado a la sombra de un árbol, mientras instruía a sus discípulos. Ella le imploró de rodillas que devolviera la vida a su hijo haciendo uso de sus poderes milagrosos.

Él, empáticamente, le dijo que seguramente la ayudaría, pero que primero ella debería realizar una simple tarea. Regresar al pueblo y pedir unas pocas semillas de mostaza para entregárselas en la montaña. Estas semillas debían, sin embargo, venir de una casa donde nunca hubiera muerto nadie.

Ella corrió, todavía apretando más a su bebé y, en cuanto divisó la primera casa, pidió algunas semillas de mostaza. Se las dieron, ya que era común tenerlas en el hogar. Cuando ya se iba se acordó de preguntar si alguien había muerto alguna vez allí y la mujer que la había atendido le contestó que justo la semana anterior su viejo suegro en esa misma casa había dejado de existir. Kisha devolvió con tristeza las semillas y continuó a la casa siguiente, sólo para hallar que también por allí la muerte había pasado recientemente. Y de casa en casa fue por todo el pueblo, y también por el pueblo vecino, sintiéndose defraudada al descubrir cada vez que la Muerte había pasado por todo el lugar.

Subió de nuevo a la montaña sin llevar ninguna semilla de mostaza e, hincando sus rodillas ante Buda, colocó al niño muerto a sus pies. Ella sólo dijo una palabra: «Comprendo», y lloró. Las escrituras continúan relatando cómo llegó a ser una entregada discípula de las enseñanzas sagradas que liberan a uno del sufrimiento y como consiguió, incluso, alcanzar el nirvana al fin de sus días.

(Pacal, E. 1999)

La construcción de la **metáfora (el método)**

> *La actividad terapéutica consiste en esta especie de ejercicio imaginativo que recupera la tradición oral de contar historias; la terapia dota de historias a la vida.*
>
> (James Hillman, 1999)

La ingeniería de relatos que proponemos se da en la conversación, en la relación que se establece entre personas que obtienen su vitalidad del conflicto mismo de la existencia.

Los escenarios en los que se da este encuentro entre personas serán muy variados. Desde la conversación familiar cotidiana, hasta contextos más formales como el educativo o las consultas de orientación filosófica, espiritual, médica, pedagógica o psicológica.

La dirección de grupos humanos, en organizaciones, empresas o instituciones de todo signo también son muy sugerentes también para el campo de la metáfora. Cada vez más, los dirigentes utilizan relatos para compartir la misión de la organización con sus colaboradores, para explicar el rumbo a tomar o para analizar conflictos surgidos de la tarea.

Los cuentos que curan se sujetan a un método riguroso aunque no rígido. Pero este rigor no merma la creatividad sino que, al contrario, la provoca.

Aunque resulta casi imposible fragmentar la experiencia del encuentro entre personas que conversan, sí que es importante prestar atención a algunos hechos para que el relato sea útil.

La secuencia en la que basaremos el procedimiento se articula en tres pasos:

- **En primer lugar,** el ideador de cuentos necesita conocer la situación sobre la que va a crear el cuento. Qué conflicto aqueja a su interlocutor y por qué esto supone un problema para él. Para eso debe escuchar, observar y mantener una relación personal con su contertulio. De ello depende que el otro pueda producir un mensaje significativo, del que extraeremos el material del relato.

  También debe preguntar cosas que no le hayan quedado claras, pero el peso de las preguntas debe ser mucho menor que el de la escucha. Cuando alguien relata un conflicto nos revela una historia compacta aunque sea triste y eso es precisamente lo que nos interesa captar.

- **En segundo lugar,** hay que crear la historia. Si la escucha ha sido de calidad, normalmente la historia sobrevendrá a nuestra imaginación en un estado primario, sin demasiada estructura. En este punto hay que crear un isomorfismo entre las personas y hechos que componen la situación conflictiva en la vida real y los personajes y episodios que configurarán la historia.

  Nos contentaremos con un isomorfismo algo vago e inexacto. El peor enemigo de la ideación de relatos es la exigencia de que el hecho real y el cuento se asemejen lo más posible. En muchas ocasiones la historia no tiene mucho que ver con el problema que nos han relatado pero es adecuada por algún objetivo indirectamente. Este efecto puede comprenderse más adelante, en el capítulo que desarrollaremos sobre recursos eficaces para crear relatos.

En tercer lugar, es necesario relatar el cuento. Seducir a nuestro interlocutor a nuestro modo de ver el mundo y su problema. Para ello deberá emplear todos los recursos disponibles del lenguaje sugerente e hipnótico, de las artes escénicas y de la literatura, aunque lo más importante es que él se conecte al relato, a los personajes y las escenas, a las leyes psicológicas que rigen los comportamientos y emociones de los personajes.

Un relato supone una alternativa existencial para quien lo escucha. Lo esencial es convencerle para que explore otro mundo durante los instantes que dura la narración. Sólo queremos eso, el resto lo hará la búsqueda que en su inconsciente se iniciará cuando conecte con el relato. En realidad, las soluciones vendrán de esa búsqueda personal. Muchas veces el relator de la metáfora no tiene idea de las soluciones que su interlocutor está explorando, simplemente le ofrece una terraza existencial distinta desde la que pueda observar su vida durante unos instantes.

El niño que piensa en hadas y cree en hadas
actúa como un dios enfermo, pero como un dios.
Porque aunque afirme que existe lo que no existe
sabe cómo existen las cosas, existiendo,
sabe que existir existe y no se explica,
sabe que no hay razón alguna para que nada exista,
sabe que ser es estar en un punto.
Lo que no sabe es que el pensamiento no es un punto cualquiera.

(Fernando Pessoa)

Conocer la situación inicial

Lo real sólo es la base pero es la base.

(Juan Luis Martínez)

Conocer lo que preocupa a nuestro interlocutor es la base del futuro relato. Para ello es esencial que mantengamos limpio nuestro sistema perceptivo, que olvidemos momentáneamente nuestro sistema personal de análisis de la realidad y nos interesemos por el relato problemático que nos ofrecen. Conocer la situación inicial implica las siguientes operaciones.

Escuchar. En las esculturas de los sabios sumerios podía observarse que estaban dotados de grandes orejas. Al igual que algunas esculturas de Buda, la sabiduría está representada en la antigüedad por el símbolo de la escucha más que por la calidad del discurso.

En el abordaje de casos difíciles de la psicoterapia, una de las herramientas más efectivas es la escucha activa (Duncan y otros, 2003).

El acto de escucha debe realizarse mediante la atención flotante, esa escucha secundaria, no muy atenta conscientemente. Se cuenta que Freud percibía de modo distinto el discurso de sus pacientes cuando, en alguna ocasión, estaba distraído haciendo otra cosa como vaciar su pipa en el cenicero. En esos momentos en los que la atención consciente no es plena, obtenía comprensiones del relato de su interlocutor de una naturaleza más inconsciente y a veces más rica de conexiones creativas.

Ejercicio

> **Práctica de la Escucha Flotante** (En parejas)
> A cuenta a B algo que le interese y que durante los cinco minutos anteriores ha pensado un poco. A debe ser congruente en su comunicación y debe empezar las frases diciendo: Yo estoy interesado en... A mí me gusta... Yo quiero...
>
> B debe escuchar con su atención flotante y debe comprobar además si se activa algo en sí mismo cuando escucha a A.

La práctica de la escucha flotante también requiere que el relator de metáforas conecte con sus propias emociones. Esto es algo esencial para desarrollar la capacidad creativa. John Gardner dice sobre los autores *desconectados* emocionalmente:

«Hay escritores que no consiguen avanzar sin emplear frases como 'con un gracioso parpadeo' o 'los adorables gemelos' o 'su risa franca, estentórea', expresiones trilladas producto de la emoción fingida de quien no siente nada en su vida cotidiana o le falta algo de lo que estar lo suficientemente convencido como para encontrar su propia manera de decirlo, y ha de recurrir a cosas como 'reprimió un sollozo', 'amable sonrisa oblicua', 'enarcando una ceja con ese aire suyo tan peculiar', 'sus anchos hombros', 'ciñéndola con su fuerte brazo', 'esbozando una sonrisa', 'con un ronco susurro', 'con el rostro enmarcado por sus bucles cobrizos'.
Lo malo de este tipo de lenguaje no es sólo su convencionalidad, sino también que es sintomático de una actitud psicológica decididamente nociva. Todos adoptamos máscaras lingüísticas (hábitos verbales) con las que enfrentarnos al mundo y que se adecuan a la ocasión. Y una de las máscaras más eficaces que se conocen, al menos para enfrentarse a situaciones problemáticas, es la máscara del optimismo ingenuo, ejemplificada por frases como las que he mencionado. La razón de que dicha máscara se adopte con mayor frecuencia al escribir que al hablar coloquialmente –es decir, la razón de que el arte de la escritura se convierta en una forma de embellecer y sosegar la realidad– no la conozco, a menos que esté relacionada con la manera en que se nos enseña a escribir de pequeños, como si la escritura fuera una forma de buenos modales, y quizá también con la importancia que nuestros primeros maestros daban a las mojigatas emociones típicas de los libros de lectura escolares.»

(Gardner, J. 1990)

La verdadera fuente de las historias no debe consistir en el archivo de expresiones tópicas y enlatadas, sino en el relato que hace la persona que tenemos delante y a la que vamos a dedicarle nuestro cuento.

> ### Ejercicio
>
> **La imagen construida** (En parejas)
> A cuenta algo a B.
>   B después de escuchar debe pensar en lo que le ha dicho A y simbolizarlo con una imagen mental. Es interesante que haga un dibujo sobre dicha imagen con los colores que le llamen la atención, con el tamaño que le sugiera, con lápices de trazo blando... o bien duro...
>   Después, y poniéndose en la piel de A, hace otra imagen mental sobre lo que cree que lo dicho significa para A.
>   Al final se comparan ambas imágenes y se comentan las diferencias. El ejercicio describe la diferencia entre lo que significan las cosas para nosotros y para el otro.

Creencias limitantes en la escucha. La información que nos proporciona nuestro interlocutor es la que nos servirá como base para la construcción de la historia. Para ello es necesario evitar algunas creencias que pueden disminuir la efectividad de impacto del relato.

Las creencias más extendidas y que más nos limitan cuando nos disponemos a escuchar conflictos humanos son las siguientes (Erickson, M. En O Hanlon, W.H. 1995: 28 ss.):

- **«Es necesario conocer la causa de un problema para poder resolverlo.»** Erikson nos advierte que la etiología es una materia compleja y no siempre pertinente para superar un problema. Nunca se puede conocer con certidumbre la causa de una situación humana. Se puede resolver un problema sin saber necesariamente cuándo se inició, cómo empezó ni qué lo causó.

- **«Es necesario que haya comprensión o toma de conciencia para que se produzca el cambio.»** Muchos estudiosos del comportamiento humano consideran fundamental hacer consciente el inconsciente. Sin embargo, el inconsciente como tal constituye una parte esencial del funcionamiento psicológico y tiene su propia configuración lingüística.

■ **«Hay que contar con una teoría coherente e hipótesis generales previas para abordar el problema.»** Los pre-conceptos acerca de las personas estorban al constructor de metáforas. Hay que esforzarse por no tener teorías generales sobre el comportamiento y producir respuestas funcionales a cada caso.

Observar. La observación requiere espacio y tiempo. También atención a lo que ocurre a nuestro alrededor. Existen muchas formas de resolver conflictos vitales, muchas historias que desarrollan experiencias humanas de muy distinto modo. La lectura mental de lo que creemos que va a ocurrir es peligrosa en el ámbito de la percepción. Deberíamos estar dispuestos a observar el mundo como si fuera la primera vez que ocurre ante nuestros ojos.

EN EL DESIERTO

Siempre he querido conocer el modo de pensamiento de los indios norteamericanos que habitan el desierto de Sonora en Arizona. Por fin se me presentó la oportunidad. En uno de mis viajes a la zona, conocí un indio que accedió a instruirme sobre su pensamiento en distintas disciplinas como la medicina, hábitos culturales, modos de caza…

Un día cabalgamos hasta una zona apartada del desierto, desmontamos y trazó un círculo en el suelo de dos metros de diámetro, con una rama seca que encontró allí mismo.

Tiró el palo y me dijo que la primera enseñanza era aprender a observar. Quiero que descubras todo lo que se halla en el interior del círculo y me lo cuentes dentro de dos días, cuando yo regrese.

Subió a su caballo y se alejó, llevándose también el mío. Yo me quedé allí descorazonado frente a una tarea imposible… ¿Qué se puede encontrar en tan breve espacio desértico?

Ya que no tenía nada mejor que hacer en mi remoto lugar, me dediqué a observar el círculo trazado por mi instructor. Miraba y miraba y no podía ver nada.

Después de varios intentos empecé a distinguir distintos tipos de piedras, distintos tamaños, colores, texturas y formas. Algunas brillaban por su estructura cristalizada, otras eran rugosas, otras eran muy redondeadas y en un extremo del círculo, habían piedras agrupadas que parecían construcciones funerarias de otras civilizaciones.

También vi que entre las piedrecillas minúsculas habían plantas diminutas, de un color tierra con matices amarillos y marrones muy mimetizadas con el medio. Estas plantas disimulaban el acceso a un hormiguero por el que entraban y salían muchas hormigas que se comunicaban con breves contactos entre las filas de individuos entrantes y salientes. El recorrido de las hormigas se perdía fuera de los límites del círculo señalado. Vi otros insectos que sobrevolaban la zona y un escarabajo pelotero transportando su material que yo había confundido con una piedra.

Al cabo del rato me di cuenta de que en esos dos metros de terreno desértico había un ecosistema con un montón de elementos que reproducían los elementos de la vida sobre la tierra a pequeña escala. Me dio la impresión de que mi visión se asemejaba al de la perspectiva de un avión sobre un gran trozo del territorio y me sentí muy satisfecho de los efectos de mi primera lección entre la tribu de los indios de Sonora. Cuando mi profesor regresó a recogerme, yo estaba emocionado, pleno de los descubrimientos que había hecho y pasé a hacerle el informe de todo lo que había encontrado casi sin moverme durante dos días.

(Will McDonald)

ATENCIÓN

Cierto día, un hombre se acercó a Ikkiu y le preguntó: —Maestro, por favor, ¿podría escribir para mí alguna enseñanza de la más alta sabiduría?

Ikkiu tomó su pluma y escribió:

—Atención.

—¿Eso es todo?—, preguntó el hombre.

Ikkiu entonces escribió:

–Atención, atención.

–Bien–. –dijo el hombre–. Realmente no veo mucha profundidad en lo que escribe.

Entonces, Ikkiu escribió la misma palabra tres veces:

–Atención, atención, atención.

Medio irritado, el hombre exigió: –¿Qué significa esa palabra a fin de cuentas? Ikkiu respondió delicadamente:

–Atención significa atención.

(Em Schiller, 1994. En Gilligan, S. 2001: 59)

Acompasar y sintonizar. Mantener la relación con el otro

Si quieres convencer a alguien debes utilizar sus propias palabras, no las tuyas.

(Aristoteles. *La Retórica*)

A modo de explicación bien vale un relato.

HISTORIA DE UN DELFÍN

Gregory Bateson (1994) estudió las pautas de comunicación de los delfines en el Instituto de Investigación marina de Hawai y observó lo siguiente:

El autor trabajó con los entrenadores que enseñaban a los delfines a actuar para el público. El proceso empezó con un delfín ingenuo. El primer día, cuando el delfín hizo algo desacostumbrado, como saltar fuera del agua, el entrenador tocó el silbato y le arrojó un pescado como recompensa. Cada vez que el delfín actuaba de esa manera, el entrenador tocaba el silbato y le daba un pescado. El delfín tardó muy poco en aprender que ese comportamiento le proporcionaba un pescado, de modo que empezó a repetirlo con mayor frecuencia y cada vez reclamaba un pescado.

Al día siguiente, el delfín ejecutó el salto nada mas salir y se quedó esperando el pescado. No hubo pescado. El delfín repitió el salto varias veces, pero todas infructuosamente, hasta que al fin, enojado, hizo algo distinto, como rodar sobre sí mismo. Entonces el entrenador tocó el silbato y le arrojó un pescado. Cada vez que el delfín repitió el nuevo truco en esa sesión de entrenamiento, recibió un pescado como recompensa. No había pescados para el truco del día anterior, sólo para algo nuevo.

Esta pauta sé repitió durante 14 días. El delfín salía y hacía el truco que había aprendido el día anterior, pero era en vano. A menudo repetía los trucos de varios dias atrás, sólo para ver cuáles eran las reglas, pero sólo era recompensando cuando hacía algo nuevo. Sin duda esto debía de resultar muy frustrante para el delfín. El decimoquinto día, no obstante, fue como si el delfín aprendiera de pronto las reglas del juego. Se puso frenético y dio un espectáculo asombroso en el que mostró ocho nuevas formas de comportamiento, cuatro de las cuales no se habían observado nunca en la especie. Al parecer, el delfín comprendió no sólo la manera de generar comportamientos nuevos, sino también las reglas de cómo y cuándo generarlos. Los delfines son listos.

Un último detalle: durante los catorce días que estuvo con el entrenador, Bateson vio que éste le daba pescados al delfín sin que se los hubiera ganado, fuera de la situación de entrenamiento. Bateson sintió curiosidad y le preguntó por qué lo hacía. El entrenador contestó: «Ah, eso. Es para seguir en términos amistosos, por supuesto. Después de todo, si no tenemos una buena relación, no se molestará en aprender nada.»

(O'Connor, J. y Seymour, J. 1996: 44-45)

Cuanto más abiertos nos hallemos a nuestras propias emociones, mayor será nuestra destreza en la comprensión de los sentimientos de los demás.

La raíz del afecto sobre el que se asienta toda relación dimana de la empatía, de la capacidad para sintonizar emocionalmente con los demás.

La clave que nos permite acceder a las emociones de los demás radica en la capacidad para captar los mensajes no verbales, más del 90 % de los mensajes emocionales son de naturaleza no verbal.

Este tipo de mensajes no verbales suelen captarse de manera inconsciente, sin que el interlocutor repare, en la naturaleza de lo que se está comunicando.

La empatía es la capacidad de percibir la experiencia subjetiva de otra persona.

En el principio de la vida de un niño, esta sintonización constituye un proceso tácito que marca el ritmo de relación con su madre (Daniel Stern, 1987. En Goleman, 1996).

La sintonización es algo muy distinto a la mera imitación. Esto último permite saber lo que el niño hace, pero no lo que el niño siente. Para hacerle llegar que sabes cómo se siente debes tratar de reproducir sus sensaciones internas. Es entonces cuando el bebé se sentirá comprendido.

Gerda Alexander en su tratado de Eutonía dice que: «La comunicación entre madre e hijo se mantiene después del nacimiento, a través de un ajuste tonal. De esta manera, el niño padece todas las tensiones provenientes de la madre y del ambiente. A esto se debe que el niño problematizado registre una mejoría cuando sus padres comienzan a trabajar por su propio equilibrio.

El niño adquiere su modalidad respiratoria de la persona más próxima, la cual ejerce influencia sobre su sistema vegetativo y su metabolismo. Es posible que esto predisponga el terreno para los problemas de lenguaje.

Numerosas perturbaciones en la actitud y el movimiento, que no se manifestarán sino más adelante, provienen a menudo de una imitación del ambiente familiar y educativo.

John Cacioppo, psicólogo de la Universidad de Ohio señala que «comprendamos o no la mímica de la expresión facial, basta con ver a alguien expresar una emoción para evocar ese mismo estado de ánimo. Esto es algo que suele sucedernos de continuo, una especie de danza, una sincronía, una transmisión de emociones. Y es esta sincronización de estados de ánimo la que determina el que nos sintamos bien o mal en una determinada relación.

Esta capacidad de adaptación tonal no es privativa de la infancia, sino que subsiste durante toda la vida. Notoria en el artista, constituye la condición fundamental para, por ejemplo, vivir e interpretar la música así como para que una persona pueda experimentar en sí misma las dificultades y las alegrías de los otros. Un individuo fijado en un tono rígido es incapaz de lograr esta aproximación empática» (Alexander, G. 1983: 55).

Hacer el amor quizá sea lo más parecido a lo que hemos descrito, la relación sexual implica la capacidad de experimentar el estado subjetivo del otro: compartir su deseo, sintonizar con sus intenciones y gozar de un estado mutuo y simultáneo de excitación cambiante. Una experiencia, en suma, en la que los amantes responden con una sincronía que les proporciona una sensación tácita de profunda compenetración (Stern, D. En Goleman, 1996).

Ulf Dimberg, investigador sueco de la Universidad de Upsala, descubrió que, cuando las personas ven un rostro sonriente o enojado, la musculatura de su propio rostro tiende a experimentar una transformación sutil en el mismo sentido, una transformación que, si bien no resulta evidente, sí que puede manifestarse mediante el uso de sensores electrónicos.

La transferencia de estados de ánimo entre dos personas va desde la más expresiva hasta la más pasiva.

La explicación más probable de este fenómeno es que el inconsciente reproduzca las emociones que ve desplegadas por otra persona a través de un proceso no consciente de imitación de los movimientos que reproduce su expresión facial, sus gestos, su tono de voz y otros indicadores no verbales de la emoción. Mediante este proceso, el sujeto recrea en sí mismo el estado de ánimo de la otra persona en una especie de versión libre del método Stanislavsky.

El grado de armonía emocional que experimenta una persona en un determinado encuentro se refleja en la forma en que adapta sus movimientos físicos a los de su interlocutor, un indicador de proximidad que suele tener lugar fuera del alcance de la conciencia. Si observamos a dos personas hablar vemos que una persona se mueve en el mismo momento en que la otra deja de hablar, ambas cambian de postura simultáneamente o una se acerca al mismo tiempo que la otra retrocede. Esta especie de danza puede llegar a ser sutil, pero tan evidente que ambas personas se muevan en sus sillas al mismo ritmo.

La comodidad o incomodidad que sentimos con las personas es, en cierto modo, física. Para que dos personas se sienten a gusto y coordinen sus movimientos, deben tener ritmos compatibles. La coordinación de los estados de ánimo constituye la esencia de la sintonización o *Rapport*.

Sintonización emocional y nacimiento del lenguaje. El inicio del lenguaje, especialmente el de los símbolos, tiene en su base un proceso de acompasamiento entre seres humanos. La sintonización emocional y la necesidad vital de comunicarse.

Susanne K. Langer (1962) dice acerca del nacimiento del lenguaje que «el cerebro del hombre desarrolló la capacidad de producir imágenes aun durante el sueño, y esas imágenes oníricas, transferidas luego a otra capacidad, la de vocalizar, lo llevaron a imaginar y pronunciar símbolos. El hombre puede visualizar escenas sin que sus ojos en ese mismo momento las estén viendo; y estas imágenes mentales, desconectadas de objetos realmente vistos, ya son abstracciones simbolizantes. El salto del mono antropoide al antropos, del animal al hombre, ocurrió cuando los órganos vocales fueron inducidos a registrar la aparición de una imagen, excitaron una aparición equivalente en otro cerebro y las dos criaturas se refirieron a la misma cosa. En ese instante el hábito vocal adquirió la función de la comunicación. Que un hombre evocara ideas en otro y viceversa en el curso, no de la acción, sino de la emoción y la memoria –esto es, reflexivamente– fue ya una comunicación sobre algo, y esto es lo que los animales nunca hacen. Más tarde los hombres no necesitaron imágenes visuales para aprender a hablar; y hoy la función simbólica ha pasado a la palabra misma» (Anderson, E. 1992: 251).

Aprender a hablar y emplear el lenguaje del otro. Éste es el primer procedimiento que debe aprender cualquier comunicador.

Esta técnica fundamental de comunicación proviene, de la hipnosis ericksoniana. De hecho, en la inducción hipnótica se cultiva el estilo perceptivo y comunicativo del sujeto, asumiendo de un modo lento y progresivo el control hasta inducirlo a abandonarse y caer en trance.

El establecimiento de contacto, sintonización o *Rapport*, es lo que hace que un encuentro entre dos o más personas quede marcado por el acuerdo y la afinidad. En esencia, es un sentimiento de concordia entre dos o más individuos.

El acompasamiento es el principal ingrediente de toda comunicación.

Para acompasar al otro debemos atender a todos los aspectos de su expresión, verbales y no verbales. Para obtener una buena comunicación se puede *acompañar* cualquier movimiento de la otra persona, ajustando el nuestro hasta movernos conjuntamente con ella.

En cuanto al lenguaje corporal, es importante calibrar y reflejar:

- Ritmo respiratorio
- Localización respiratoria (abdominal, media o alta)
- Postura corporal
- Ritmo y velocidad del habla
- Tono de voz
- Gestos (expresiones faciales, ademanes)

Ejercicio

Observe a dos personas que conversan y trate de saber si entre ellas se ha entablado la relación. Observe si hay acompasamiento.
   Tanto en el caso de que sea así como si no...

¿Qué es lo que le permite saberlo?

El acompasamiento favorece que nuestro interlocutor se sienta comprendido íntimamente y que su discurso se realice con menos trabas. La segunda facultad de la sintonización es que permite ver el mundo tal y como lo ve el otro y, por tanto, es más sencillo prever el desarrollo de los posibles conflictos.

Ejercicio

Adivinación. Acabar la historia que el otro comienza (En parejas)
Sentados frente a frente.

A cuenta una historia durante unos minutos, B capta la postura, movimientos, gestos y en general el estilo narrativo de A y los reproduce en sí mismo, le sigue con los gestos.

En un momento dado A suspende la historia y B prosigue contando la misma historia ocupando el papel de A. Reproduce sus posturas, gestos y su modo de hablar.

B se propone dar un final a la historia de A como un acto de adivinación.

Después A comenta la impresión que ha tenido al escuchar a B el final de su propio relato.

Ahora B relata y A adivina.

El logro de una negociación comienza si los negociadores son capaces de percibir y relatar la posición del adversario.

Ejercicio

Técnica de negociación
A y B tienen dos opiniones.

A expondrá la opinión de B, en su presencia, hasta que B apruebe la exposición que reproduzca lo que él quiere decir.

Y viceversa, se repite el ejercicio intercambiando posiciones.

QUISE

Quise mirar el mundo con tus ojos
ilusionados, nuevos,
verdes en su fondo
como la primavera.

> Entré en tu cuerpo lleno de esperanza
> para admirar tanto prodigio desde
> el claro mirador de tus pupilas.
> Y fuiste tú la que acabaste viendo
> el fracaso del mundo con las mías.
>
> (Ángel González)

Aprovechar todo el material que trae el otro. Hacer el síntoma más consciente. Milton Erickson observó que su entonces alumno Jeffrey Zeig fumaba demasiado tabaco en pipa y un día le contó una historia repleta de detalles relacionados con la incomodidad de fumar. En ningún momento le mencionó que dejara de fumar. El objetivo fue convertir el hábito en algo más consciente. Al día siguiente, Zeig decidió que debía dejar de fumar.

Lo mismo puede hacerse con cualquier comportamiento indeseado.

Ejercicio

> **El collage. Hablar el lenguaje del cliente.** (Tres personas)
> A cuenta un problema a B.
> B anota una lista de palabras del relato de A y con ellas escribe un relato corto que tenga que ver (o no) con el problema planteado.
> C actúa de observador y ayuda a B a construir el relato. Se repite hasta pasar los tres por las tres posiciones.

Como contrapunto diremos que la empatía debe tener un límite. Es un excelente instrumento para saber cómo percibe el mundo nuestro interlocutor pero no en todos los casos se puede pedir que se pongan en nuestros zapatos.

COMO ÁNIMAS EN PENA

La historia que más me ha impresionado en mi vida, la más brutal y al mismo tiempo la más humana, se la contaron a Ricardo Muñoz Suay, en 1947, cuando estaba preso en la cárcel de Ocaña, provincia de Toledo, España. Es la historia real de un prisionero republicano que fue fusilado en los primeros días de la Guerra Civil en la prisión de Ávila. El pelotón de fusilamiento lo sacó de su celda en un amanecer glacial, y todos tuvieron que atravesar a pie un campo nevado para llegar al sitio de la ejecución. Los guardias estaban bien protegidos del frío con capas y guantes, pero aun así tiritaban a través del yermo helado. El pobre prisionero, que sólo llevaba una chaqueta de lana deshilachada, no hacía más que frotarse el cuerpo casi petrificado, mientras que se lamentaba en voz alta del frío mortal. A un cierto momento, el comandante del pelotón, exasperado con los lamentos, le gritó:

—Coño, acaba ya de hacerte el mártir con el cabrón frío. Piensa en nosotros, que tenemos que regresar.

(Gabriel García Márquez)

Preguntar

Entre narradores y escuchadores la relación es directa, imprevisible, problemática. Es, en otras palabras, una relación verdaderamente humana, es decir, dramática, sin resultados asegurados. No hablan sólo las palabras, sino los gestos, las expresiones del rostro, los movimientos de las manos, la luz de los ojos. Este es el don de la oralidad: la presencia, el sudor, los rostros, el timbre de las voces, el significado –el sonido– del silencio.

(Ferrarotti, 1991)

Las preguntas tienen como misión aclarar lo expuesto para los dos contertulios.

Así, el que escucha comprende lo que le quieren decir y el que habla tiene la oportunidad de clarificar lo que él mismo quiere decir.

La palabra cura porque estructura el mensaje.

Así pues, las preguntas no buscan capturar un discurso que la persona tiene enlatado en su mente, sino favorecer que produzca el discurso más expresivo, con más datos de aquel que habla y de cómo lo vive para generar alternativas.

El primer rasgo característico de la entrevista es la subjetividad del producto informativo que se obtiene. La entrevista apunta a la emotividad del entrevistado.

El objetivo no es hacer un cuestionario en un orden prefijado, sino crear un ambiente fluido para hablar de lo que nos interesa.

La entrevista es una invitación a la confidencia, a la expresión del deseo en las mejores condiciones posibles. Es al fin y al cabo, una conversación en la intimidad.

Al entrevistar debemos pedir constantemente al interlocutor que matice y aclare lo que ha dicho, incluso a riesgo de parecer ingenuo. Una de las claves de la entrevista fértil es el saber cuándo y cómo sondear más.

Por ejemplo:

- ¿Me puede decir a qué se parecía ese lugar?
- ¿Cómo se sintió entonces?
- ¿Se acuerda de lo que dijo en ese momento?
- ¿Qué estaba haciendo usted?
- ¿Quién más estaba allí?
- ¿Qué ocurrió después de eso?
- ¿En esa época, cómo lo describía a usted su familia?
- ¿Sus padres contaban cuentos sobre cómo era usted cuando estaba creciendo?
- ¿Qué clase de cuentos contaba usted cuando se reunía con sus hermanos y hermanas?

En la entrevista hay que entrelazar tres niveles de contenidos (Satir, V. En Hitchcock, 1997).

- Lo que la persona piensa sobre el tema.
- Lo que siente al respecto.
- Lo que significa para él.

Orientarse al deseo

> ...Y después de todo el conflicto que me has contado, ¿cuál sería un buen resultado para ti? ¿Qué desearías conseguir?
>
> (Bert Hellinger)

Con esta pregunta se inician muchos trabajos de orientación personal. He oído en muchas ocasiones, a los terapeutas preguntar en primer lugar a dónde quiere dirigirse el paciente.

Orientar a nuestro interlocutor a su objetivo significa orientar su vitalidad hacia la solución.

Existe una serie de preguntas orientadas al futuro que parecen tener un efecto hipnótico sobre el entrevistado. Estas preguntas exigen de él no sólo que se imagine un futuro sin el problema, sino que además complete con todo tipo de detalles las escenas del futuro en las que será el principal protagonista.

Lo que cura del relato es la recreación detallada de un tiempo, un lugar y un estado en que no está el problema.

- ¿En qué será diferente su vida?
- ¿Quién será el primero en darse cuenta?
- ¿Qué dirá o hará?
- ¿Cómo responderá?

Concretar el conflicto en episodios vitales. Una etiqueta que nombra un problema genera angustia. Por ello es esencial trasladar esa etiqueta a episodios de la vida cotidiana.

Conducir al sujeto a la escena del crimen. Eso lo hará más manejable.

Hablando con adolescentes vemos que cuando dicen que el mundo les odia suelen referirse a que últimamente no les va muy bien con su madre o con su padre. Un diagnóstico sin indagarlo puede ser incluso peligroso. Lo primero en un caso así es quitar angustia al joven mediante la identificación del problema, cuándo ha ocurrido, cómo funciona y qué excepciones se dan.

En la exploración nos interesa una información muy específica: los marcos de referencia en los que las personas sitúan al conflicto y en qué sentido lo ven como tal y las circunstancias y la secuencia de eventos cuando sucede el problema (O'Hanlon y Davis, 1993).

Habitualmente hacemos las preguntas siguientes:

- ¿Cuál consideras que es el problema? Dame un ejemplo reciente.
- ¿Qué sucede? ¿Qué haces para solucionarlo?
- ¿Quién está presente cuando se da el problema?
- ¿Qué dice o hace cada uno?
- ¿Dónde ocurre el problema con mayor frecuencia?
- ¿Dónde es menos probable que ocurra?

Incluso cuando empezamos a centrarnos en el conflicto, de ningún modo estamos intentando entender *su verdadero significado* o encontrar *su causa*. Sólo nos interesan aquellos aspectos que nos proporcionan cierta información útil para formular los relatos.

Ejercicio

(Por parejas)

A entrevista a B sobre un tema que a B le preocupe.

A debe utilizar los patrones de pregunta expuestos. Se trata de reproducir escenas más que discursos.

Se trata también de saber no sólo la información de B sino los momentos en los que se produjeron los acontecimientos y lo que significaron para él.

Cambiar las posiciones: B entrevista a A.

Rescatar la información perdida. El lenguaje en muchas ocasiones oculta el verdadero deseo del hablante. El mensaje se convierte en un atolladero para la gestación de soluciones. Describe la realidad pero también la prescribe y orienta la posterior acción. El modo en el que nos hacemos las preguntas y nos cuestionamos nuestras propias acciones orienta la perspectiva existencial.

Los verbos indican el camino para acceder a nuestro pensamiento y a lo que da sentido a nuestra percepción. En realidad vemos lo que andamos buscando previamente.

Distintos autores han diseñado un conjunto de técnicas de entrevista orientadas a rescatar la información perdida en los vericuetos de la mente de las personas.

Se han desarrollado técnicas que permitan conectar el pensamiento sensorial de las personas con su expresión lingüística. Bandler y Grinder formalizaron una de ellas que denominaron Metamodelo y que está inspirado en la lingüística transformacional (Bandler, R. y Grinder, J. 1994: 64).

Existen técnicas similares al Metamodelo: Perls, en terapia gestáltica. Beck, en la terapia cognitiva y Ellis, en la terapia emotivo-racional, por mencionar algunas.

Una característica fundamental de estas técnicas es su orientación a la acción más que a su contenido, lo que ayuda a evitar las resistencias del entrevistado.

Las preguntas buscan la recuperación de información sensorial de la experiencia tal y como es vivida por el sujeto y fundamentalmente se pregunta en las siguientes áreas:

- Quién
- Con quién
- Para quién
- A quién
- Dónde
- Cuándo
- De dónde
- En qué
- Para qué

- Qué
- Acerca de qué
- Qué pasará si...
- Cómo

Ejercicio

Entrevista (Tríos)
A cuenta un problema que no le preocupe demasiado.
B pone en práctica las distintas formas de interrogación analizadas hasta ahora.
C debe ayudar a B en cuanto a la formulación de preguntas adecuadas según las respuestas de A.

Síntesis. El objetivo de lo dicho en este epígrafe es extraer el material informativo para construir el cuento. Para ello hay que:

- Definir la situación tal y como se da en el momento presente. ¿Qué es lo que la convierte en interesante o problemática?

- Identificar las personas significativas en el problema y las relaciones que mantienen.

- Identificar los sucesos característicos de las situaciones problema. Especificar el desarrollo del problema. Mantener la atención en lo que la persona nos dice (QUÉ dice) pero sobre todo en los macro y micro-comportamientos de la persona (CÓMO lo dice).

- Especificar los cambios que la persona desea realizar, el resultado a alcanzar, los objetivos, etc., del modo más detallado y sensorial posible.

- Identificar lo que la persona ha hecho en el pasado para solucionar el problema. Averiguar qué es lo que funciona o no para realizar los cambios deseados. Anotar las experiencias o comportamientos dolorosos de la situación para posteriormente reencuadrarlos como valiosos.

- Evaluar los recursos reales de la persona frente al problema aunque ella no los haya visto o usado.

- Adoptar una posición de escucha activa, acompasamiento y sintonización mediante un intermitente ejercicio de ponerse en su lugar existencial.

- Evitar radicalmente juzgar el problema. Durante el relato se pueden pedir aclaraciones sobre algo que no hayamos entendido, pero sobre todo hay que ver el problema tal y como lo ve el otro.

- Construir la estrategia de conexión entre el Estado Presente (situación problemática) y el Estado Deseado (situación que se desea conseguir). Para ello se tendrá en cuenta lo siguiente:

    1. Calibrar el detonante que hace reiterativo el estado presente: ¿qué es lo que hace que la situación se desencadene y aparezca el problema una y otra vez? Es necesario ser preciso en este punto y localizar el punto de inflexión previo a la aparición del problema.
    2. Tantear las posibles alternativas al conflicto.
    3. Prestar atención a las indicaciones de la propia persona, ya que suele darnos inconscientemente las claves de la estrategia de solución. En este sentido, hay que afinar la agudeza en la calibración de sus microcomportamientos, para percibir los elementos que el sujeto considera importantes o no.
    4. Verificar otras implicaciones como, por ejemplo, la ecología de los cambios, ganancias secundarias. La pregunta aquí es: ¿Qué consecuencias positivas y negativas puede tener el hecho de que la persona consiga el objetivo que desea?
    Por ejemplo, el Rey Midas no se preguntó esto antes de desear que todo lo que tocara se convirtiera en oro.

Construir la metáfora

No resulta fácil determinar un procedimiento fijo de construcción de relatos, sobre todo teniendo en cuenta que a veces la inspiración sitúa el relato en un detalle aparentemente pequeño del problema que se desea abordar.

Existen excelentes manuales en el mercado editorial sobre la técnica de construcción de cuentos como puede verse en la bibliografía de este libro. Nuestro objetivo aquí es más preciso: delimitar los pasos que hacen más efectivo un relato atendiendo al proceso educativo o personal de quien lo escucha.

Ofrecemos aquí una síntesis de pasos que conforman el procedimiento:

Primero: Centrarse en el deseo, en la meta u objetivo. Primeros reencuadres. Es esencial no perder de vista el objetivo de la persona a la que va dirigido el relato. Usaremos la técnica del alpinista: comenzar por la cima y planificar el ascenso de arriba abajo.

A veces la persona expresa con lucidez la solución que desearía. Pero otras veces la meta no está clara, en este caso hay que reinterpretar una solución.

Por ejemplo, una angustia prolongada del sujeto puede entenderse como necesidad de sosiego.

La sensación de depresión puede concebirse como una pausa para descansar, en una vida frenética y llena de desafíos.

El caos reinante dentro de una organización puede ser por necesidad de comunicación entre los distintos profesionales y departamentos.

En líneas generales, los objetivos pueden referirse entre otras cosas a:

- Recuperar el camino de acceso a estados personales deseables (agradables, creativos, satisfactorios...)
- Despotenciar estados no deseables.
- Instalarse en escenarios en los que el problema no es tan angustiante o simplemente no existe.
- Inducir el cambio de creencias que limitan la solución.
- Adquirir la vitalidad necesaria para realizar pequeños cambios que se conviertan, poco a poco, en más grandes y estables.

- Hacer crecer capacidades que teníamos olvidadas o aplicar las que tenemos en otras áreas de la vida.
- Promover nuevas o antiguas emociones que abran nuevas vías al pensamiento.
- Imaginar cómo será la vida cuando no esté el problema.

Ejercicio

(Tríos)

A cuenta un problema que no le preocupe demasiado y cuando termina de hacerlo B y C, que estaban escuchando, deliberan sobre el objetivo del relato o el estado deseable para que A enfrente dicho problema.

Segundo: Elegir un personaje protagonista y el resto de personajes

Ha habido corsarias: mujeres hábiles en la maniobra marinera, en el gobierno de tripulaciones bestiales y en la persecución y saqueo de naves de alto bordo. Una de ellas fue Mary Read, que declaró una vez que la profesión de pirata no era para cualquiera, y que, para ejercerla con dignidad, era preciso ser un hombre de coraje, como ella. En los charros principios de su carrera, cuando no era aún capitana, uno de sus amantes fue injuriado por el matón de a bordo. Mary lo retó a duelo, y se batió con él a dos manos, según la antigua usanza de las islas del Mar Caribe: el profundo y precario pistolón en la mano izquierda, el sable fiel en la derecha. El pistolón falló, pero la espada se portó como buena... Hacia 1720 la arriesgada carrera de Mary Read fue interrumpida por una horca española en Santiago de la Vega (Jamaica).

(Borges, J.L. *Obras completas*: 306)

El personaje pone en marcha los mecanismos de identificación del oyente. Por un momento abandona su posición existencial para explorar otras y es en esos momentos en los que se introducen las sugerencias del relato.

La búsqueda del personaje no debe estar basada sólo en la similitud, sino en la alegoría y en lo sugestivo.

En el caso de una mujer con una gran fobia a salir a la calle y relacionarse con los demás (Burns, G. 2003: 10) el terapeuta especula lo siguiente:

«Una historia sobre animales parecía menos intimidatoria que una en la que participaran personajes humanos desconocidos. Y todavía había que tener presente algo más, el animal debía sentir el miedo (...). Entonces me vino a la mente un pulpo. Sus numerosos tentáculos indicaban que podía aferrarse con tenacidad (...). Sus experiencias podían guardar un paralelismo con mi paciente.»

En cuanto a la caracterización de personajes pueden utilizarse tipologías sistematizadas por diversos autores y disciplinas:

- El Rey, el Héroe y el Hada, descritos en este trabajo.
- Virginia Satir clasificó cuatro categorías de personajes con sus cuatro estilos de convivencia: El Apaciguador, que busca la paz familiar a toda costa. El Acusador, que reparte culpas a diestro y siniestro. El Super-razonable, que aparentemente no se implica emocionalmente. Por último el Distractor, que no termina ninguna conversación y pasa de un tema a otro para no profundizar en ninguno (Satir, V. 1998).
- Los tipos del Eneagrama.
- Los tipos psicológicos junguianos basados en el predominio de las funciones del Pensamiento, Sentimiento, Sensación, Intuición (Jung, C. G. 1971).
- Personajes de cuentos míticos como Iron John, de Robert Bly: El Rey, el Mago, el Amante, el Hombre Afligido…
- Y, por supuesto, se pueden utilizar animales y elementos de la Naturaleza.

Además del protagonista hay que elegir el resto de personajes.

Ejercicio

Personajes (Individual)
Tras la presentación de un personaje, desarrolle una historia corta sobre él.

Personajes (Tríos)
A cuenta un problema que no le preocupe demasiado y cuando termina de hacerlo B y C que estaban escuchando deliberan sobre el personaje más adecuado para un eventual relato dirigido a A.
Después eligen el resto de personajes.

Tercero: Definir el relato. Para ello debe bosquejarse el relato y construir un isomorfismo entre los personajes y acontecimientos reales y los de la historia a través de la metáfora.

Siempre que el sistema de equivalencias sea manejado adecuadamente, cualquier contexto o escenario es válido para el desarrollo de una metáfora.

En concreto, debemos planificar un sobrevuelo de la historia mediante las siguientes acciones:

- Elegir un escenario adecuado.
- Poblar y trazar la metáfora de modo que sea isomórfica respecto a los personajes y los acontecimientos o sucesos.
- Incorporar una solución al problema que incluya, tanto el resultado deseado como el reencuadre de la situación original del problema.

Ejercicio

Sobrevolar la historia
Un modo de empezar a escribir es éste. Intentar contener toda la historia desde el principio. A esto se refería Mozart cuando decía que podía oír largas y complicadas piezas musicales en pocos segundos. Dicen sus coetáneos que escribía su música como si lo hiciese al dictado, sin detenerse y en poco tiempo. Seguramente era capaz

> de contener en su cabeza complejas estructuras musicales y las iba traduciendo al pentagrama sobre la marcha.
>
> Sobrevolar la historia es imaginar sus elementos antes de comenzar a escribirla. Hacer apuntes sobre los elementos básicos de la historia, sin voluntad de redactarla por el momento.
>
> Ver la historia desde lo alto, como desde un helicóptero y visitar los distintos momentos del relato. Tomar un papel grande y dibujar la totalidad del paisaje de la historia: dibujar figuras, símbolos, imágenes que representan las distintas partes de la historia. Jugar con la distancia entre pegatinas para componer el ritmo de la historia y la fabricación de clímax.

Este recurso aporta visión del conjunto de la historia, lo que la convierte en algo más veraz, ya que de algún modo sugiere al escritor que ya ha ocurrido. Conocer de antemano lo que va a suceder aporta verosimilitud a la historia y en la mente del oyente la hace fantástica.

LA ATMÓSFERA

Definir la atmósfera es esencial en la planificación del relato.

Los conflictos y las soluciones se dan necesariamente en contextos. La mera descripción de la atmósfera predispone al oyente ante la facilidad o dificultad del problema que se le plantea.

> ### TIERRA
>
> Tan sólo conservaba de él unas viejas cartas, unas cuantas borracheras compartidas y un pesar que paseaba a cuestas, «la copa rota» hecha bolero se había perdido entre el bazar de las cosas sin valor: el vino ya no era remedio para su tristeza.
>
> Aquellos recuerdos le acompañaban las noches en las que el insomnio y el humo acechaban el perfil desordenado de las paredes. Era una habitación de

puertas cerradas, huérfana del resto de la casa; ella la quería así, a solas, como el origen de todas las cosas que con el uso pierden su valor. Esa era la mejor excusa para volver a desnudarla cada día con la mirada, para recorrerla de arriba a bajo descubriendo en el transcurso de la observación nuevos tintes de misterio; era una justificación para volver a nombrar sin el remordimiento de la repetición.

(Yasmina Galán)

La atmósfera del relato predispone al oyente a vivir lo que se le propone. En realidad, la atmósfera transmite el estado que queremos inducir en el relato como deseable o indeseable.

EN LA ESCUELA

Cuando se avecinaba la primavera, el sol de la tarde ofrecía su reflejo, cada día más largo, sobre los cristales del edificio que estaba frente a la escuela.

De esos días, recuerdo sobre todo las clases de literatura y las de dibujo.

Desde el aula me habitué a calcular las estaciones, por medio de ese reloj de sol anual.

El inicio y el fin de curso tenían un brillo intenso y prolongado sobre los cristales. A eso de las seis, el sol se hacía añicos, fragmentándose en cada vidrio. Más tarde recomponía una figura horizontal alargada.

Las vacaciones de Navidad se anunciaban con el reflejo más breve y mortecino del año, un destello que se apagaba enseguida. Con la vuelta a la escuela en enero, el brillo cobraba un vigor que se hacía más intenso día a día, hasta los exámenes finales.

Mi aula era enorme y cuadrada, o eso me parecía a mí. Cuarenta chicos sentados en pupitres de a dos y enfrentados a una tarima larga. A un lado de la tarima la mesa del maestro y un encerado que ocupaba toda la pared. El encerado verde oscurísimo y la mesa marrón.

Al otro lado, detrás de los pupitres, las perchas para los baberos o los abrigos, según el caso.

Sobre el encerado había algunos mapas enrollados, que se extendían sólo en clase de geografía. Cuánto me gustaban los colores de los mapas, tan vivos. Y cuánto los detesté por la ingente cantidad de información que debía memorizar.

Una vez, el maestro desplegó el mapa de Asia y le preguntó a Tadeo dónde estaba la China. Tadeo examinó concienzudamente todo el continente. Los demás, veíamos desde el pupitre cada letra de China del tamaño de la cabeza de Tadeo, pero él no la encontró por estar demasiado cerca..

En el aula había un silencio expectante: buscar no era el punto fuerte de Tadeo.

En otra ocasión, le sacaron a la palestra para buscar el verbo de una frase simple que figuraba anotada como un gran titular en la pizarra. Tadeo se aplicó a fondo, buscó y buscó sin comunicar ningún avance provisional en sus investigaciones. Al cabo de un rato largo y tenso, el maestro mandó a Tadeo fuera de la clase, más que nada para comprobar que aquel verbo no se encontraba en el exterior. Tadeo tampoco lo encontró, forzosamente pues, debía estar dentro del aula.

Todos se rieron de Tadeo. También el maestro. Pero nunca le enseñaba nadie a buscar ni países, ni verbos, ni ninguna otra cosa. Simplemente se limitaban a verificar que no sabía hacerlo.

Había otros chicos, claro, había líderes (pocos, y menos dominantes de lo que pensábamos entonces), había seguidores de los líderes (muchos y más terribles que lo que pensábamos entonces), había buenos y malos estudiantes, buenos y malos deportistas, estos dos grupos no solían coincidir. También había gordos que eran el blanco de todas las burlas del profesor de gimnasia. Había ingenuos que salían voluntarios siempre para todo y había elegidos para cuidar la clase en ausencia del profesor. Estos no solían ser los más bondadosos, ni los más queridos por el resto, sino los más *arreglaparroquias* de la clase.

Estos son mis primeros recuerdos de infancia. Pero de la infancia capaz de ser apresada por la conciencia, de la que archiva recuerdos que se pueden narrar, de la que sirve como fondo documental al que recurrir cuando eres algo mayor.

De la infancia de la mera imagen, del recuerdo onírico... de la infancia real, aún me revienen algunas cosas como los colores cálidos y los fríos, el aspecto de la tinta china, la textura del lápiz blando (el del número dos) y el olor de la goma de nata. Se mezclan imágenes de las paredes de la casa de mis padres pintada de colores suaves, marinos, verdes y azules al agua, pastel, que dirían ahora. Los techos altos y blancos. Cada habitación de un color y rematada con zócalo siempre marrón.

(Bernardo Ortín, 1993)

Ejercicio

La atmósfera
Construya una atmósfera en la que va a desarrollarse la acción del relato, un escenario que anuncie veladamente un estado de tranquilidad, de curiosidad, de riesgo, de miedo, de alegría, uno o varios, a elegir.

Recuerde que la atmósfera es el estado que queremos inducir en el oyente.

LUNA, LUNERA

El bosque se abría majestuoso y la luna se reflejaba entre las ramas unas veces mostrándose, otras escondiéndose, como si estuviera jugando con la noche.

Me apetecía pasear, fue un deseo rápido, impetuoso. Cogí mi capa y salí a caminar, la luna me acariciaba la cara con sus rayos plateados y mi deseo por andar era cada vez más intenso. Me adentraba poco a poco en las profundidades del bosque, caminando sin noción de espacio y tiempo, una, dos, tres horas... o más. De pronto llegué a un lugar extraño, pero me resultaba acogedor, especial. Se trataba de un claro en la profundidad del bosque en donde un río de aguas tranquilas acompañaba a la noche con su murmullo. Alguna ave nocturna se asomaba tímidamente entro los árboles del frondoso bosque, tal vez para contemplar con la misma admiración que mis ojos aquel bello espectáculo. Sobre las aguas del río había un pequeño puente de madera blanca, la luna asomó tímidamente su cara y el lugar se llenó de luz, de vida. No comprendía pero deseaba subir hasta el puente, ver las aguas desde cerca, muy cerca...

> Arrastré mi cuerpo, y digo esto porque ya no dominaba mi voluntad. Me disponía a subir el puente, pero algo pasó que no alcanzo a recordar, sé que desperté con los rayos del sol clavados en mi cara.
>
> (Ana Espert)

Cuarto: Construir la historia y darle un final. Es el momento de escribir el relato utilizando todo el material compuesto hasta aquí. También es el momento de abandonar las instrucciones y dejar que el inconsciente haga su parte. Si la imaginación está bien poblada de los escenarios y los personajes, el relato saldrá aunque aparentemente carezca de orden.

La técnica literaria sugiere ingredientes útiles en la construcción de metáforas. Algunos de ellos son:

- La imprevisibilidad: El cuento elige una fórmula narrativa basada en:
    - Una situación anormal, peculiar...
    - Un curso de acción incongruente, chocante...
    - Una ruptura de hábitos
- Narrar lo que ha sucedido, no la interpretación que tenemos al respecto.
- La trama fundamental del cuento debe basarse en la voluntad que choca con algo que se le resiste.
- El cuento narra una vida ilusoria; pero las leyes psicológicas que rigen el comportamiento de los personajes son reales.
- Tener en cuenta siempre dos elementos fundamentales:
    - En primer lugar, los tipos de narrador.
    La utilización adecuada de los distintos tipos de narrador de la historia que pueden ser los siguientes (Anderson, E. 1992):
        — Omnisciente: Que sabe todo lo que va a pasar, incluso antes que el personaje.
        — Equisciente: Que sabe lo mismo que el personaje y al mismo tiempo.
        — Deficiente: Que sabe menos que los personajes y se sorprende de los avatares de la historia junto con el lector.

- En segundo lugar, la perspectiva: la perspectiva de visión de la historia viene dada por el relato según se haga en...
  — Primera persona, propio de autobiografías, relato de la propia experiencia...
  — Segunda persona, habitual en la correspondencia epistolar.
  — Tercera persona, adecuada para relatos que requieren de mayor distancia sobre los acontecimientos.

  Las tres posibilidades tienen su propia fuerza según lo que queramos obtener con el relato.
- Finalmente, no hay que olvidar que lo más importante es escribir. Actualmente existen manuales y cursos de escritura excelentes que indican diversos ejercicios para vencer la inercia y ponerse a escribir. Algunas de estas propuestas son las siguientes:
  — A partir de una pequeña entrada continuar el relato.
  — Tomad la foto de un objeto e imaginad otro uso. Ponedle otro nombre.
  — Relatar a base de preguntas.
  — Elaborar una entrevista
  — Poesía satírica.
  — Anuncios por palabras.
  — Pintadas murales, Graffiti, títulos, epitafios, frases tipo: «¡Escoplo y a la pared!»

Y quizá el primer ejercicio de cualquier propuesta sea el plagio.
Darse el permiso de copiar autores de renombre para empezar a trabajar.

EJEMPLO DE PLAGIO

«La luna hervía como si quisiera estallar desde lo más profundo de sus cráteres, y yo no sabía cómo acallar ese volcán interior que se derramaba sin detenerse un instante. Mi mente buscaba recuerdos tranquilos: aquellos vagabundeos por la selva, unidas alerta y calma en un solo fruto, disfrutando del silencio mágico, y esperando también, la sorpresa del chillido de cualquier animal... O la visión increíble de aquella catedral de luz, cuando me llevaron por primera vez a conocer el desierto donde nacieron mis padres...

¡Qué lejana, insalvable distancia la de mi memoria! Mientras tanto, ahí estaba, respirando el amargo sabor de la incertidumbre, y por qué no? del miedo.»

«En este texto he intentado recrear algo de la atmósfera del realismo mágico de tantos grandes escritores sudamericanos (Alejo Carpentier, Juan Rulfo, García Márquez...) y los sentimientos de sus protagonistas, tan lejanos y tan próximos.»

(Eulalia Lozano)

Ejercicio

El Plagio (Individual)
Tomar un texto corto como el siguiente o cualquier otro y a partir de él...
Reescribir un relato cambiando al máximo, sin dejar de ser ese argumento.

TEXTO PROPUESTA DE PLAGIO

Después de cenar, a medida que iba haciendo más calor, mi madre, mi hermana y yo nos sentábamos en el porche resguardado de la parte trasera de la casa, y permanecíamos así aislados entre las sombras y las hojas nuevas y el olor a insecticida, y las luces de nuestras lámparas se pegaban a los árboles como pedacitos de papel amarillo. Generalmente teníamos la radio puesta, y mi madre, con un libro sobre el regazo, la expresión abstraída (por lo general se aburría; su vida sólo se agitaba a los impulsos apremiantes de la idea de ascender de nuevo por el delgado borde de la distinción social), oía los chistes y se reía. Cuando sonaba el teléfono, se ponía en pie y entraba en casa dando largas zancadas, y si la llamada era para mi hermana, mi madre la reclamaba en un tono moteado de triunfo.

A veces, a esa hora, mi madre le lavaba el pelo a mi hermana. Mi hermana se sentaba frente a la jofaina del baño de mi madre, con una toalla sobre los hombros, sonriendo. Desde mi habitación, al otro lado del rellano, oía a mi hermana hablar de los hombres que había conocido: aquellos con los que salía, aquellos con los que le gustaría salir, aquellos a los que no quería ver ni en pintura. Mi madre la interrumpía contando ejemplos de su propio ingenio, de sus éxitos y grandes fiestas de juventud, a veces riendo, pero otras en tono sombrío, porque lamentaba muchas cosas. Luego, mi hermana y ella se dedicaban a ponerles etiquetas a los pretendientes de mi hermana: había un par de buena familia, otro que era rico, otro –un joven muy pobre– con un futuro brillante, y había unos cuantos que eran dóciles y encantadores, y que estaban sólo de relleno, que representaban la cifra adicional de conocidos imprescindible para que mi hermana estuviera considerada por todos como una chica solicitadísima.

(Brodkey, H. 1989: 27)

Ejercicio

Escribir...
«A menudo detesto al cuervo
pero esta mañana
sobre la nieve...»
(Matsuo Basho)

A partir de esta entrada escriba un relato.

Ejercicio

Hace poco, un oyente telefoneó a un programa de radio y contó que su matrimonio había empezado a naufragar el día en el que su mujer llevó a casa a una amiga anoréxica.
—¿Qué sucedió? –preguntó la locutora. –No se lo puedo decir porque a mi esposa le gustaba mucho la radio y quizá me esté oyendo. La cuestión es que las cosas se empezaron a complicar y ahora vivimos separados.

La audiencia, a juzgar por las llamadas posteriores, se quedó muy intrigada y yo pensé que aquel hombre nos había dado una lección perfecta de cómo comenzar un relato. Las situaciones de partida son así de gratuitas, así de normales también. Y cuando digo normal no pierdo de vista desde luego el grado profundo de anormalidad que subyace en la vida cotidiana, aunque hayamos desarrollado mecanismos para no percibirla. El acierto de este hombre consistió en contar algo que estaba en la frontera de lo vulgar y lo extraño. Parece que estoy viendo la escena:

—Mira, Javier, esta es mi amiga Rosa que como puedes ver es anoréxica y ha venido a pasar unos días con nosotros. Dormirá en el sofá- cama del cuarto de estar.

—Encantado. No es difícil imaginarse a los tres en el tresillo, viendo la tele. Rosa, muy delgada, permanece entre los dos, sin probar los aperitivos que la mujer de Javier ha puesto sobre la mesa. Javier está un poco violento, pero al mismo tiempo orgulloso de que su esposa intente ayudar a una amiga. Él mismo, sin darse cuenta, ha empezado a urdir algunos modos de obligarla a comer. Una situación normal, de gente normal: se respira una atmósfera de clase media absolutamente familiar. Javier, seguramente, es funcionario.

A los tres meses, sin embargo, Javier vive solo en un apartamento y se dedica a telefonear a las emisoras de radio para contar que su matrimonio ha fracasado.

Ahora estamos ya frente a una historia de terror. Sólo hay que escribir lo que ha sucedido en medio. A ver quién se anima.

(Juan José Millás. *Cuerpo y prótesis.* Ed. El País. Madrid, 2000. Págs. 67-68)

Es importante darle un final al cuento aunque hay que desconfiar de los finales con moraleja. Cada oyente proyecta en su imaginación el final que le parece más adecuado. Defender una única solución restringe todas las posibilidades que el oyente habría proyectado.

Es necesario confiar en que las personas disponen de todos los recursos para solucionar su problema. Lo que ocurre es que momentáneamente están desconectados de ellos.

Lo más importante es provocar una alteración de la conciencia, un cambio de estado que permita ver las cosas de otro modo.

ASÍ ES

Una historia americana del siglo XX nos presenta a un campesino bastante pobre que todos los días va, con su vaca, a trabajar los campos. Es un hombre honesto, que se desvive para alimentar a su mujer y a su familia. Un día el cielo se ensombrece, se desencadena una tormenta y un rayo mata a su única vaca.

–Pero, ¿por qué yo? –grita el campesino dirigiéndose a Dios–. ¿Qué te he hecho? ¿Por qué me castigas? ¿No soy ya lo bastante miserable?

Dios no le contesta.

Pasan los meses, los años. El campesino, cada vez más y más pobre, trabaja solo, con sus cansadas manos. De vez en cuando su mujer lo ayuda. Le lleva una comida mísera. Otra tormenta se desencadena, un rayo atraviesa las nubes y mata a la mujer.

El campesino se retuerce las manos de desesperación y grita mirando al cielo:

– Pero ¿por qué? ¿Qué te he hecho? ¡Soy muy pobre y piadoso! ¿Por qué has aniquilado a mi mujer? ¡Responde! ¿Qué te he hecho?

Entonces las oscuras nubes se abren, aparece una luz muy brillante y la voz de Dios dice:

–Tú no me has hecho nada. Pero de vez en cuando me exasperas.

(Carrière, J.C. 2000: 47)

Ejercicio

Idee un relato y concéntrese en el final. Redacte seis líneas que sean la conclusión de la historia aunque no sea fácilmente entendible.

Contar la metáfora

Cuando alguien nos ha contado un buen cuento, en seguida empieza como una cosquilla en el estómago y no se está tranquilo hasta entrar en la oficina de al lado y contar a su vez el cuento:

> *recién entonces uno está bien, está contento y puede volverse*
> *a su trabajo. Que yo sepa nadie ha explicado esto, de manera*
> *que lo mejor es dejarse de pudores y contar, porque al fin y*
> *al cabo nadie se avergüenza de respirar o de ponerse los zapatos;*
> *son cosas que se hacen, y cuando pasa algo raro, cuando dentro*
> *del zapato encontramos una araña o al respirar se siente como un*
> *vidrio roto, entonces hay que contar lo que pasa, contarlo a los*
> *muchachos de la oficina o al médico. Ay, doctor, cada vez que*
> *respiro... Siempre contarlo, siempre quitarse esa cosquilla molesta*
> *del estómago.*
>
> (Cortázar, J. *Las babas del diablo*. 1998. Vol. 1.: 214-215).

Para contar cuentos lo primero es tener la historia.

«Es preciso tener algo que decir, con un urgente deseo de expresarlo, al cual uno se entrega con toda libertad.» (Bryant, S., 1987).

La narración de cuentos constituye el arte de *hablar vagamente*. En ese sentido deben utilizarse modos de comunicación inversos a los indicados para la investigación, que desea llegar a conclusiones concretas. Ahora se trata de todo lo contrario, de provocar distorsiones espaciales, temporales, de los personajes, etc. Veamos algunas formulaciones:

- Atemporalidad y desorientación espacial: («Érase una vez, en un remoto lugar…»).
- Falta de índice referencial: («Se dice que…», «No recuerdo quién me contó esta historia, ni siquiera sé si es cierta...»).
- Nominalizaciones: («La ira dominaba su carácter…»).

Es importante utilizar todo el registro sensorial para relatar la historia: imágenes, sonidos, olores, sabores y sensaciones. Cada persona utiliza prevalentemente un sentido para pensar. Si nuestro relato está basado preferentemente en imágenes visuales, conectaremos más difícilmente con los que suelen utilizar sonidos o sensaciones táctiles, por ejemplo. Por ello es esencial narrar en todas las claves sensoriales, sobre todo al principio del cuento.

La narración debe estar llena de sonidos, palabras y detalles visuales que se repiten a lo largo de la historia con el fin de hacer guiños que faciliten al auditorio el recuerdo de los elementos de la misma.

Ejercicio

Marqueo Analógico o Subrayado Análogo (En parejas)
Podemos usar determinados tics, objetos y personajes para anclar elementos de la historia que resulten significativos.

A y B conversan. A introduce un gesto que no tiene nada que ver con la conversación como un tic, un movimiento extraño, un bostezo, una alteración de la respiración o una molestia física. A repite periódicamente el gesto hasta que logra contagiar a B para que lo haga.

En cuanto a la actitud del relator es esencial conectarse o asociarse al relato y a su estado emocional principal.

Hacer con la gestualidad lo que se está diciendo es la base de la congruencia del comunicador (Santos, A. 1996).

El relator no debe representar escénicamente el cuento, sólo narrarlo, es decir, mostrar gestual y fisiológicamente las emociones que le provoca el relato.

El oyente aceptará las condiciones del relato por muy ilógicas que parezcan si se lo decimos con convicción. Hitchcock decía que los espectadores empiezan a dudar de la verosimilitud de la película cuando notan que el guión no presenta una propuesta firme del relato.

En este sentido es más impactante e, incluso hipnótico, comenzar diciendo:

—«Valencia, calle Alta del barrio del Carmen. Año 2.132, los indios metropolitanos han tomado la zona...»

Que empezar con:

–«Esto es un juego, una ficción, imaginemos que estamos en Valencia…»

Utilizar un volumen de voz cómodo. La voz excesivamente alta provoca desconexiones con la historia y en definitiva, pérdida de naturalidad. La voz persuasiva se caracteriza por ser tranquila y reposada. No apremiarse, no correr, no turbarse, sobre todo en los momentos de pérdida de confianza. Sonreír, fruncir el ceño, entristecerse con lo que corresponda en cada momento del relato.

No dar importancia a los fallos: el público establece una suerte de danza hipnótica con el narrador. Por lo tanto, quitará o dará importancia a lo que el narrador se la quite o se la dé.

Ocupar el espacio, pisar el espacio disponible. El espacio físico es una metáfora del espacio mental del narrador, de la amplitud de los pensamientos que estamos narrando.

Ejercicio

(Grupos de cinco o más personas)
   A cuenta un relato al resto del grupo. Primero se asocia al estado emocional que quiere transmitir en el cuento y después lo narra.
   Al finalizar, el grupo valora lo que les ha transmitido el cuento.

Los hipnotizadores han estudiado durante mucho tiempo el lenguaje hipnótico (Hitchcock, J. 1997). He aquí sus aportaciones más relevantes:

- **Use el tiempo verbal presente.** Formule siempre cada sugerencia como si ésta fuese ya un hecho cierto: «Estás tranquilo, sereno y relajado».
  Acompase la voz con la respiración del otro. Para buscar relajación, acabar la frase en tono bajo (no alto) y llegar a las comas en tono alto.
  En resumen, no diga: seré, sentirás, estarás… Diga siempre: soy, sientes, estás, consigues…

- **Sea afirmativo.** No utilice palabras o conceptos con connotaciones negativas. En lugar de mencionar el problema que desea solucionar, hable de lo que se pretende conseguir, cree con palabras una imagen positiva y estimulante.

  El inconsciente, como los niños pequeños, apenas presta atención a las partículas del lenguaje (conjunciones, preposiciones, adverbios, etc.), de forma que si le decimos a un individuo en trance: «No estás nervioso, no tienes miedo», las imágenes que podrían llegarle con más fuerza son precisamente las de «nervioso» y «tienes miedo».

- **Sea específico y detallista.** No tenga prisa. Una de las cosas más improcedentes que puede hacer es precipitarse, correr.

  Cubra los objetivos con un ritmo prudente, apaciguado, y utilice un lenguaje rico en detalles: describa ampliamente la actitud o estado deseado para el paciente.

- **Sea sencillo.** Use términos claros y sencillos. Evite las palabras grandilocuentes.

  Al tratar con el inconsciente, imagine que está hablando con un niño inteligente, de diez u once años. Nada de terminología científica o técnica, las palabras sencillas tienen mucha más fuerza.

- **Sea estimulante y emotivo.** Utilice sugerencias que entrañen sentimiento y energía. Recuerde que el inconsciente es sentimental. Trátelo con palabras como: hermoso, alegre, vibrante, apasionado, generoso, armónico, heroico, poderoso, explosivo, emocionante, delicioso, radiante, positivo...

- **Describa la acción, no la capacidad.** Si ha de hacer sugerencias acerca de un cambio de conducta o al potenciar una facultad, céntrese en la descripción de la actividad que supone el objetivo cumplido, y no en las aptitudes que requiere.

  Por ejemplo, no es tan correcto decir: «Eres inteligente. No tendrás problemas con el próximo examen de matemáticas».

Es mejor decir: «Te sientes interesado por todo lo que estudias. Encuentras placer en asimilar las cosas que te ayudan a crecer...»

- **Utilice símbolos.** La palabra «diablo» procede del griego *diabolos*, un término que perdura todavía en la palabra «diabólico». Es interesante constatar que el significado literal de *diabolos* es el de «desgarrar» (día-bollein). También resulta muy significativo advertir que diabólico es el antónimo de «simbólico», un término que procede de *sym-bollein*, que significa «reunir», «juntar».

Este significado etimológico tiene una importancia extraordinaria en lo que respecta a la ontología del bien y del mal. Lo simbólico es, pues, lo que reúne, lo que vincula, lo que integra al individuo consigo mismo y con el grupo; lo diabólico, por el contrario, es aquello que lo desintegra, aquello que lo mantiene separado.

- Dia-bollein: Desgarrar, fragmentar
- Sin-bollein: Reunir

En consecuencia, es muy conveniente encontrar el símbolo idóneo para cada sugerencia. Pueden ser palabras o frases cortas que representen plenamente el sentimiento y el contenido originales.

Para una persona sobreexcitada que intenta relajarse: «balsa de aceite», «mar en calma», «tiempo detenido», «mecerse en la cuna», «baño caliente», etc.

Ejercicio

Convencer a alguien (En parejas)
A convence a B sobre algo, como que le acompañe a un viaje, o cualquier otra cosa.
  Después se le explican las reglas de lenguaje hipnótico y vuelve a hacerlo utilizándolas.

Lo que al oyente más le gusta, desde su aspecto más inconsciente, es percibir cómo el narrador experimenta su relación con el mundo, cómo le afecta lo que él mismo dice. Esto es lo que provoca la sintonización entre relator y oyente. La sobreactuación rompe esta sintonía. El mejor narrador es uno mismo cuando está conectado a su propio discurso.

> ### Ejercicio
>
> **Integración de herramientas: su cuento en una hora** (En parejas)
>
> 1. Una persona cuenta a otra una dificultad (que no sea muy dolorosa). En la narración incluye personas, acontecimientos, situación actual del problema, situación que desea alcanzar y dificultades para lograr el objetivo. Después al contrario, la persona que escuchaba cuenta una dificultad a la primera.
> 2. Cada persona, que ha escuchado el problema del otro, se retira durante 45 ó 60 minutos y redacta un cuento aplicando en lo posible lo que hemos podido ver.
> 3. Vuelven a reunirse y se cuentan los cuentos el uno al otro. Hay que narrar el cuento recurriendo a las técnicas que se han descrito hasta aquí.

Recomendaciones finales

En las vías abiertas en este capítulo hemos explorado los aspectos que convierten un cuento en una buena herramienta. No obstante, caben algunas advertencias en la utilización de relatos en la comunicación humana.

Los grandes comunicadores que han generado sistemas de trabajo elocuentes, en algún momento han recomendado que no se sigan sus pasos, sino que cada aprendiz genere su propio modo de trabajo. Erickson, el hipnoterapeuta, consideraba que seguir las indicaciones de otro se convierte en un atolladero. Mucho antes, Sigmund Freud aclaraba que la sistematización que él había logrado era su herramienta, pero que el psicoanálisis debía seguir reelaborándose en el trabajo diario.

Ninguna escuela de pensamiento desea en su testamento que sus sucesores pongan vallas al campo. Nuestra sugerencia final es expansiva y creativa:

- Olvide lo que ha leído y cree su propio sistema. Abandone la teoría y siga su intuición.

- El discurso entre personas es altamente versátil y polisémico, de modo que muchos cuentos sirven para muchos problemas. No es conveniente recetar historias determinadas para problemas determinados.

- Por otro lado, ceñirse a los pasos descritos en un procedimiento empobrecerá la historia, la hará cautiva de la planificación y generará *cuentos de encargo*.

- Lo que convierte al relato en un instrumento útil anida en la calidad de relación que sean capaces de establecer los contertulios, que son los que co-crean la realidad en ese momento.

Relatos eficaces

En este capítulo abordaremos los recursos que convierten el relato en un mensaje eficaz.

Hasta ahora hemos explorado la creación de conflictos o de hechizos en los que caemos cuando nos comunicamos con nosotros mismos. También hemos visto un procedimiento básico de construcción de cuentos.

El lenguaje metafórico es útil para las personas al afrontar las crisis vitales. En consecuencia, lo primero que hay que tener en cuenta es no arremeter directamente contra el conflicto que el cuento quiere curar. El relato indirecto propone vías alternativas de llegada al destino.

Por esto señalamos algunas cautelas que hay que tener al emprender el relato curativo. Veremos que es mejor atender a lo que suele estar actuando como soporte arquitectónico del conflicto y que es precisamente aquello a lo que hay que dirigir nuestros relatos.

Ese núcleo, que se percibe a veces intuitivamente, a veces atendiendo a la idea más simple y llana es la diana hacia donde lanzamos nuestro relato. Algunos de los más significativos son los siguientes:

- *El problema es el problema.* Hay que reencuadrarlo para mirarlo de otro modo.

En lugar de dirigir el relato al problema es mejor dirigirlo a:
- La solución o estado deseable para el oyente.
- La percepción que la persona tiene del problema.
- El estado personal que mantiene el conflicto.
- Los escenarios y situaciones en los que el problema no aparece.
- El cambio de perspectiva o enfoque de la persona con respecto al conflicto.
- La percepción del tiempo.
- Las capacidades o puntos fuertes de la persona aunque no participen directamente en el problema.
- Las creencias y expectativas limitantes que lo sustentan.

El problema es el problema

Las conclusiones teóricas son el lugar adonde se llega cuando uno se ha cansado de pensar.

(Rodin)

Cuando nos sentimos aquejados por un problema existencial, en realidad sentimos dos: el conflicto concreto y lo que éste nos hace sentir:

- No puedo comprender a mi hijo y eso me hace sentir rabia.
- No me manejo bien profesionalmente y eso me hace sentir bobo.
- Aún no tengo casa propia y eso me convierte en ineficiente.
- Yo, a mi edad, ya tendría que tener esto resuelto.
- ...

Cada problema se da en el terreno práctico y en el mítico de modo simultáneo. Normalmente es la segunda emoción la que nos trae problemas. Huir de la tristeza es lo que más insatisfacción produce al ser humano.

Por eso, lo primero es evitar dirigir el relato al problema que nos es planteado y a las supuestas causas a las que nuestro interlocutor atribuye su malestar.

Cuando nos cuentan un problema, inconscientemente nos seducen a ver la situación desde el punto de vista que tiene nuestro interlocutor. Si nos dejamos arrastrar por esta perspectiva, sentiremos la misma angustia y sensación de que no hay salida, como lo experimenta la persona que nos relata el conflicto.

El problema es el problema. Ésta máxima (Watzlawick, P. 1993) defiende que hay que evitar insistir en las soluciones ensayadas y que nos han llevado al fracaso. Si lo que hace no funciona, cambie hasta lograr el resultado deseado. Insistir en las soluciones que no han tenido éxito se convierten en el verdadero problema.

Como hemos visto en el capítulo de hechizos, cada intento de solución fallida tensa la cuerda y aumenta la angustia, que progresivamente va desplazando al problema inicial, haciéndolo más grave y doloroso.

En ciertas condiciones, el análisis lleva a la parálisis. La búsqueda de la causa última del conflicto de un modo reiterado y que transita una y otra vez por los mismos caminos puede instalarnos en un círculo de angustia cada vez mayor. Los relatos dan una serie de alternativas y proponen una visión desde otros puntos.

> *En algún lugar debe haber un basural donde están amontonadas las explicaciones.*
> *Una sola cosa inquieta en este justo panorama: lo que pueda ocurrir el día en que alguien consiga explicar también el basural.*
>
> (Cortázar, J. 1998: 253)

Diagnosticar el problema y sus causas

> *La manera con que se etiqueta un dilema humano puede cristalizar un problema y hacerlo crónico.*
>
> (Jay Haley)

«A los once años me diagnosticaron en el colegio una fobia escolar, después me dijeron que había evolucionado hacia un cuadro de absentismo con episodios de fuga. ¿usted puede ayudarme?»

Fue lo primero que me dijo un estudiante universitario de último curso de Licenciatura cuando lo conocí. Después me contó que las cosas fueron a peor y que había estado estudiando todos estos años a base de mucho sufrimiento y fuerza de voluntad. Tomaba tranquilizantes y antidepresivos desde hacía cinco años, pero estaba al límite de sus fuerzas. La orientación de su proceso de cambio se basó, sobre todo, en reencuadrar el impacto que le había causado el diagnóstico. Cuando su inteligencia inconsciente comprendió que podía producir alternativas satisfactorias al hecho de escapar del mundo académico, mejoró notablemente y sin grandes esfuerzos.

Es un ejemplo del impacto que produce en las personas el hecho de que le sea diagnosticado un desorden psicológico. El ser humano diagnostica a veces con excesivo desparpajo cualquier conflicto que le preocupe.

Una historia japonesa nos previene de la dificultad que tiene esta lógica causal:

Dos hombres están hablando y uno le dice a otro:
—Todas las noches de Año Nuevo, canta el ruiseñor.
El ruiseñor al oír esto, exclama:
—¿Cómo sabría yo que es Año Nuevo? Yo canto, eso es todo.

(Carrière, J.C. 2000: 36)

El modo en el que notamos las cosas del mundo está sujeto a espejismos perceptivos. Unir causas y consecuencias es una tarea que entraña muchas dificultades si quiere hacerse con rigor.

Un hombre va al médico y le dice:
—Doctor, me duele todo. Cuando me toco la cabeza me duele. Cuando me toco aquí en el estómago, lo mismo. Cuando me toco la rodilla, me duele. Cuando me toco el pie, me duele. ¿Qué debo hacer? ¿Cómo puedo aliviar el dolor?

El médico le examina y le dice:
–Tu cuerpo está bien, pero tienes el dedo roto.

(Abbas Kiarostami, director de cine, en su película
El sabor de las cerezas. En Carrière, J.C. 2000: 406)

Con la evolución del problema, el diagnóstico se va concretando cada vez más hasta convertirse en una etiqueta. El diagnóstico por etiquetaje suele sustituir al problema. La formulación lingüística crea una nueva realidad.

– *Tiene Usted la enfermedad de Liberman*
– *Y ¿es grave, doctor?*
– *Todavía no lo sabemos... Sr. Liberman*

(Oído por ahí)

«Una calificación médica, sobre todo si es un término complicado en latín, proporciona a la enfermedad un aire de respetabilidad que tal vez no merezca. El diagnóstico de sonido más rimbombante puede ser, simplemente, una descripción taquigráfica de la dolencia en una lengua muerta.» (Mc. Dermott, I, y O Connor, J. 1996: 157).

DRAPETOMANÍA

En el siglo XIX se creía que los esclavos de los estados sureños de Estados Unidos padecían accesos de una enfermedad denominada «drapetomania». El principal síntoma de la «dolencia» era un deseo irresistible de huir (algo inexplicable, obviamente, para las autoridades médicas de la época y, por tanto, causado por algún proceso patológico. Drapeta es el término latino para nombrar a un esclavo huido). Otros «síntomas» eran el descuido en las tareas asignadas y la destrucción de herramientas.

(op. cit.)

El desarrollo de las tipologías. Las tipologías que clasifican cosas o problemas mueven a la desconfianza.

Con esta lista de una Enciclopedia China relativa al emporio celestial de conocimientos benévolos, comienza Foucault, su obra *Las palabras y las cosas*.

Los animales se clasifican en:

— *Pertenecientes al emperador*
— *Embalsamados*
— *Amaestrados*
— *Lechones*
— *Sirenas*
— *Fabulosos*
— *Perros sueltos*
— *Incluidos en esta clasificación*
— *Que se agitan como locos*
— *Innumerables*
— *Dibujados con un pincel finísimo de pelo de camello*
— *Etcétera*
— *Que acaban de romper el jarrón*
— *Que de lejos parecen moscas*

(Foucault, M. 1974: 1)

La obsesión por el diagnóstico suele ir unida a las posteriores clasificaciones que se hacen de los mismos.

La afición a crear tipologías de problemas y taxonomías diagnósticas está profundamente arraigada en muchas profesiones que estudian distintas dimensiones del ser humano.

El que nombra los problemas tiene en la mano la clasificación de las soluciones.

Normalmente, la tipificación y clasificación de etiquetas suele coincidir con el abanico de recursos que las instituciones tienen para resolverlos.

Como consecuencia lógica del avance de las instituciones de tratamiento, entre ellas la escuela, se produce un efecto de incremento de tipificaciones de anormalidad relacionada con el objetivo de búsqueda de docilidad. Francine Muel realiza un sugestivo análisis de ello:

«En el discurso clásico, los trastornos profundos, aptos para el manicomio, se reducen a Idiotas e Imbéciles. Los primeros Congresos, a favor y defensa de la Infancia Anormal (1894) aportan un discurso médico-pedagógico que añade a los ya existentes, los trastornos «menos profundos»:
—Retrasados (a no confundir con perezosos o ignorantes).
—Inestables (que no están en su sitio, no coordinan movimientos, no controlan instintos, tienen cóleras inexplicables y manifiestan «Desvergüenza muscular»).
—Por último, están los Combinados (Retrasados - Inestables, etc.)»

(Francine Muel. En Foucault, M. 1981: 123 ss.).

En muchas instituciones las clasificaciones de la población atendida responden a las necesidades de supervivencia de la propia institución. Las listas de inadaptados ofrecen la visión del problema desde la perspectiva del sistema que los trata o los rehabilita.

Por todo esto, los investigadores en sociología proponen hacer esta lectura del negativo de la foto: *Si conocemos las tipologías, podremos conocer las necesidades que tiene la institución para gobernar a los atendidos* (Taylor y Bogdan, 1986).

Se puede citar, por ejemplo, las siguientes tipologías elaboradas por el personal de escuelas estatales para retardados mentales: *«Hiperactivos, peleadores, espásticos, vomitadores, fugitivos, pestes, muchachos de comedor, muchachos trabajadores y favoritos»* (op. cit.: 162).

Más adelante se cita otra clasificación: *«Vomitador, regurgitador, testaferro, tramposo, arrebatador, ensuciador, golpeador de cabeza, de grado bajo, vegetal, mal educado y peleador»* (op. cit.: 238).

A pesar de ello, las perspectivas de aquella época parecen un juego de niños, comparada con el actual nivel de tecnificación del diagnóstico que actualmente se ha alcanzado.

Ejercicio

¡Ponga nombre a esta enfermedad!
(McDermott, I y O'Connor, J., 1996)

Traduzca estos impresionantes nombres de dolencias clínicas.
Quizá descubra que padece alguna de ellas. Es algo perfectamente normal.

- Tanatofobia
- Aptamosis
- Cinofobia
- Silurofobia
- Ergofobia
- Fobofobia
- Luculianismo
- Baquismo
- Hedonía
- Yatrofobia
- Disponesis
- Hipergelontotropía

Cuando se rinda y no pueda definir más palabras, puede leer a continuación las siguientes...

Respuestas:
- *Tanatofobia:* Miedo a la muerte
- *Aptamosis:* ausencia de estornudos o incapacidad para estornudar (algunos desafortunados que padecen este estado tienen que ser curados de su afección mediante terapia electroconvulsiva).
- *Cinofobia:* temor a los perros
- *Silurofobia:* miedo a los gatos

- *Ergofobia:* miedo al trabajo (epidémico los lunes por la mañana)
- *Fobofobia:* miedo al miedo (un círculo vicioso)
- *Luculianismo:* inclinación a comer bien
- *Baquismo:* inclinación a beber bien (epidémica los sábados por la noche)
- *Hedonía:* definida en un reciente libro como «trastorno de la conducta que se manifiesta en una necesidad incontrolable de satisfacer necesidades personales y de obtener una agradable sensación de satisfacción». Nosotros consideramos que toda persona sana necesita este estado crónico, que sin duda influye el luculianismo y el baquismo.
- *Yatrofobia:* temor a los médicos (que esta lista puede haber despertado).
- *Disponesis:* no sentirse enfermo, pero tampoco bien del todo (el síndrome de «no deberías quejarte»).
- *Hipergelontotropía:* desarrollo excesivo del sentido del humor (todavía no es un estado clínico, ¡pero cuidado!).

Sin ánimo de hacer un alegato contra la labor diagnóstica, sí es importante alertar contra el uso indiscriminado de etiquetas que, volcadas sobre las personas, funcionan como una losa que las lleva al inmovilismo.

Recientes trabajos de la Psiconeuroinmunología hablan de que un diagnóstico comunicado inadecuadamente puede restar impacto al tratamiento hasta en un cuarenta por ciento.

En cambio una orientación abierta que describe procesos y que está conectada con un tratamiento posterior es de una gran utilidad.

La idea fundamental radica en descubrir *desde dónde* nos habla el sujeto. Qué aliento vital estimula su discurso. Dicho de otro modo, en qué pone el corazón la persona que nos habla. A veces coincide con su discurso verbal pero otras veces no. Si sólo nos fijamos en el contenido del mensaje verbal que nos transmite perderemos su verdadera esencia.

La psicolingüística y la hipnoterapia han estudiado profundamente la relación entre el lenguaje y el modo de hablar de las personas. A continuación le invito a realizar los siguientes ejercicios.

Ejercicio

Alguien habla de algo que le interese.

Otros tres o cuatro compañeros intentan averiguar «desde dónde» habla el sujeto, según las imágenes que proyecta en los oyentes. Qué es lo que verdaderamente le importa, cuáles son sus verdaderos motivos. Es posible que coincida con lo que dice, o no. Lo importante es fijarse en cómo le sienta a él mismo el discurso que expresa.

Ejercicio

Adivinación (Tríos)

A comienza dando palabras sueltas: sol, árboles, correr... (hasta 20 palabras que tengan relación con objetos y con conductas).

B y C escuchan y después se comprometen con una adivinación: ¿De qué está hablando A?

El objetivo es ralentizar el proceso de empatía con el que habla.

B y C deben anotar después de cada palabra de qué creen que está hablando A y por qué.

Al final B y C dicen de qué está hablando A.

Este ejercicio también sirve para analizar cómo pensamos y qué procesos utilizamos para ello: si la palabra que dice A coincide con tu modelo continúa, en caso contrario hay que variar.

Paradójicamente, el diagnóstico no sólo sirve para describir la realidad, sino para prescribir su comportamiento futuro.

Esto me hace recordar una historia que escuché una vez:

Un paciente tenía un mal desconocido del que no podía curarse. El médico que le atendía le dijo que necesitaba un diagnóstico para solucionar su dolencia.
Localizó a un eminente médico y consiguió que lo admitieran en su hospital. Pasados varios días desde el ingreso, en el que el paciente esperó y

esperó hasta que el médico pasó consulta. La célebre eminencia se acercaba a cada enfermo, caminando tranquilamente, con las manos atrás y rodeado de estudiantes de medicina.
Sin cambiar el paso, ni detenerse se acercó a nuestro hombre y murmuró: «Moribundus».
Pasó el tiempo y nuestro hombre, ya restablecido, se encontró con el médico. Se aproximó a él emocionado y le contó que se había curado por el diagnóstico que él le dio.

A continuación exploraremos los recursos que convierten un relato en un mensaje eficaz para producir soluciones a los problemas que aquejan a las personas.

Reencuadrar el problema para restituir significados

> *Anoche una voz me murmuró al oído:*
> *«Una voz que por la noche te murmura al oído no existe».*
>
> (Poema persa. En Carrière, J.C. 2000: 100)

Viktor Frankl relata su vida en un campo de concentración *(From Death-Camp to Existencialism)* y atribuye la superación de esta horrible experiencia al hecho de que ocupó su mente pensando en las conferencias que pronunciaría al ser liberado. Mientras la mayoría de los que allí estaban recluidos junto a él perdieron toda esperanza e incluso murieron.

Frankl reencuadró así una situación potencialmente desesperada y mortal en una fuente de experiencias que más tarde ayudarían a otras personas (Rosen, S. 1994: 128).

Las cosas que nos preocupan en la existencia, los comportamientos que deseamos evitar, los sentimientos que nos parecen exagerados o inadecuados en nosotros mismos suelen estar relacionados con una intención que en otro tiempo nos resultó beneficiosa.

Las personas se quejan, a menudo, de que tuvieron miedo o ansiedad después de un episodio traumático o desagradable en su vida. Sin embargo, cuando tuvieron que responder en el momento de crisis, lo hicieron y más eficientemente de lo que hubieran previsto de sí mismos.

La pregunta que da nacimiento al problema es: debería haberme hundido cuando me ocurrió aquello. Sin embargo, fue seis meses después cuando empezaron las crisis de desasosiego.

Para entender esto hay que ampliar el marco referencial e incluir nueva información: los mecanismos naturales del organismo para afrontar el estrés se ponen en marcha cuando el mantenimiento de la vida lo exige. Las hormonas suprarrenales segregan cortisol y adrenalina entre otras sustancias necesarias para afrontar el peligro: se prepara la lucha o la huida. Cuando esa tormenta bioquímica se serena y viene la calma es cuando la persona percibe el riesgo que ha corrido y las consecuencias del peligro que podía haber sufrido. Sobreviene entonces la tristeza, el miedo o el hundimiento, que si se hubieran presentado antes hubieran bloqueado o mermado nuestra capacidad de defensa.

Las emociones tienen un reflejo fisiológico que prepara la respuesta que en cada caso necesita (Goleman, D. 1996: 26 ss.).

El enojo aumenta el flujo sanguíneo a las manos, para facilitar de este modo la acción de empuñar un arma o golpear a un enemigo; además, aumenta el ritmo cardíaco y la adrenalina para disponer de energía en el combate.

La palidez y la sensación de quedarse frío cuando tenemos miedo se debe a que la sangre se retira del rostro y corre a los músculos largos, como las piernas para favorecer la huida. En otras ocasiones el cuerpo parece paralizarse, quizá para calibrar si la mejor respuesta debería ser ocultarse o mimetizarse con el medio hasta que pase el peligro. Las conexiones nerviosas de los centros emocionales del cerebro desencadenan también una respuesta hormonal que pone al cuerpo en estado de alerta general, sumiéndolo en la inquietud y predisponiéndolo para la acción. Mientras, la atención se fija en la amenaza inmediata con el fin de evaluar la respuesta más apropiada.

La sensación de felicidad tiene relación con el aumento en la actividad de un centro cerebral que inhibe los sentimientos negativos y neutraliza la preocupación, al tiempo que incrementa la energía disponible.

El amor, la ternura y la satisfacción sexual activan el sistema parasimpático, que es el opuesto al simpático, encargado de la respuesta de lucha o huida propio del miedo y de la necesidad de defensa. La respuesta del parasimpático da lugar a un estado de calma y satisfacción general.

La sensación de sorpresa se manifiesta con el arqueo de las cejas y como consecuencia se aumenta el campo visual y permite que penetre más luz en la retina, lo cual nos proporciona más información sobre el acontecimiento inesperado.

El gesto de desagrado se traduce fisiológicamente en un ladeo del labio superior y frunciendo la nariz. Se cierra la zona para evitar olores repulsivos.

La tristeza produce inmovilidad y merma del entusiasmo en las actividades de la vida para ayudarnos a asimilar una pérdida irreparable, como la muerte de un ser querido o un gran desengaño. El aislamiento introspectivo nos permite llorar la pérdida y evaluar la nueva situación. En momentos de duelo es desaconsejable la actividad exterior que entrañe cierto peligro. El riesgo de accidentes de circulación se incrementa notablemente en esos periodos de la vida.

La negación de lo que siente convertirá la señal de alarma en un síntoma más grave o insistente, según la fuerza de negación a la que se enfrente. El sobre esfuerzo en momentos en que el cuerpo necesita reposo es similar a lo que estamos diciendo y puede culminar en síntomas de enfermedad cada vez más graves hasta que se produzca el descanso físico.

Si recorremos el camino inverso, el trayecto es más oscuro. La persona se enfrenta a un síntoma que le parece inexplicable y de origen desconocido. La inquietud que le produce le hace vigilar su comportamiento aislándolo de marcos referenciales que son precisamente los que le dan explicación. Comienza a construir el sistema de anotación. Se pregunta cuándo aparece y cuándo no, con qué intensidad, cuáles son sus características y matices. El síntoma adquiere vida propia y se bate en duelo con nuestra inteligencia racional.

Por todo lo dicho, un relato no debe construirse directamente sobre el problema que nos han contado. Mejor hacer una recodificación del mismo, una reconversión del diagnóstico del conflicto al de la solución. La metáfora eficiente supone un reencuadre en el modo de ver la situación problemática.

Tal y como hemos visto en el capítulo de hechizos, uno de los más comunes consiste en insistir en soluciones que sabemos que no funcionan.

Centrarse en el problema y en el análisis de sus posibles causas nos mantiene en el hechizo de insistir en caminos fallidos de solución. Si el relato vuelve a describir el sufrimiento de nuestro oyente, éste volverá a levantar todas sus murallas defensivas que lo han metido en las arenas movedizas.

Hay que entender cada sufrimiento como una solicitud de solución, como una demanda de satisfacción. No existe ningún comportamiento humano total y esencialmente autodestructivo, siempre hay una intención beneficiosa detrás.

El reencuadre del problema pretende que el sujeto acepte los aspectos legítimos que esconde su síntoma, aunque reconozcamos que éste se excede en el modo en que se comunica con el sujeto. El reencuadre no es un mero acto de darle la razón en todo lo que le pasa sino en enseñarle a modular las consecuencias de su trastorno.

Un comportamiento es extraño a una edad y meritorio a otra.

A mi abuela, en el pueblo, todos la llamaban loca cuando se ponía a decir:
—Yo vieron subir la luna y nos me duele el fondo de los ojos.
Ahora lo dicen mis hijos, y les dan cinco en literatura.

(Imeldo Álvarez. *La garganta del diablo*.
En Fernández, A. 1990: 11)

Lo que una cultura califica de comportamiento loco es sagrado en otras culturas. Muchos chamanes han llevado una difícil vida que ha superado graves enfermedades físicas o mentales.

Una organización social muy restrictiva puede obedecer a épocas de origen de difícil supervivencia.

Llorar y sentir angustia a los veinte años, cuando desaparecen los padres se convierte en un problema, pero puede responder a un instinto de supervivencia que quizá se remonte a la época nómada del ser humano. Basta una hora, para que un niño que se rezague del grupo de caminantes se pierda para siempre.

En ese sentido se pueden comentar los siguientes reencuadres que he leído u oído en numerosas entrevistas realizadas ante diversos conflictos:

- Tus travesuras permiten a tus padres ejercer su capacidad para protegerte. Quizá has comprendido que sin tus trastadas, la vida de tus padres les resultaría vacía a sí mismos.
- Tu mutismo es una expresión de sensibilidad para que otros puedan expresarse.
- Tu egoísmo te recuerda que también debes ocuparte de ti mismo.
- El control que ejerces sobre tu familia, que llega a asfixiarlos, también muestra tu sensibilidad protectora hacia ella.
- Tus actos excéntricos posibilitan que otros recapaciten sobre sus pensamientos cotidianos. Gracias a ti, los que te rodean piensan sobre cosas que hacen rutinariamente.
- Tu depresión es un alto en una vida altamente estresada y exigente.
- Tu timidez habla bien de tu capacidad intuitiva. Prevés rápidamente las consecuencias de un desliz en tu comportamiento.
- Tu miedo o tu fobia habla bien de tus mecanismos básicos de aprendizaje inconsciente, ya que los síntomas que notas son protectores.
- La sensación de sollozo que se aloja en tu garganta cuando te habla tu padre, responde a un momento de tu vida en el que su opinión sobre ti era esencial para tu crecimiento.
- La vergüenza que sientes acerca de tu ignorancia indica tu grado de responsabilidad ante las cosas que quieres aprender.
- Tu tristeza te recuerda asuntos pendientes que debes resolver, una injusticia que debe ser reparada.
- Tus fantasmas son antecesores familiares que insisten en despedirse de ti para convertirse en ancestros protectores.

A partir de la aceptación del reencuadre, el relato debe conducir al sujeto a modular las consecuencias de su problema:

- A un padre excesivamente controlador se le puede asignar un relato en el que el personaje intenta sobreproteger a los suyos contra cualquier peligro.
- A un niño muy travieso se le puede asignar un personaje inventor o descubridor.
- A quien tiene miedo, un relato de prudencia exquisita y observación de todos los posibles riesgos.
- A quien es muy tímido, un personaje muy respetuoso con las necesidades de los demás.
- Al obsesivo, personajes concienzudos.
- A una persona lenta, personajes extremadamente observadores
  Y así, sucesivamente...

Ejercicio

Reencuadres (Grupos de tres o cuatro personas)
Alguien habla de un problema que no le afecte demasiado. Dos o tres compañeros piensan en un posible reencuadre del asunto. Otra manera de entender el conflicto. Pueden valorar a qué intención beneficiosa responde el problema.

Ejercicio

Relatos sin nombrar el problema (Grupos de tres o cuatro personas)
Alguien cuenta algo que le preocupe. Dos o tres compañeros le relatan alguna anécdota personal o no, real o no con una condición: no nombrar el problema que el oyente expuso.

Un buen reencuadre puede ayudar a retomar el sentido de la vida, como el siguiente relato explica.

DIOSES DOMÉSTICOS (EL PRODIGIOSO CASO DE MARÍA FUENTES)

Una tarde María Fuentes no pudo más, fue a su madre y se lo contó todo.

Le contó que desde hacía tiempo veía a los niños levantar el vuelo como las palomas.

Le dijo que cuando iba por la calle, de pronto, veía a un niño de los que jugaban, levantar el vuelo. Unos lo hacían levemente, como cuando cae una hoja, pero al revés. Otros se agitaban aleteando y llegaban a pasar por encima de las palmeras y los otros árboles. Ninguno se hacía daño. Y ella no sabía, dijo, por qué unos niños lo hacían y otros no. Explicaba María que los niños que no volaban, seguían mirando al suelo sin importarles que sus amigos levantaran el vuelo. Los que volaban dibujaban trayectos armónicos como melodías.

Desde niña, cuando veía a un niño levantar el vuelo creía que era tan natural como en las palomas. Con el tiempo, se fue dando cuenta de que nadie más lo veía así. Sin saber bien por qué, guardó su secreto, con esa prudencia instintiva que pronto se adquiere. Pensó que quizá era un mensaje del cielo para ella. Pero, poco a poco, al no entenderlo, dejó de darle vueltas y vivió con ello. Al crecer, otras grandes preguntas ocuparon el sitio de su misterio privado y, como otra niña, fue descubriendo el porqué de las otras cosas, de las cosas de niños, de las cosas de mujeres, de las cosas de hombres...

Se hizo mujer. Pero siguió sin descubrir nada que explicara su historia. Pensó que sólo le quedaban por descubrir los secretos más vedados.

Ahora, que se iba a casar, tenía miedo de no saber ser una mujer como las otras. Y se preguntó si el marido vería en sus ojos el reflejo de los niños volar.

Quería ser tan buena madre como su madre. Quería tener hijos hermosos que quizá levantaran el vuelo como las palomas.

La madre de María Fuentes se preocupó muchísimo, ya se pueden figurar, y la llevó al médico de cabecera. El médico levantó una ceja y no se atrevió a decir nada, conocía a María Fuentes desde que nació y se le atragantó esta historia en la nuez, por eso no dijo palabra, por eso no dijo «locura».

Se conocían, por esos parajes, casos parecidos por ingestión accidental de datura, mezclada en la recolección con las plantas comestibles. Le prescribió una dieta severa de patata dulce y esperó el tiempo suficiente para que pasara la intoxicación. Nada cambió. María, ya avergonzada, seguía describiendo el vuelo de los niños con ese detalle que sólo tiene la verdad.

Les recomendó un eminente colega suyo, especialista en fantasías, que poseía un gabinete en la capital.

El médico célebre tenía una clínica e instaló a María Fuentes en una habitación para estudiar el caso.

Pasaron por la habitación de María Fuentes los mejores médicos del país, y hay que decir que algunos tiernamente llegaron a creerla. Uno de ellos, preparado en el extranjero, aseguró que casos así habían sido resueltos en un país del continente llamado Austria.

Nada en María, excepto la alarma que despertaba en todos, era anormal. La belleza del alma que salía a flote cada vez que algún nuevo especialista quería estudiarla, emocionaba al más austero. La hermosura interior de María se derramaba afuera y su encanto hipnotizaba al más científico.

La hermosura de María Fuentes era aromática y cantarina. A su lado se podía sentir una paz perfumada y azul, como de violetas.

Aparentemente en la clínica mejoraba porque pocos niños tenía la oportunidad de ver desde allí. Pero en cuanto la creían restablecida, le hacían la prueba de fuego. Haciéndola recorrer la clínica entera, rodeando la balconada del patio interior, le acompañaban por la angosta escalera que subía a la azotea y allí la dejaban asomarse a la ciudad. Y cada vez, al poco tiempo de contemplar el patio de la escuela, veía María Fuentes a algún colegial levantar el vuelo, como las palomas.

A los tres meses, cansada de repetir la historia y de ver caras nuevas de nuevos médicos, María Fuentes comenzó a perder el color.

Los doctores, desolados, llamaron a la familia y aconsejaron un cambio de aires.

Su madre, llorando, se la llevó a casa y se dijo: «Qué caray, si no me la curan, mejor estará conmigo». Y se puso a hacerle sopas de canagua con hojas de rubiomaní, que era un remedio antiguo para los niños que cogen celos, porque no conocía otro mal que se le pareciera más.

El caso llegó a oídos del obispo de la diócesis que fue a bendecirla con agua de la pila bautismal del Santo niño Numuncumá, un santo local muy milagrero.

Cuando María Fuentes vio acercarse al obispo, pensó que en secreto habían llevado la gravedad de su enfermedad. Creyó que el obispo le hacía lo que se hace a los que van a morir y se asustó mucho. Se asustó tanto que se le fue la voz.

Sin color, sin habla y con esas fantasías, no era buen partido. Así que el novio que le había amañado su familia rompió su compromiso y se casó en poco tiempo con la mejor amiga de María Fuentes, que era menos hermosa que ella, pero hablaba... y mucho.

María Fuentes cada vez más perpleja dejó de dormir.

Pasaba las noches tarareando sin voz canciones tristes y llorando con lágrimas que manchaban las sábanas de azul.

En sus noches solitarias María Fuentes comenzó a arrepentirse de haber dicho su secreto. Ahora, sin voz, no volvería a decir nada que pudiera correr de boca en boca, de sesera en sesera, hasta que todo se viniera abajo otra vez. Tarareando, el alivio la hacía sentir liviana. Llorando, una música balsámica tintaba sus lágrimas.

De día cerraba las ventanas de su cuarto para no ver a los niños jugar en la calle y levantar el vuelo.

Pasaron semanas, pasaron meses y María Fuentes no levantaba cabeza. Pasaron las estaciones y los visitantes. En la comarca se adquirió la costumbre de ir a verla los primeros viernes de cada mes. El novenario de María Fuentes parecía efectivo para que las malas personas se mantuvieran lejos. Corrió la voz por la provincia. Miles de peregrinos cantando devociones marianas formaban largas colas en invierno y en verano. La madre de María Fuentes tenía que limpiar cada sábado los manchurrones de gotas que dejaban los velones. Unos pajueranos desaprensivos, aprovechando la situación, se hicieron de oro. Vendían, en los arrabales de la capital, botellitas de penicilina vacías, llenas de agua con tinta, diciendo que las lágrimas de María Fuentes podían llevar salud a los tullidos. Y más allá, en el centro del señorío, se puso de moda el perfume de violetas.

En el pueblo, el nuevo cura, de exaltado carácter místico, que acababa de llegar allá como primer destino, con el ímpetu de recién salido del seminario y entusiasmado por la historia, la fue a visitar.

Blanca, casi transparente, muda y con una lágrima azul rodando por su mejilla, la encontró, y creyendo que era una santa, le besó los pies.

Entonces ella le sonrió como nunca le había sonreído una mujer.

Las visitas del cura se repitieron. Él le leía poesías de San Juan de la Cruz y ella seguía sonriéndole sólo a él.

Cuando en el pueblo distintos estamentos presionaron para quitarle a María Fuentes de la cabeza, el cura, en un impulso, la fue a ver una tarde y como iluminado, hablándole al oído, le espetó en tono de profecía:

– «Sólo los ángeles pueden ver a los ángeles».

María Fuentes se ruborizó por fin, su palidez de cirio se tornó rosada y sintió tanto alivio que se puso a cantar con su propia voz y lo hizo, efectivamente, como los ángeles.

Por fin su sufrimiento cuajó en mensaje.

Su voz era como uno no se puede imaginar. Las notas se quebraban como cristal y caían sobre los peregrinos que lloraban. María Fuentes se puso a danzar. Dibujaba con sus pies armonías que levantaban nubes de polvo perfumado. Sus brazos parecían volar como los niños, como las palomas. Cantó y cantó, bailó y bailó, y en medio de las nubes de arena rodeó al cura con sus brazos como alas.

Tanta alegría le impidió darse cuenta de que a quien besaba y abrazaba con efusión era un sacerdote. Pero al cura eso no le importó nada y definitivamente se enamoró.

El obispo hizo por silenciar el caso. Si la historia traía cola de antes, ahora el final era bien fácil de consagrar por la santa lengua de los feligreses.

El curita colgó los hábitos y decidieron amarse contra todos, aunque con el beneplácito de la madre de María Fuentes, que prefería ver a su hija contenta y sana.

La niña, su niña, era hermosa y especial pero nunca le gustó la idea de verla formando parte del santerío. Y la quinta libre de visitantes curiosos y aprovechados, más nerviosos que devotos.

Pero tuvieron que dejar el pueblo.

Ahora viven en una aldea del altiplano en una casa con jardín y huerto. Él trabaja en una central envasadora de leche de alpaca y cada noche le besa los pies, y otras cosas, a María Fuentes, mientras ella le sonríe como nunca le había sonreído una mujer.

Ella enseña canto. Desde su salita mira por la ventana. Mientras canta ve cómo sus hijos y los niños que esperan sus lecciones, juegan en un jardín lleno de flores azules que ella misma riega. Y, de cuando en cuando, algunos levantan el vuelo como las palomas.

(Trinidad Ballester)

Nota. Este cuento fue primer premio en el concurso literario organizado por el Colegio de Médicos de Valencia con motivo de su centenario en 1998.

Dirigir el relato a la solución deseada

¿Qué pasaría si despertaras mañana y 7 segundos después de medianoche hubiera ocurrido un milagro?
Supón, por un instante, que luego de irte a dormir, en algún momento anoche, de alguna manera, desconocida …ocurrió un milagro y mientras estás durmiendo el problema que te preocupa queda resuelto. Al despertar en la mañana, comienzas a vivir tu vida como el día después del milagro…

(Milton Erickson. En Steve de Shazer, 1989)

Esto significa que, a medida que transcurre el día, descubres que las dificultades que habías experimentado y sobre las que te preocupabas ya no existen… imagina este sueño, imagínalo total y completamente … ¿cómo vives el día después del milagro…?

¿Cómo sabrías que ocurrió un milagro? ¿Qué sería diferente en tu vida? ¿Qué ves, oyes y sientes ahora al vivir tu vida? Supongamos que no le cuentas a nadie que ocurrió un milagro, anoche. ¿Cómo sentirían ellos la diferencia? ¿Qué verían, oirían, o sentirían ellos, qué les advertiría sobre el milagro? ¿Quién sería el primero en darse cuenta? ¿Qué dirá o hará? ¿Cómo responderás?

Erickson desarrolló esta técnica (que más tarde de Shazer denominó «técnica de bola de cristal») que es la primera técnica puramente. orientada a las soluciones que conocemos (O'Hanlon, W., y Davis, M. 1993: 28). Mediante esta técnica les dirigía hacia un tiempo, en el futuro, cuando su problema estuviera resuelto, y les pedía que le contaran cómo habían resuelto sus dificultades.

Estas preguntas no sólo redirigen nuestra consciencia hacia las soluciones, también nos dirigen hacia descripciones sensoriales específicas acerca de cómo se verá, oirá y sentirá cuando todo esté resuelto y así el efecto curativo del relato se dará.

Las personas disponen de todos los recursos que necesitan para resolver sus problemas.

Ejercicio

(En parejas)
A cuenta algo que le preocupe. B le plantea la pregunta del milagro. Con esa información le escribe un relato sobre la solución que A desea.

Para dirigir el relato a la solución deseada es interesante abordar los siguientes puntos:

- Conectar a la persona con su lado más fuerte.
- Orientarse al objetivo.
- Qué significan las cosas para nosotros.
- Querer, saber cómo y darse la oportunidad.
- La Teoría de la Decisión.
- Condiciones y criterios para formular objetivos correctamente.

A continuación vamos a desgranar cada punto.

Conectar a la persona con su lado más fuerte. Las personas cuando se encuentran mal, cuando sufren algún desorden emocional o existencial, muchas veces ven afectada la percepción de su propio centro y el de su vida. Hablan de cansancio, apatía, falta de impulso. A veces se sienten traicionadas, defraudadas por la vida con la impresión de que las dificultades siempre vencen en un mundo más orientado a lo negativo y a la injusticia, que a lo contrario. Presentan un cuadro que podría definirse en términos clásicos como paranoide (Zeig, J. Gilligan, S. 1994: 472).

En otras ocasiones las personas mantienen objetivos más altos de los que se puede sostener e idealizan sus expectativas, más allá de lo que pueden conseguir.

La conexión con el centro vital se halla según los casos:

Perdida, traicionada o excesivamente esperanzada.

El factor común de los tres estados es la desconexión del sujeto con la complejidad de la realidad exterior y una tozuda interpretación del mundo a través del conflicto que se afianza cada vez más.

El displacer toma las riendas en ese momento del sentido de la realidad.

Nuestro pensamiento es asociativo y conecta situaciones similares a las que estamos experimentando. El sufrimiento hace un efecto amnésico en la persona por el cual ésta olvida sus momentos placenteros o de fuerza y conecta con todos los episodios de sufrimiento.

Nuestra cultura está enraizada en el pensamiento de que para cambiar necesitamos un correcto diagnóstico de las causas del problema. Sin embargo, este análisis nos seduce a ver la situación desde el conflicto. Las nuevas teorías que hablan del cambio y el desarrollo personal sugieren ver el problema desde la terraza de la solución, con las fuerzas revitalizadas por la satisfacción. Resulta muy útil que la persona recuerde la última vez que tuvo el tono vital deseado y se asocie imaginariamente a él antes de comenzar ningún proceso de cambio.

Orientarse al objetivo

> *Las* 6:35
> *Caminábamos de regreso, pero ¿a dónde?*
>
> (Yasmina Galán)

Es muy importante ejercer la capacidad de redefinir el mundo tal y como se nos presenta, de buscar alternativas a las cuestiones que se nos formulan. La facultad para la toma de decisiones es nuestra llave maestra.

En los momentos de tomar decisiones es cuando se configura el propio destino. En el instante de tomar una nueva decisión se pone en marcha una nueva dirección de nuestro futuro. Nuestra vida cambia con la toma de cada decisión. Todo esto actualiza tres cuestiones:

- Qué significan las cosas para nosotros.
- En qué merece la pena enfocar nuestra atención.
- Qué podemos hacer para conseguir lo que deseamos.

Cuanto más hacemos una cosa, más fácil nos resulta volver a hacerla.

Hay que acostumbrarse a tomar decisiones. De lo contrario, otros lo harán por nosotros. Y lo más importante es que hay que disfrutar haciéndolo y cambiar ese gozo por el tormento del temor al fracaso. En realidad no existen los fracasos, sólo resultados de nuestra acción más o menos adecuados a nuestras expectativas.

Lo ideal es obrar de modo que podamos disponer de alternativas. El pensamiento más liberador es el que dispone de alternativas.

- Una sola opción, nos conducirá a la obsesión.
- Dos opciones nos llevarán a la construcción de un dilema.
- Por lo menos, debemos disponer de tres alternativas.

Qué significan las cosas para nosotros

Cuidado con lo que deseas porque lo conseguirás.
(Charles Chaplin)

Esta es la primera tarea. Valorar el significado que tienen las cosas para nosotros. Es necesario acceder a una comprensión global de las cosas, trascendiendo la meramente intelectual.

La formulación de objetivos tiene mucho que ver con la concentración de la atención y con la toma de decisiones.

Para conseguir algo, lo más difícil es asumir el compromiso de lo que debemos hacer para alcanzar el objetivo. Una vez hecho esto, el resto es mucho más sencillo.

Existe una vieja maniobra altamente metafórica basada en actuar *como si* pudieras hacer lo que consideras imposible. De hecho, el ser humano está muy acostumbrado a no pensar aquello que tiene prohibido para la acción.

Decimos: *No quiero ni pensar cómo sería enfrentarse a esto o aquello* y es precisamente esto lo que hace el problema más grande. El cuento curativo tiene el cometido de adelantarse a la acción para prever y explorar posibles errores.

Querer

- Hay que saber qué se quiere y que se quiere.
- Es importante mantener la congruencia en el deseo.
- El objetivo debe comprobarse en detalle y analizar cuál es el cambio concreto y preciso que la persona requiere para alcanzarlo. Sólo así hay posibilidad de alcanzar el objetivo.

Saber cómo. Muchas personas no hacen cambios que reconocen como beneficiosos porque no saben cómo serán cuando los consigan. Una vez trabajé con un hombre que no dejaba de fumar, aunque tenía la salud muy comprometida, porque pensaba que si lo conseguía dejaría de ser él mismo.

En este aspecto hay que poner en marcha estrategias y fisiología adecuada al objetivo. También es conveniente que la persona anticipe el futuro mediante la imaginación: ¿Cómo será cuando ya no fume? ¿Y cuando haga un año que no fumo? ¿Y diez años?...

DESTINO

Recuerdo un viaje a Buenos Aires que terminó en Nueva York, otro a Lima que concluyó en Atenas, y uno a Roma que finalizó en Berlín. Todos los aviones que tomo van a donde no deben, pero ya estoy acostumbrado porque, con frecuencia, salgo de casa hacia la oficina y me paso la mañana metido en un taxi que va y viene sin que yo pueda aventurar una dirección exacta. Cuando regreso, por la tarde, nadie sabe nada de mi mujer ni de mis hijos y, cansado de seguir buscando mi propio rastro, me voy a dormir a un hotel. Menos mal que, en esas ocasiones, es mi padre el que me encuentra. No sé lo que será de mí el día que me falte.

(Luis Mateo Diez. *Piezas sueltas*)

Darse la oportunidad. Nuestro sistema de creencias funciona como un conjunto de generalizaciones de nuestra experiencia y puede concluir en un modo de profecía autocumplida. Lo importante de nuestras creencias, valores y criterios es que sean liberadoras o limitantes.

Cuenta Abraham Maslow que como psiquiatra atendió a una persona que se consideraba a sí mismo un cadáver. A pesar de los argumentos lógicos del médico, aquel hombre persistía en su creencia. En un momento de inspiración, el psiquiatra preguntó al paciente: «¿Cree que los cadáveres sangran?». El paciente replicó: «¡Eso es ridículo! Por supuesto que los cadáveres no sangran». Después de pedirle permiso, el médico pinchó al paciente en un dedo y la sangre roja y brillante brotó. El paciente asombrado exclamó: «¡Maldita sea, los cadáveres sangran!»

Las creencias limitantes más usuales son las que se refieren a:

- El objetivo es inalcanzable.
- No soy capaz de conseguirlo.
- No lo merezco.

Ejercicio

Revisión de decisiones
Piense en una decisión u objetivo que quiera lograr.
Tome tres folios de papel y escriba en cada uno de ellos uno de los siguientes textos:

- Querer conseguir X.
- Saber cómo conseguirlo.
- Darse la oportunidad.

Ponga los tres papeles en el suelo y ocupe alternativamente cada una de las tres posiciones.
Explore la información que le da su imaginación mientras lo hace.

La Teoría de la Decisión. Algunos aspectos de la relación con el mundo son experimentados o definidos como del más allá del control humano.

Cuando alguien tiene una problema que le genera cierta disfunción psicológica, como por ejemplo en el caso de adicciones a sustancias tóxicas, compulsiones, etc., la persona considera que no puede hacer nada, que la situación le arrastra. Se produce un desplazamiento del control desde las variables de decisión a las variables de entorno. La persona tiene la impresión de que no puede hacer nada por remediar la actual situación (Cronbach y Gleser, 1965. En Weerth, R. 1998).

Ante cualquier situación que nos exija tomar una decisión producimos, bajo el umbral de la conciencia, una división de la información en dos tipos de variables:

- **De Entorno.** Dimensiones de la experiencia que el sujeto considera que están más allá de su propio control (Limitaciones).
- **De Decisión.** Dimensiones de la experiencia que el sujeto considera que están bajo su control (Posibilidades).

Un camino puede verse interrumpido por la cascada de un río. Utilizando la energía del agua se puede generar la electricidad suficiente para construir un puente que posibilite la solución del camino cortado.

Una de las herencias del modelo científico médico consiste en alojar el control del comportamiento fuera del sujeto. Sin embargo, el efecto placebo sugiere que el hecho de ponerse bien o mal son respuestas del sujeto y siempre está el control en el propio individuo.

Ejercicio

Variables de Entorno y Variables de Decisión
Escriba su objetivo como constructor de relatos. Anote la serie de razones que le facilitarán u obstaculizarán su consecución. Clasifíquelas en:

- Variables de Entorno (cosas que dependen del exterior y están fuera de su control).
- Variables de Decisión (cosas que dependen de usted).

Para formular objetivos correctamente. Sabemos primero lo que no queremos. Esto es muy evidente entre adolescentes:

- ¿Qué quieres? No sé
- ¿Salir? No
- ¿Quedarte en casa? No
- ¿Pues, qué quieres? No sé...

Para ser alcanzables los objetivos deben cumplir ciertos requisitos y condiciones (En Weerth, R. 1998: 185).

- Estar enunciados en afirmativo. Sin negaciones. Marcando una tendencia claramente. Valorando el deseo por conseguirlo. Sin sugerir ninguna retirada.
    - ¿Qué es lo que quiere específicamente?
    - ¿Es realmente valioso el objetivo? ¿Cómo lo sabe?

- Se deben determinar las consecuencias que acarreará lograr el objetivo, teniendo en cuenta las posibles consecuencias negativas.
    - ¿Qué resultados espera obtener con este objetivo?
    - ¿Cómo afectará a su vida este estado que desea?
    - ¿Qué va a cambiar cuando lo consiga?
    - ¿Supone algún riesgo para usted o para otras personas?
    - ¿Puede alguien sentirse perjudicado?

- Hallarse bajo el control de la persona.
    - ¿Qué le impide tenerlo ahora?
    - ¿Merece la pena el esfuerzo que está dispuesto a realizar para conseguirlo?
    - ¿Qué podría impedir que lo consiguiera?

- Ser específicos en términos de quién, dónde, cuándo y durante cuánto tiempo.
    - ¿Quién lo desea?
    - ¿Cuándo, dónde y durante cuánto tiempo lo desea?

- Ser evaluables en función de su importancia y orden de prioridad. Por ello deben ser breves, claros, concretos y susceptibles de comprobación específica en términos comportamentales y sensoriales. Deben provocar imágenes, sonidos, sensaciones, olores y sabores.
    - ¿Cómo comprobará que ha alcanzado el objetivo?
    - ¿Qué imágenes, sonidos, sensaciones tendrá cuando haya logrado el objetivo?

- Los recursos han de ser adecuados. Es posible conseguir el objetivo.
    - ¿Qué necesita para conseguirlo?

- Deben poder ser examinados desde distintas las distintas posiciones perceptivas implicadas (profesor, alumno, profesional, cliente, director, beneficiario…).
    - ¿Cómo es percibido el objetivo desde la perspectiva de: Su director, jefe, subordinado, maestro, alumno…?

- ¿Cómo es percibido desde la perspectiva de un observador del contexto en el que se da la consecución del objetivo: familia, trabajo, grupo de amigos…?
- Enmarcado en el tiempo. Acotar el objetivo con una fecha.
  - ¿Cuándo lo conseguirá?

EL ÁRBOL DE LOS DESEOS

Una historia de tigres de la India habla de un viajero muy cansado que sentó a la sombra de un árbol, sin sospechar que acababa de encontrar un árbol mágico, el árbol que hacía realidad los deseos.

Sentado en el duro suelo, pensó que sería muy agradable estar en una cama blandita. De inmediato la cama apareció a su lado.

Sorprendido, el hombre se tumbó en ella, diciéndose que el colmo de la felicidad sería que una joven viniese a masajear sus cansadas piernas. La joven apareció y le hizo un masaje muy agradable.

–Tengo hambre –se dijo el hombre–, –y en este momento comer sería una delicia. Apareció una mesa, abarrotada de suculentos alimentos. El hombre se regaló. Comió y bebió. La cabeza le daba vueltas. Sus párpados, por la acción del vino y el cansancio, se cerraban. Se echó en la cama y pensó de nuevo en los maravillosos sucesos de aquella extraordinaria jornada.

–Voy a dormir una hora o dos –se dijo–. Con tal de que un tigre no pase por aquí mientras yo duermo.

Entonces apareció un tigre y lo devoró.

(Carrière, J.C. 2000: 71)

DEL ALQUIMISTA

Saben positivamente, los que de tales cosas entienden, que en la ciudad de Aquisgrán, y a fines de la Edad Media, un judío alquimista halló el secreto de no envejecerse. Fortalecido por su pócima, que le permitiría vivir en todo vigor ciento cincuenta años más que el común de los hombres, dedicó la plenitud de sus días a buscar el secreto de no morirse. Dicen que lo halló, y que desde entonces, oculto en su oscura covacha, tropezado de telarañas y surcado de grueso sudor, busca aquel veneno poderoso sobre todos que le permita, al desgraciado, morirse.

(Eliseo Diego. *Divertimentos*)

Ejercicio

Logro de metas
Se reúnen A y B.
   A define algún objetivo, meta o acción que quiera lograr.
   B le somete a prueba mediante las condiciones de formulación correcta de objetivos vista antes.
   Al final del trabajo B pregunta a A si quiere reformular su objetivo.
   Se hacen comentarios sobre los descubrimientos más importantes y después se intercambian los papeles.

EL CAZADOR DE SIRENAS

—¿Y es difícil encontrarlas?
—No, si usted supiera, es sencillísimo.
—¿Y son realmente, como dicen, mitad humana y mitad pez?
—Sí, claro, así son.
—¿Y son muy difíciles de pescarlas-cazarlas?
—No, no, al contrario.
—¿Y entonces qué?
—Es muy difícil saber qué hacer con ellas después de agarrarlas.

(José Gilberto Hernández Ramírez. En Fernández, A. 1990)

Ejercicio

Objetivos y ocupación del espacio
En ocasiones es importante recibir información menos racional y analítica sobre su posibilidad de conseguir lo que desea. El siguiente ejercicio le ofrece un modo intuitivo acerca de cómo se sitúa con respecto a la consecución de sus metas.
Sitúe dos áreas en el suelo:

Objetivo conseguido ——————————— Objetivo no conseguido

Póngase en la línea que une ambas posiciones y sienta la atracción de cada una de ellas
Guiándose por esa sensación, pruebe distintos puntos para ver en cuál se siente más cómodo.
Es un test de autoaplicación para ver cómo siente el logro de su objetivo.
Si está demasiado cerca de la posición de «no conseguido» debe revisar su objetivo y su situación personal con respecto a él.

Todos los objetivos deben estar relacionados, de lo contrario se producen fugas de energía en todo cuanto hacemos. La expresión máxima de tus metas está en el objetivo más importante de tu vida.

Ejercicio

La misión de su vida (Individual)
Anote las cosas que le gustaría realizar en su vida.
Hágalo sin reflexionar demasiado, no tema que sean deseos poco realistas. No sea demasiado pragmático.
En otra hoja anote lo que le gustaría hacer en los próximos siete años.
En otra hoja anote lo que le gustaría hacer el próximo año.
Imagine que va a morir en pocas semanas y que todo lo que tenía que hacer está hecho. ¿Qué haría?
Compare las cuatro hojas y note lo que se repite y las discordancias entre las distintas notas.

> El plazo de tiempo es esencial para plantearse objetivos.
> Ahora, con toda la información anterior, escriba la Misión de su vida. Hágalo de modo breve, en prosa o en verso. No debe extenderse más de ocho líneas.

Ejercicio

La solución es inevitable (En parejas)
Alguien cuenta un problema que le preocupa, aunque no demasiado.
El compañero le relata una solución al problema.
El cuento debe comenzar con las siguientes palabras: «La solución es inevitable...»

Dirigir el relato a la percepción que la persona tiene del problema

> *No soporto ver películas de horror o suspense en el cine. Lo he intentado, pero no resisto la tensión. La pantalla es demasiado grande, las imágenes demasiado reales.*
>
> (Scott Card, O. 1993: 11)

Todo lo que se aproxima a lo cierto o verdadero es paradójico. En el apartado anterior hemos insistido en la idea de no nombrar el problema, más bien al contrario, lo importante es centrarse en la solución.

EL MONSTRUO Y LA NIÑA

Will McDonald, excelente hipnotizador, me contó una historia. Por su modo de mirarme mientras me hablaba no estoy seguro de que fuera cierta o ficticia. La transcribo tal y como él me la relató:

Entro en casa y oigo un grito, es la voz de mi hija pequeña de cuatro años. Subo la escalera rápidamente y entro a su habitación, está de pie en la cama y me dice que un monstruo horrible está allí pero al entrar yo se ha escondido debajo de la cama. Pienso un instante y le invito a que lo veamos juntos. Mi hija me advierte lo feo que es y el miedo que da. Insisto y nos agachamos para mirar debajo de la cama. Le pregunto: –¿Lo ves? Ella contesta que sí muy asustada. Le planteo si puede hacerlo más grande, ella me mira asustada previniéndome sobre el desastre en que puede acabar todo esto. Le digo que si ella lo ve puede hacerlo más grande, se concentra y lo agranda, parece que va a asustarse pero mantiene el tipo bastante bien. Le pido algunos cambios más: que lo haga aún más grande, más pequeño, que le añada pelo, cambios de color al azul, al rojo, finalmente se queda con el verde, le pone pelo por todo el cuerpo y lo acomoda a un tamaño que pueda coger con un solo brazo.

El monstruo vivió una temporada con nosotros, mi hija lo llevaba a todas partes. Semanas más tarde nos hallábamos comiendo en un restaurante, al finalizar y llegar al coche, la niña dice: -¡Olvidé mi monstruo en la mesa del restaurante! Su hermano mayor le contesta: –Lo he cogido yo, tómalo.

Sin embargo, no es menos cierto que algo realmente hipnótico para las personas es ver reproducido su problema en otra persona. La propuesta, aparentemente contradictoria, que realizamos a continuación es ceñirse a la percepción que el sujeto tiene del problema y crear desde ahí el relato.

Milton Erickson defendía que hay que introducirse en el relato del sujeto y arruinárselo desde dentro.

Dirigimos la energía y la vitalidad adonde dirigimos la atención

Se dice que construimos imaginariamente la realidad y que luego la vivimos experiencialmente.

Dirigimos nuestra energía adonde enfocamos la atención. Para adivinar el pensamiento una vieja técnica se basa en detectar la orientación corporal del sujeto hacia el objeto de pensamiento.

El ejercicio es el siguiente: El adivinador invita a alguien del público a que, con los ojos vendados, piense en un objeto de la sala. Y le invita a que lo haga extendiendo una mano que el adivinador pone sobre la suya. Si el mago está mínimamente entrenado detectará, a través del contacto de las manos, que la energía corporal y muscular del sujeto se desplaza hacia la zona en la que está el objeto. Después, y mediante sutiles preguntas, puede enfocar el área de la sala en la que supone que está el objeto y acabar adivinando cuál es.

Ejercicio

Pensamiento y fuerza muscular (En parejas)
Existe un test, ya clásico en las prácticas de hipnoterapia, en el que el hipnotizador pide al sujeto que piense en algo que considere una verdad inmutable, más allá de toda creencia, como por ejemplo que el sol saldrá mañana una vez más –aunque amanezca nublado–. Simultáneamente el sujeto deberá levantar el brazo horizontalmente y sostenerlo contra la presión que el hipnotizador hará para intentar bajárselo. Después, el hipnotizador pide al sujeto que piense en algo que no sea cierto, por ejemplo que es de noche y es verano –si en realidad estamos en invierno y es de día, o lo contrario–. Igualmente el sujeto mantendrá el brazo levantado e intentará resistir la presión del hipnotizador por bajarle el brazo.

Se trata de experimentar el contraste entre ambas situaciones. En general, el sujeto tendrá más fuerza en el primer caso que en el segundo, por lo que se puede inferir que la congruencia del pensamiento influye sobre la resistencia muscular.

El ejercicio puede utilizar supuestos y preguntas cada vez más sutiles con el fin de detectar las diferencias del sujeto en cuanto a su resistencia muscular, y formalizar así un fino sistema diagnóstico.

Construcción de mapas mentales o versiones del mundo

En el cielo no hay diferencia alguna entre el este y el oeste. Las personas imaginan distinciones y luego las creen verdaderas.

(Buda)

El nombre no es la cosa, el mapa no es el territorio. Este principio de Korzybsky (*Ciencia y cordura*, 1933) nos remite a la idea de que las personas no se relacionan directamente con el mundo, sino con el mapa que realizan del mismo. En consecuencia, es prácticamente imposible transmitir lo que pensamos de un modo exacto.

La confusión entre mapa y territorio y la construcción de mapas precarios nos influye a la hora de dirigir la acción.

EL ESPEJO

Vi cómo elevaba el cañón hacia su sien y corrí a impedírselo; y lo habría logrado si no me hubiera dirigido hacia el espejo.

(José Antonio Martín. *Cuentos y contares*)

Paradójicamente, cuanto más preciso sea su «mapa» o modelo del mundo, más gente dejará fuera de su contacto comunicacional. La técnica literaria nos indica que el buen uso de símbolos universales, determina el éxito del texto.

Las metáforas, cuentos, anécdotas provocan en el oyente experiencias similares de su propia vida y con ello, la comunicación se vuelve mucho más significativa.

Las metáforas no pueden explicarse, al hacerlo pierden todo su poder para reencuadrar las situaciones en las que nos hallamos atascados.

Filtros perceptivos. Las salamandras mejicanas desarrollan el siguiente comportamiento para procurarse la comida. Detectan visualmente al insecto volando y cuando lo localizan se orientan hacia él. De repente el insecto se posa en tierra junto a la lagartija y ésta no hace nada. Sólo cuando el insecto vuelve a moverse, la lagartija le lanza su lengua para atraparlo. Podemos inferir que sólo pueden ver al insecto cuando éste está en movimiento. Cuando se para, desaparece de su campo de visión y no puede percibirlo.

Al ser humano le ocurre algo parecido. No es capaz de detectarlo todo. No tiene receptores para percibir las líneas curvas, sólo las rectas. No tenemos acceso a toda la información, tenemos que transformarla para poder comprenderla.

Como ya se ha indicado, las representaciones que cada sujeto se hace del mundo sufren dos tipos de distorsiones (Grinder, J. 2000): sensoriales y lingüísticas.

Cada distorsión tiene su propio código y forma de funcionamiento y significados diferentes para la persona.

Forzar a la persona a que traduzca experiencias registradas en el código sensorial al código lingüísticos supone un esfuerzo grande para la posibilidad de un cambio imposible. Bandler y Grinder proponen centrarse en las transformaciones sensoriales.

Antes de adentrarnos en lo que ocurre dentro de la «caja negra» detengámonos un momento en algunas cuestiones de percepción de la realidad por el ser humano y cómo éste construye sus referencias para situarse en el mundo.

El proceso mediante el que la persona construye sus mapas mentales con lo que percibe del exterior es un mecanismo con tres filtros (op. cit.: 28 ss.).

El primer filtro lo establece el sistema neurológico. La banda sonora que registra el oído humano o la gama de colores que perciben nuestros ojos constituyen este primer filtro. Los ultrasonidos y los tonos de color infrarrojos y ultravioletas son algunas de las fronteras del sistema sensorial.

El segundo filtro es de índole social y cultural. Las concepciones, creencias, criterios y opiniones acerca del mundo, en función de las necesidades de cada comunidad social son la referencia de este filtro. Los esquimales, dada la organización de sus necesidades, son capaces de distinguir alrededor de cuarenta y ocho tonos de color blanco. Los estudiosos de la antropología social y cultural basada en el contraste cultural y en la etnología utilizan este filtro en sus investigaciones. Un ejemplo de lo que estamos diciendo lo constituyen los estudios de Hall (Hall, E., 1993) sobre la costumbre de mantener las puertas abiertas en la cultura norteamericana y en la alemana. Mientras que en la primera mantener la puerta abierta es una señal de acogida para el visitante (un modo de decir: estoy en casa por si alguien necesita algo), en el caso de los alemanes la puerta abierta significa desorden y desafío.

El tercer filtro de construcción del mapa individual del mundo es el personal. Entendido como el ámbito de la subjetividad. este filtro es el de la organización de la percepción, de las capacidades de cada uno, de las creencias, de la estructura de la propia identidad y la personalidad. Llegado este punto el mapa es bastante individual e irrepetible.

Aunque el hecho de que esto sea así no resta capacidad en la persona para comunicarse con los demás. No hay mapas mejores que otros, sino más o menos adecuados a las distintas situaciones que la vida nos plantea.

Pensamiento sensorial y preferencias subjetivas. Todas las distinciones que somos capaces de hacer con respecto a nuestro entorno y nuestro comportamiento pueden ser representadas útilmente en términos sensoriales. Son los parámetros estructurales del conocimiento humano, son nuestras estructuras cognitivas.

Nuestra experiencia es codificada como una combinación de estas clases sensoriales.

Desde su origen el sistema sensorial ha servido para registrar información. Los sentidos parecieran mecanismos pasivos de introducción de la información. Pero también inician o modulan, por conexiones neurales, el comportamiento y la expresión. Son capaces de dar una respuesta.

Las modalidades o sistemas representacionales son:

- Visual: Lo que vemos interna o externamente.
- Auditiva: Lo que oímos interna o externamente.
- Kinestésica: Lo que sentimos físicamente (emociones, sensaciones, tacto, etc.). También se incluye:
    - Olfativa, gustativa: Lo que olemos y gustamos. Normalmente podemos considerarlas incluidas dentro de la modalidad kinestésica.

Toda la experiencia humana se registra internamente como la combinación de estas modalidades.

> **Ejercicio**
>
> **Exploración del pensamiento sensorial** (Individual o en grupo)
> El o los participantes se ubican cómodamente provistos de un cuaderno.
> Se les indica que recorran con la mirada el lugar en el que se encuentran durante un minuto. Cuando se les indica el cumplimiento del plazo, los participantes escriben de una sola vez, sin mirar, sólo recordando, y durante un minuto, una lista de seres, cosas, colores y todo aquello que hubieran percibido en su recorrido.
> Se pide a los participantes que cierren los ojos y realicen una exploración táctil y auditiva del ambiente. Transcurridos dos minutos finalizan la exploración.
> Regresan a sus lugares y, durante dos minutos y sin detenerse, hacen dos listas de sus percepciones táctiles y auditivas.
> Una vez han terminado, comparan las listas.
> Tanto si ha realizado el ejercicio solo o acompañado, habrá percibido que alguna de las listas fue más exhaustiva que otra, o que alguna de las exploraciones resultó más fácil. Los seres humanos habitualmente desarrollamos un sentido más que los otros, nos hacemos más sensibles a la vista el oído o lo kinestésico, es decir, tacto, gusto y olfato.

Cuando nos expresamos, la información sensorial que anida en nuestro pensamiento se refleja en el lenguaje que utilizamos. Traducimos las imágenes, sonidos y sensaciones que pueblan nuestra imaginación en nuestro discurso verbal.

Así, nos referimos a nuestro pensamiento visual cuando utilizamos expresiones como las siguientes:

- A la luz de
- A simple vista
- A vista de
- Abrirle los ojos
- Al alcance de la vista
- Echar una ojeada
- El cuadro mental
- Memoria fotográfica

- Salta a la vista
- Ser todo ojos
- Visión panorámica
- Ver la vida color de rosa
- A primera vista
- Mirar por encima
- Mirar por encima del hombro
- Ver más allá de las narices

Nos referimos al universo sonoro cuando utilizamos expresiones como las siguientes:

- Aguzar el oído
- A tono
- Me pregunto
- Me suena
- En voz baja
- Estar a tono
- Mencionar
- Nota falsa
- Soy todo oídos
- Oídos sordos
- Poner la oreja
- Prestar oídos
- Cómo te suena
- Cantarle las cuarenta
- De pocas palabras
- Facilidad de palabras
- Hacerse el sordo
- Onomatopeyas auditivas (clik, pum, zas, pumba…)

Expresamos lingüísticamente las sensaciones que sentimos cuando usamos las siguientes frases:

- A flor de piel
- Con los pies en la tierra
- Con el corazón en la mano
- Mantenerse firme
- Ponerse en marcha
- Caerse a pedazos
- Demasiado frío

Por la práctica de la escucha, se sabe que las personas utilizamos un sistema sensorial sobre otros, aunque ello es variable según las situaciones. Quizá un arquitecto tenderá a ser visual cuando trabaja y cambie de registro sensorial cuando se dedica al contacto con su familia. Esta prevalencia no es rígida, sino que sirve a las personas como estrategia de pensamiento que suele utilizar pero es variable.

Si al escribir un relato tenemos en cuenta el pensamiento sensorial del sujeto esto funcionará como un antídoto para el pensamiento obsesivo, circular y redundante que provoca muchos de los hechizos lingüísticos que se comentaron en otro capítulo.

Ejercicio

Utilice palabras de un solo registro
Describa, en unas veinte líneas, un paseo real o imaginario en el campo, la ciudad, el bosque, etc., utilizando una mayoría de palabras visuales y excluyendo palabras que refieran a los otros registros sensoriales.

Después escriba solamente con palabras del registro auditivo y, por último, use nada más que el cinestésico.

Ejercicio

Identificación de sistemas representacionales
Identifique los registros sensoriales de sus interlocutores.

Entrenarse en la identificación de los registros sensoriales de los interlocutores es indispensable para sincronizarse con ellos.

En cada una de las frases siguientes se han utilizado varios registros. Señale con la letra V los visuales, con la A los auditivos y con la C los cinestésicos.

1. Cuando veo la manera en que tomas el cuchillo, me dan escalofríos.
2. Aquella cabeza me dice algo.
3. Con los sentimientos que ha demostrado en esas circunstancias, de los que Carina acaba de hablar, ya no lo veo desde el mismo ángulo.
4. ¡Tranquilízate, entiendo muy bien lo que dices!
5. Cada vez más me doy cuenta de que el jefe no cumple su palabra.
6. Comprendo lo que dices, pero no siento de la misma manera.
7. Este olor a pan tostado me recuerda las comidas en el campo, en torno a una gran mesa rectangular en el pueblecito junto al río, donde, de recién casados, hacíamos caminatas. ¿Te acuerdas?
8. Soy tan tímida, que una simple mirada me hace ruborizar.
9. Lo que cuentas me trae un montón de recuerdos de la infancia, nos veo a los dos en...
10. Veo que no se te puede decir nada sin que te enojes.

Ejercicio

Investigación de nuestros recuerdos (Individual o en parejas)
Si lo hace de forma individual, lea primero con atención el ejercicio para cumplir después con las pautas sin interrupciones.

Siéntese cómodamente, relájese y adopte una actitud introspectiva.

Busque en su recuerdo una situación medianamente desagradable o molesta. Recuerde que debe ser sólo un poco desagradable, porque usted va a ponerse en contacto con su experiencia profunda.

Retrocediendo en el tiempo, traiga esa situación al presente, recupere la imagen, los sonidos, las sensaciones. Preste atención a los siguientes detalles para recordarlos:

- ¿Está usted dentro del escenario o es un observador externo, o bien ambas cosas?
- ¿Cuáles son las características de la imagen en tamaño, contorno, luz, color, intensidad, movimiento o fotografía, contraste, etc.?

- ¿Cuáles son las características de los sonidos, los hay, de dónde surgen, niveles, etc.?
- ¿Cuáles son las sensaciones, temperatura, textura, peso, etc.?

Transforme ese escenario interior en su taller experimental y, sobre la base de la primera representación del recuerdo, visual, auditiva y kinestésica, vaya variando una a una las características. Experimente si se producen cambios en la emoción. Es importante hacer las variaciones de una en una para determinar cuál de esas características tiene mayor importancia dentro de su teatro de la mente para variar la emoción.

Ejercicio

Cómo comunicarse mejor en grupo
Los participantes escriben un breve discurso utilizando los tres sistemas representacionales.
Cada uno lee el discurso a los demás en actitud convincente. El auditorio manifiesta el efecto que le ha producido.
Siguen leyendo hasta completar la ronda.
Si lo hace individualmente ensaye diferentes versiones

Operaciones básicas del pensamiento. Una vez analizado el sistema perceptivo debemos ver algunas operaciones básicas del pensamiento. Existen tres mecanismos del conocimiento humano que articulan nuestro sistema de toma de decisiones:

- Generalización
- Eliminación
- Distorsión

«La generalización es el proceso mediante el cual algunos elementos o piezas del modelo de la persona se desprenden de la experiencia original y llegan a representar la categoría total de la cual la experiencia es sólo un caso particular. Nuestra capacidad generalizadora es esencial para poder encarar el mundo. Por ejemplo, es útil poder generalizar la experiencia de sentir dolor al tocar una estufa caliente y llegar a la generalización de que las estufas calientes no deben ser tocadas. Pero llevar esta generalización al punto de considerar que las estufas son peligrosas y, por tanto, rehusar a entrar a una sala donde hay una estufa, es imponernos una innecesaria limitación a nuestro movimiento en el mundo.» (Bandler, R. y Grinder, J. 1994 a. Vol I.: 35).

«Un segundo mecanismo que podemos usar para enfrentar efectivamente el mundo o para derrotarnos a nosotros mismos es la eliminación. La eliminación es un proceso mediante el cual prestamos atención selectivamente a ciertas dimensiones de nuestra experiencia, al mismo tiempo que excluimos otras. Un ejemplo de ello es la capacidad que tienen las personas para filtrar o excluir todos los demás sonidos en una sala llena de gente a fin de poder escuchar las palabras de una persona en particular.» (op. cit.: 36).

«El tercer proceso de modelaje es el de la distorsión. La distorsión es el proceso que nos permite hacer cambios en nuestra experiencia de los datos sensoriales que percibimos. Por ejemplo, la fantasía o imaginación nos permite prepararnos para experiencias aun antes que estas ocurran. Se distorsiona la realidad cuando se ensaya un discurso que se dirá mas adelante.» (op. cit.: 36-37).

Los tres mecanismos son útiles para el establecimiento de selecciones entre la persona y el mundo, las dificultades pueden surgir por un uso inadecuado de ellos. Bandler y Grinder advierten de los riesgos que podría tener su mala utilización en el siguiente comentario:

«Una persona que en un momento precoz de su vida ha sido rechazada por otras, hace la generalización de que no vale lo suficiente y, por lo tanto, no merece ser querida. Como su modelo incluye esta generalización, suprime los mensajes de cariño y los reinterpreta como si fueran inauténticos. Al no percibir las señales de afecto de los demás, puede mantener la generalización de que no merece las muestras de afecto. Esta es una descripción típica del clásico circuito de retroalimentación positiva: la profecía autocumplida.

»Las generalizaciones o las expectativas de la persona filtran y distorsionan su experiencia para hacerla consistente con esas expectativas. Como no tiene experiencias que desafíen a sus generalizaciones, sus expectativas se confirman y el ciclo continúa. De esta forma, las personas mantienen sus modelos empobrecidos del mundo.» (op. cit.: 37).

La construcción de mapas mentales es útil para obtener una referencia interna del mundo que nos facilita la relación con él.

El ser humano dispone de un mecanismo permanente de comparación entre lo que percibe del exterior y esa experiencia interna que le sirve de referencia. Sin este patrón cognitivo, que opera bajo los umbrales de la conciencia no podríamos siquiera encontrar nuestra casa, o recordar a las personas con las que nos relacionamos habitualmente.

Por otro lado, los matices novedosos que percibimos del exterior modifican nuestras experiencias de referencia ampliando así nuestro «mapa» de la realidad que afecta positivamente al estado interior.

Al contrario, ciertos estados internos modifican nuestra percepción del exterior; es el caso de cuando lo vemos todo negro.

NO ERES BIENVENIDO

Enseguida descubrí que no era bienvenido, me lo mostró la actitud de la primera persona que salió a recibirme, una mirada altiva y cierta displicencia era indiscutible en su modo de comportarse conmigo. Otras personas también me dijeron algo pero noté que no les importaba lo más mínimo. Sin embargo, uno de ellos insistió varias veces. Pensé: «¿Qué querrá de mí ahora, éste?»

Todos los datos verifican mi primera intuición:

–No eres bienvenido aquí.

Ejercicio

La profecía autocumplida
La versión más rígida de las tres operaciones descritas es la profecía autocumplida. Relate una basada en la combinación de Generalización, Eliminación y Distorsión.

Ampliar el foco de atención

> *Hay dos tipos de verdad. Una de tipo superficial: lo opuesto de una afirmación verdadera es falsa. Otra más profunda: lo opuesto de una afirmación verdadera es igualmente verdadera.*
>
> (Neils Bohr. En Gilligan, 2001: 74)

El mapa que construimos del mundo nos orienta en la exploración del mismo. Sólo que, a veces, esa orientación es demasiado rígida y nos impide percibir otras cosas del entorno.

Si somos capaces de ampliar el área de percepción e incluir en el campo de mira otros focos de interés, la manera de entender el problema cambia.

Es difícil mantener la rabia si se interrumpe el episodio que la produce y miramos al infinito durante un minuto

Ejercicio

Aprender de situaciones desagradables

Siéntese cómodamente y adopte una actitud introspectiva. Relájese mientras evoca una situación desagradable en la que usted sufrió por alguna conversación inconveniente o una discusión, o cualquier otra cosa que considere.

Note cómo alguna parte de su cuerpo se tensa mientras piensa en esto. Quizá su espalda, o su mandíbula... Quizá su pecho se detiene y deja de respirar por unos instantes.

Ahora note alguna otra parte de su cuerpo que permanece neutral a todo esto, que no participa de la tensión que le produce este episodio de su vida... Quizá sus codos... o las corvas... sienta esa zona del cuerpo y experimente su desimplicación del problema.

Y ahora vuelva a mantener la atención en esa situación que le preocupa y le tensa...

Al mismo tiempo puede cambiar su mirada a otro sitio en ese mismo lugar y observar algún objeto que se mantiene inmóvil y ajeno al problema. Deténgase a notar ese objeto que había pasado por alto...

Y ahora vuelva a mantener la atención en esa situación que le preocupa y que tanto le tensa...

Quizá, si pudiera ver más allá del lugar en el que está, muy cerca podría haber una pareja de enamorados que se juran amor eterno, que sienten cosas hermosas el uno por el otro. Dos enamorados dispuestos a darlo todo.

Pero por favor, vuelva a mantener la atención en esa situación que le preocupa...

Si mientras la observa puede, haga una cosa, mire hacia el cielo en ese mismo lugar, quizá está pasando un avión en el que viajan personas... Personas que han depositado en ese vuelo todas sus energías. Personas que viajan a un lugar que les resulta muy agradable, en el que van a desarrollar un proyecto muy importante para ellos y que respiran profunda y satisfactoriamente mientras el avión se dirige a su destino.

Y ahora vuelva a mantener la atención en esa situación tan desagradable y que tanto le preocupa...

También puede notar que en ese mismo lugar hay personas que en otros momentos han vivido cosas maravillosas, que han pasado momentos muy agradables, quizá en el mismo lugar en el que usted se encuentra ahora... Note la expresión de esas personas y su sensación de agrado al estar allí...

Y ahora vuelva, por favor, a mantener la atención en esa situación tan desagradable...

Quizá usted mismo en ese mismo lugar, en otro momento, ha tenido experiencias hermosas. Incluso es posible que en el futuro pueda tener en este mismo sitio vivencias que le traigan las mejores sensaciones...

Pero por favor, ahora vuelva a mantener la atención en esa situación que le preocupa y le tensa...

Normalmente la persona no podrá mantener la sensación desagradable que tenía al principio. La maniobra se basa sólo en ampliar el foco de atención del sujeto sobre otras cosas que no notaba.

La propuesta consiste en mantener el relato en torno a la percepción que tiene el sujeto de la vida introduciéndole pequeñas variaciones que en realidad lo conviertan en otra historia.

> ### Ejercicio
>
> Alguien cuenta un problema. El compañero se fija en la percepción que tiene la persona del conflicto y construye un relato reproduciendo el discurso del otro, pero introduciéndole variaciones que lo convierten en otra historia.

Aforismo
No le apetecía nada, pero comía de todo.

(G. C. Lichtenberg)

Dirigir el relato al estado personal que mantiene el problema

LA HISTORIA DEL MARTILLO

Un hombre quiere colgar un cuadro. El clavo ya lo tiene, pero le falta un martillo. El vecino tiene uno. Así, pues, nuestro hombre decide pedir al vecino que le preste el martillo. Pero le asalta una duda: ¿Qué? ¿Y si no quiere prestármelo? Ahora recuerdo que ayer me saludó algo distraído. Quizás tenía prisa. Pero quizás la prisa no era más que un pretexto, y el hombre abriga algo contra mí. ¿Qué puede ser? Yo no le he hecho nada; algo se habrá metido en la cabeza. Si alguien me pidiese prestada alguna herramienta, yo se la dejaría en seguida. ¿Por qué no ha de hacerlo él también? ¿Cómo puede uno negarse a hacer un favor tan sencillo a otro? Tipos como éste le amargan a uno la vida. Y luego todavía se imagina que dependo de él. Sólo porque tiene un martillo. Esto es el colmo. Así nuestro hombre sale precipitado a casa del vecino, toca el timbre, se abre la puerta y, antes de que el vecino tenga tiempo de decir «buenos días», le grita furioso: «¡Por mí, puede meterse el martillo donde le quepa, egoísta!».

El pensamiento sobre aquello que nos preocupa va siempre acompañado del estado personal que experimentamos en esos momentos. Muchas veces es el estado personal el que dificulta la solución del problema. Recientes estudios sobre la depresión apuntan a cómo la persona experimenta el mundo, cómo siente lo que ocurre alrededor, más que a las desgracias reales acaecidas en su vida. Podemos decir que nuestro estado es el escenario en el que nos ocurre todo. En ocasiones el estado es tan fuerte que eclipsa todo el contenido del problema.

Estado de aprendizaje y cambio. El fenómeno del «aprendizaje dependiente del estado» es muy conocido: para recordar lo aprendido, se ha de retornar al estado en que se aprendió. En realidad todo aprendizaje depende del estado.

¿Qué estado nos permite aprender de forma rápida, fácil y amena? En la educación académica se presta más atención al plan de estudios, los libros de texto y los recursos didácticos que a la percepción subjetiva que tiene el aprendiz. Parece existir una premisa según la cual, si se establece el plan didáctico adecuado, cualquier persona es capaz de aprender lo que se le enseña. ¡Trate de explicárselo a un profesor a cargo de una clase de adolescentes rebeldes que preferirían no estar en el aula!

Cuando una persona se propone aprender algo, debe formularse la siguiente pregunta: ¿En qué estado quiero estar para aprender esto?

Los buenos alumnos se sirven de una serie de estrategias para facilitar el aprendizaje y, más importante aún, para controlar su estado, ya que si éste no es bueno dichas estrategias fracasan. Todos nos hemos enfrentado en algún momento a una prueba, ya sea un examen escolar, una competición deportiva, un discurso público o una entrevista de trabajo. Por muy bien que nos preparemos, si la ansiedad influye negativamente en nuestro estado y, por tanto en, nuestras posibilidades, tal vez seamos incapaces de recordar lo que planeábamos decir. En cambio, si controlamos nuestro estado el mensaje fluirá.

Cuando una persona —ya sea pedagogo, instructor, profesor o presentador— pretenda enseñar algo, es importante que evalúe su capacidad de generar un estado de aprendizaje en la audiencia. Probablemente algunos de nosotros hayamos tenido la suerte de estudiar con un profesor que lograba hacer su asignatura interesante. Por lo general, el profesor se conecta personalmente a un estado adecuado: para él la materia es interesante y le produce entusiasmo. Los estados son contagiosos, por tanto, su interés y su entrega estimularán los de sus alumnos.

La mejor manera de provocar un estado de aprendizaje en otras personas consiste en entrar en uno similar.

Otra forma de crear un estado es narrar alguna historia.

Si pretendemos despertar la curiosidad de otras personas, nada mejor que explicar un cuento de misterio. No tiene por qué estar relacionado con la asignatura que se imparte. Una vez despertada la curiosidad de la audiencia, pueden abordarse otros temas. La intención final de muchos relatos es inducir al oyente a cierto estado personal (O'Connor y McDermott, 1997).

Un cuento cura si hace sentirse bien al que lo escucha.

Los cuentos funcionan como el espejo del yo en la época en la que estamos viviendo y también pueden estimular el estado necesario para afrontar el horizonte que nos proponemos o que la vida nos plantea. Algunos cuentos estimulan esa enseñanza. Brasey y Debailleul (Brasey y Debailleul, 1999) proponen, a modo de remedio sanador, cuatro cuentos para cuatro estados personales básicos:

1. **El gato con botas.** Para la torpeza de espíritu, la dificultad para ver claro el deseo, cuando alguien debe reanimar su inteligencia dormida, despertar su imaginación, el placer de vivir y la alegría de pedir (op. cit.: 47 ss.).

2. **Caperucita Roja.** En situación de aplastamiento por los obstáculos y para encontrar la necesaria audacia para vivir y la entrega emocional a lo que estamos haciendo o tenemos que hacer (op. cit.: 58 ss.).

3. **La bella y la bestia**. Para acelerar la suerte y cuando todo va incluso demasiado bien. Cuando no se sabe cómo tratar el impulso de su propia fortuna y su fecundidad ha ido muy rápida (op. cit.: 70 ss.).

4. **Los músicos de Bremen.** En busca del verdadero sentido de las cosas ante una realidad aparentemente absurda (op. cit.: 82 ss.).

Relatos para provocar estados. Los cuentos provocan un cambio de estado en el oyente, una alteración de la conciencia más o menos perceptible que permita entender el mundo de otro modo. Algunos relatos buscan sobre todo este cambio.

Un poco de inquietud…

ANIMALES EN LOS ESPEJOS

En algún tomo de las Cartas edificantes y curiosas que aparecieron en París durante la primera mitad del siglo XVIII, el P. Zallinger, de la Compañía de Jesús, proyectó un examen de las ilusiones y errores del vulgo del Cantón; en un censo preliminar anotó que el Pez era un ser fugitivo y resplandeciente que nadie había tocado, pero que muchos pretendían haber visto en el fondo de los espejos. El P. Zallinger murió en 1736 y el trabajo iniciado por su pluma quedó inconcluso; ciento cincuenta años después Herbert Allen Giles tomó la tarea interrumpida. Según Giles, la creencia del Pez es parte de un mito más amplio, que se refiere a la época legendaria del Emperador Amarillo.

En aquel tiempo, el mundo de los espejos y el mundo de los hombres no estaban, como ahora, incomunicados. Eran, además, muy diversos; no coincidían ni los seres ni los colores ni las formas. Ambos reinos, el especular y el humano, vivían en paz, se entraba y salía por los espejos. Una noche, la gente del espejo invadió la tierra. Su fuerza era grande, pero al cabo de sangrientas batallas las artes mágicas del Emperador Amarillo prevalecieron. Éste rechazó a los invasores, los encarceló en los espejos y les impuso la tarea de repetir, como en una especie de sueño, todos los actos de los hombres. Los privó de su fuerza y de su figura y los redujo a meros reflejos serviles. Un día, sin embargo, sacudirán ese letargo mágico.

El primero que despertará será el Pez. En el fondo del espejo percibiremos una línea muy tenue y el color de esa línea será un color no parecido a ningún otro.

Después, irán despertando las otras formas. Gradualmente diferirán de nosotros, gradualmente no nos imitarán. Romperán las barreras de vidrio o de metal y esta vez no serán vencidas. Junto a las criaturas de los espejos combatirán las criaturas del agua.

En el Yunnan no se habla del Pez, sino del Tigre del Espejo. Otros entienden que antes de la invasión oiremos desde el fondo de los espejos el rumor de las armas.

(Borges, J.L. 1999: 24 y 25)

Un poco de desasosiego…

NO SE CULPE A NADIE (FRAGMENTOS)

[...]el otoño es un ponerse y sacarse pull-overs, irse encerrando, alejando. Sin ganas silba un tango mientras se aparta de la ventana abierta, busca el pull-over en el armario y empieza a ponérselo delante del espejo. No es fácil, a lo mejor por culpa de la camisa que se adhiere a la lana del pull-over, pero le cuesta hacer pasar el brazo, poco a poco va avanzando la mano hasta que al fin asoma un dedo fuera del puño de lana azul, pero a la luz del atardecer el dedo tiene un aire como de arrugado y metido para adentro, con una uña negra terminada en punta. De un tirón se arranca la manga del pull-over y se mira la mano como si no fuese suya, pero ahora que está fuera del pull-over se ve que es su mano de siempre y él la deja caer al extremo del brazo flojo y se le ocurre que lo mejor será meter el otro brazo en la otra manga a ver si así resulta más sencillo. Parecería que no lo es porque apenas la lana del pull-over se ha pegado otra vez a la tela de la camisa, la falta de costumbre de empezar por la otra manga dificulta todavía más la operación, y aunque se ha puesto a silbar de nuevo para distraerse, siente que la mano avanza apenas y que sin alguna maniobra complementaria no conseguirá hacerla llegar nunca a la salida. Mejor todo al mismo tiempo, agachar la cabeza para calzarla a la altura del cuello del pull-over a la vez que mete el brazo libre en la otra manga enderezándola y tirando simultáneamente con los dos brazos y el cuello. En la repentina penumbra azul que lo envuelve parece absurdo seguir silbando, empieza a sentir como un calor en la cara, aunque parte de la cabeza ya debería estar afuera, pero la frente y toda la cara siguen cubiertas y las manos andan apenas por la mitad de las mangas, por más que tira nada sale afuera y ahora se le ocurre pensar que a lo mejor se ha equivocado en esa especie de cólera irónica con que reanudó la tarea, y que ha hecho la tontería de meter la cabeza en una de las mangas y una mano en el cuello del pull-over. Si fuese así, su mano tendría que salir fácilmente, pero aunque tira con todas sus fuerzas no logra hacer avanzar ninguna de las dos manos, aunque en cambio parecería que la cabeza está a punto de abrirse paso porque la lana azul le aprieta ahora con una fuerza casi irritante la nariz y la boca, lo sofoca más de lo que hubiera podido imaginarse, obligándolo a respirar profundamente mientras la lana se va humedeciendo contra la boca, probablemente desteñirá y le manchará la cara de azul. Por suerte en ese mismo momento su mano derecha asoma al aire, al frío de afuera, por lo menos ya hay una afuera aunque la otra siga apresada en la manga, quizá era cierto que su mano derecha estaba metido en el cuello del pull-over, por eso lo que él creía el cuello le está apretando de esa manera la cara, sofocándolo cada vez más, y en cambio la mano ha podido salir fácilmente. De todos modos y para estar seguro lo único que puede hacer es seguir abriéndose paso, respirando a fondo y dejando escapar el aire poco a poco, aunque sea absurdo porque nada le impide respirar perfectamente salvo que el aire que traga está mezclado con pelusas de lana del cuello o de la manga del pull-over, y además hay el gusto del pull-over, ese gusto azul de la lana que le debe estar manchando la cara ahora que la humedad del aliento se mezcla cada vez más con la lana, y aunque no puede verlo porque si abre los ojos las pestañas tropiezan dolorosamente con la lana, está seguro de que el azul le va envolviendo la boca mojada, los agujeros de la nariz, le gana las mejillas, y todo eso lo va llenando de ansiedad y quisiera terminar de ponerse de una vez el pull-over sin contar que deber ser tarde y su mujer estará impacientándose en la puerta de la tienda... [...]

(Cortázar, J. 1998: 293)

Solucionar o empeorar un problema comienza con el cambio de estado en que estamos inmersos. Para ello debemos identificar cuál es el estado básico en que nos encontramos y conocer el camino para acceder a otros.

Ejercicio

Exploración de nuestro estado básico

Accedemos a algunos estados más que a otros y existe un pequeño número de ellos a que solemos regresar de forma regular. Uno de estos últimos es nuestro estado básico, es decir, aquel estado que nos es familiar y que nos hace sentir como en casa.

Cuando un estado perdura durante largo tiempo, llega a parecer el único posible. Si nos sentimos incómodos en nuestro estado básico, conviene recordar que podemos acceder a otros.

Para examinar nuestro estado básico le pediré que recuerde un momento de su vida en el que se encontraba en su estado habitual. Quiero que elija un instante de ese momento y que vuelva a visitarlo con su imaginación. Instálese allí y exploraremos su estado desde cuatro perspectivas:

1. **La fisiología.** El estado de nuestro cuerpo. ¿Hasta qué punto está sano y equilibrado? ¿Cuál es nuestro estilo respiratorio? ¿y nuestra postura característica? Si un artista dibujara nuestra caricatura, ¿qué rasgos resaltaría? ¿Cuál es nuestro nivel de energía y cómo se manifiesta en nuestra forma de andar, de estar de pie o sentados? ¿Nuestro cuerpo se siente ligero o pesado? ¿En qué zonas del cuerpo suelen aparecer las tensiones musculares?

2. **La emoción predominante.** Normalmente, cuando estamos en contacto con nuestro estado habitual, ¿qué emoción suele aparecer? El Análisis Transaccional habla de cinco grandes áreas emocionales naturales: Alegría, afecto, miedo, tristeza y rabia. Las emociones no suelen darse en estado puro, suelen tener matices. Quizá la alegría tiene algún tinte de nostalgia o la tristeza se acompaña de rabia. La sensación de contacto con las emociones genera distintos lienzos. Es importante afinar el suyo.

3. **El pensamiento.** Cuando está en este estado ¿Qué se dice a sí mismo? Nos interesa explorar nuestro grado de atención, consciencia y energía mental. ¿Somos

conscientes de nuestras imágenes mentales, nuestras palabras o nuestros sentimientos?

4. **La conciencia ecológica**. En este estado habitual en nosotros, ¿con qué nos relacionamos que suponga un sistema mayor o más global que nosotros mismos?
La conciencia ecológica es un concepto de la terminología de Gregory Bateson que habla de los nichos ecológicos en los que se desarrolla nuestra vida. Además de la Naturaleza están los sistemas de creencias mayores, las ideologías, la humanidad, nuestra familia, el arte, la cultura. En definitiva, todo aquello que encuadra nuestra misión en la vida.
¿Cómo nos relacionamos con aquellos sistemas trascendentes como el ambiente, el planeta, la Naturaleza, la energía, el resto de la humanidad, las deidades...?

Configuración del estado básico. A continuación enumeramos otra serie de cuestiones que nos ayudarán a valorar el estado básico de la persona:
- ¿De dónde proviene? ¿Desde cuándo tiene este estado? ¿Lo ha experimentado siempre o lo ha adquirido recientemente?
- ¿Puede remontarse hasta el incidente que lo originó?
- ¿Lo aprendió en su infancia, quizá de sus padres u otra figura importante?

Con el aprendizaje de convicciones, valores, normas y habilidades de nuestros padres, a menudo adquirimos el estado que los acompaña.

Ejercicio

Relato de anécdotas personales y producción de estados
Una de las estrategias más eficaces para la construcción de cuentos consiste en averiguar el estado personal que ancla a la persona con su problema y dirigirse a él sin mencionar el problema que le preocupa.
4 personas (aunque también se puede hacer por parejas o tríos)
1. A cuenta algo banal y agradable, una anécdota personal ocurrida en vacaciones, un viaje, un fin de semana o cualquier otra situación agradable.

2. B, C y D comentan con A con qué han conectado al escuchar el relato y cómo se han sentido
3. A reescribe la historia y agrega cosas que veía (V), oía (A), olía (O) y saboreaba (G). Debe detenerse especialmente en detallar matices de todas esas percepciones: colores, brillos, luminosidad, tamaños, características del sonido, voces, músicas, olores y sabores.
4. B, C y D comentan con A con qué han conectado al escuchar el relato y cómo se han sentido.
5. A reescribe la historia y agrega qué cosas sentía en el cuerpo en aquella situación (K) y las emociones que experimentaba.
6. B, C y D comentan con A con qué han conectado al escuchar el relato y cómo se han sentido.
7. A reescribe la historia y agrega qué cosas se decía a sí mismo (Di) y con qué cosas conectaba en esa situación que fueran más importantes y trascendentes (Conciencia ecológica).
8. B, C y D comentan con A con qué han conectado al escuchar el relato y cómo se han sentido.

Algunos ejemplos:

- Cuando huelo la goma de borrar...
  Mi respiración se prolonga, la vista se va al infinito y desde allí, vuelvo a la escuela.
  Siento una mezcla de nostalgia y afecto, también tristeza.
  Resuenan en mi mente melodías rítmicas de la tabla de multiplicar.
  Y eso me conecta con una pinada a la que mi padre me llevaba los domingos.
  Y pienso desde la escuela que en ese momento el pino en donde jugué el domingo aún estará allí y también todos los árboles del mundo que los hombres hayan tenido a bien dejar vivir.

- Cuando oigo la voz de mi jefe...
  Mi respiración se descarga sobre mi nariz y empiezo a respirar a golpes, mis hombros se tensan.
  Una incipiente rabia se instala en mi garganta.
  Me digo a mí mismo que «tengo que cambiar».
  Y eso me conecta con todas las personas que deben estar en este momento en mi misma situación.

- Cuando oigo la voz de un niño, en ocasiones recuerdo que mi hijo está por ahí haciendo su vida.
  La respiración se detiene un poco, como si quisiera afinar el oído sin que ningún otro sonido me molestara para percibir un riesgo.
  Mi espalda se arquea preparándose para un eventual salvamento.
  Y me digo: él es sensato, sabe cuidarse...
  Y eso me conecta con lo hermosa que es la infancia: siempre debería haber un niño en cada casa.

- Cuando me hablan airadamente...
  El aire no me entra bien en los pulmones.
  Parece que mi mirada se vuelca hacia adentro.
  Y se me instala un perro rabioso en la boca del estómago.
  Me digo: ¡Uy! ¡Ya estamos!
  En esos momentos lloro y me vienen a la cabeza otras desgracias mías y de otras personas, incluso de gente que no conozco, noticias del periódico.
  Entonces aprovecho y lloro por todo.

Más que caer en estados, los producimos

> *A veces no estamos a la altura de lo que deseamos y cuando el milagro se produce no lo aceptamos con todas sus consecuencias.*
>
> (Brasey y Debailleul, 1999)

Los estados personales no son estructuras psíquicas que nos invaden o en las que caemos irremisiblemente, sino que son fabricados por nosotros mismos mediante mecanismos que, a menudo, vuelan bajo el radar de la conciencia. La mente es altamente eficiente, tanto para procurarnos bienestar, como para cultivar el arte de amargarse la vida. (Watzlawick, P. 1995):

Ejercicios para la producción de estados inadecuados

- Sentado cómodamente en su sillón y con los ojos cerrados, haga que su atención se concentre en sus zapatos. Empezará a notar lo incómodo que es propiamente esto de llevar zapatos. Tanto da que hasta ahora le hubiese parecido que sus zapatos le iban bien; de pronto notará puntos que aprietan y de improviso se hará consciente de otras molestias como escozores, roces, retorcimiento de los dedos, ardor o frialdad y demás sensaciones parecidas. Siga con el ejercicio hasta que llevar zapatos, que siempre le había parecido algo evidente y rutinario, se convierta en francamente molesto. Luego cómprese unos zapatos nuevos y observe cómo en la tienda le parece que le van al pelo, pero después de llevarlos un poco producen las mismas molestias que los viejos.

- Sentado en el sillón, mire por la ventana hacia el cielo. Con alguna habilidad, pronto verá usted en su campo visual un gran número de círculos diminutos como burbujas que con los ojos quietos van bajando lentamente y al parpadear suben rápidos. Observe también que estos círculos le parece que van aumentando en número y magnitud a medida que usted se concentra en ellos. Pondere la posibilidad de que se trata de alguna enfermedad peligrosa, pues, si estos círculos llegasen a llenar todo su campo visual, usted se vería enormemente entorpecido en su vista. Vaya al oculista. Éste intentará explicarle que se trata de unas «moscas volantes» (*mitodesopsta*) totalmente inofensivas. Entonces, piense que su oculista tenía el sarampión cuando se explicó esa enfermedad a los estudiantes de medicina de su promoción o que por puro amor al prójimo no quiere informarle del curso de su enfermedad incurable.

- Tomemos el tema de los semáforos. Seguramente usted ya ha notado que tienen la tendencia a permanecer verdes hasta que usted llega, y es entonces precisamente cuando pasan de amarillos a rojos, y ya no le permiten arriesgarse a pasar el cruce. Si usted resiste a los influjos de su razón que le sugiere que se encuentra tantas veces con semáforos rojos como verdes, el éxito está garantizado. Sin saber cómo, usted conseguirá añadir cada semáforo rojo al número de los infortunios sufridos, en cambio, ignorará los semáforos verdes. Muy pronto no podrá resistir a la impresión de que unos poderes enemigos hacen aquí de las suyas y que su influencia de ninguna manera se limita al lugar donde usted reside, sino que le persiguen incansables a Oslo o a Los Angeles. En el caso de que usted no conduzca, puede descubrir,

> como situación sucedánea, que la cola que usted hace para la ventanilla de correos o del banco siempre es la más lenta, o que la puerta de salida que le conduce a su avión siempre es la que está situada más lejos de su taquilla.
>
> El ciudadano, debidamente adiestrado, puede conseguir llegar a este punto, de haberse creado una situación difícil sin saber cómo lo ha hecho. Desamparado en manos de los vaivenes de la fortuna insensible, puede usted, completamente seguro, amargarse la vida a sus anchas.

Inteligencia emocional y estados óptimos

Usted se encuentra en un estado extático en el que se siente como si casi no existiera. Así es como lo he experimentado yo en numerosas ocasiones. En esos casos, mis manos parecen vacías de mí y yo no tengo nada que ver con lo que ocurre, sino que simplemente contemplo maravillado y respetuoso todo lo que sucede. Y eso es algo que fluye por sí mismo.

(Goleman, D. 1996)

Un compositor describió así los momentos en los que mejor trabajaba, descripción que se asemeja a la de muchas personas que describen sus momentos de máximo rendimiento y disfrute de una actividad intelectual, deportiva, artística u operativa en muchas profesiones. La inteligencia emocional se ha interesado sobre este aspecto y define esta situación psicofísica como el estado de flujo. Los atletas lo definen como «la zona»: un estado de absorción beatífica centrado en el presente, en el que espectadores y competidores desaparecen y la excelencia se produce sin el menor esfuerzo. Diane Roffe-Steinrotter, ganadora de una medalla de oro en la olimpiada de invierno de 1994 dijo, después de haber terminado su turno de participación en la carrera de esquí, que sólo recordaba haber estado inmersa en la relajación: «Era como si formara parte de una catarata.» (op. cit.).

Lo que caracteriza esta experiencia es una sensación de alegría y bienestar altamente gratificante en la que la conciencia se funde con la actividad que el sujeto está llevando a cabo. También se describe como el estado de olvido de uno mismo. Es lo contrario de la reflexión. La persona se dedica meramente a existir sin preocuparse de nada más. Lo cotidiano, como el dinero, el trabajo o los objetivos, se esfuma y sólo queda el gozo de la acción.

Investigaciones longitudinales sobre la evolución de estudiantes de Bellas Artes, en los dieciocho años siguientes a la finalización de sus estudios dieron como resultado que seguían pintando los que disfrutaban de hacerlo, los que se sentían bien con los olores del óleo, con las texturas de los materiales, con el contacto con la pintura. Los estudiantes que albergaban expectativas de éxito social o económico con la profesión habían abandonado. Por lo tanto, la capacidad de disfrute está en la base de los estados de máximo rendimiento.

Todos nos hemos sentido así en algún momento de la vida. Pasamos largas temporadas de nuestra vida sin acceder a este estado y es fundamental visitarlo de vez en cuando.

Ejercicio

Describir un estado de satisfacción (Grupos de cuatro a siete personas)
Poner en común episodios en los que cada participante ha experimentado un estado de satisfacción.
    Los demás miembros deben notar cómo les afecta cada relato.

Ejercicio

Cuentos dirigidos al estado
A cuenta algo que le preocupe.
    B averigua el estado en que se sume A cuando padece el problema.
    B construye un relato dirigido al actual estado y al que sería idóneo para resolver el problema.
    El relato debe omitir el problema.

El estado del narrador de cuentos. No sólo es útil la exploración de estados para las personas aquejadas de un desorden emocional o de atascos existenciales, también es importante el estado del relator de metáforas, a la hora de producirlas. Anderson Imbert dice lo siguiente cuando alguien le preguntó sobre su estado personal a la hora de escribir literatura:

«Mi arte de componer cuentos es muy parecido al del poeta: parto de la intuición concreta de una acción que no es real sino posible. En seguida me ensimismo y me autocontemplo hasta ver cómo esa situación ideal se va revistiendo con imágenes de experiencias que he vivido de verdad. Entonces empiezo a sentir el placer del juego. Juego con el lector. Sé que el lector querrá escaparse, querrá leerme rápidamente, querrá ser coautor de mi cuento e interpretarlo a su manera. Pero, para que no se me escape, elijo cuidadosamente cada palabra, anudo todos los hilos en una urdimbre perfecta, le armo una trampa y así, en un proceso rigurosamente vigilado, de expectación en expectación, lo llevo a un punto desde el que cae, sorprendido.» (En Anderson Imbert, E. 1992: 28).

Ejercicio

Un narrador va a contar una breve historia a un grupo, preferiblemente no inferior a cinco personas.

Antes de hacerlo se conecta a un estado personal que le parece adecuado para ese relato. Para ello, recupera una situación de su memoria en el que estaba en ese estado: intrigado, motivado, triste, alegre, enfurecido...

Dirigir el relato a escenarios en los que el problema no se produce

...papeles donde se diseñaban desembarcos
en países no situados en el tiempo ni en el espacio,
como un desfile de banda militar china
entre la eternidad y la nada.

(José Lezama Lima. *Paradiso*. En Cortázar, 1998: 251)

Pensar el espacio. Los problemas se dan en contextos. La configuración del espacio remite inmediatamente al conflicto. Una de las preguntas que suele restar angustia a quien cree que tiene un problema consiste en pedirle que recuerde un lugar en el que el problema se manifiesta más suavemente o ni siquiera se produce.

CONTIGUOS

Estaban tan acostumbrados a vivir juntos, a mirarse de cerca, que si se veían en la calle se turbaban.

(Adolfo Bioy Casares. *Guirnalda con amores*)

Precisamente por esa relación entre problema y lugar en el que ocurre los relatos suelen hablar vagamente de los lugares en los que se produce la historia.

La falta de concreción de lugar y época en el que han ocurrido los hechos es uno de los factores más hipnóticos de los relatos.

La suelta de amarras espacio-temporales produce un aumento de concentración sobre el relato.

«*Érase una vez, en un remoto lugar, en tiempos inmemoriales...*»

(Fórmulas clásicas de comienzo de los relatos)

Cuando una persona experimenta un conflicto suele unirlo al contexto en el que se produce y si después de un tiempo vuelve a visitarlo puede volver a reproducir el conflicto que parecía solucionado.

El miedo suele tener relación con la dimensión territorial. Muchas personas manifiestan no poder alejarse de lugares que viven como seguros: su casa, su barrio, su ciudad. Éste es el poder transformador del viaje transformador. El mero cambio de aires y hábitos produce cambios sanadores en muchos casos. La metáfora del caminante, del aventurero no arraigado a ningún lugar nos remite a la imagen arquetípica de la libertad.

«Cualquier lugar es bueno para pasar de largo.»

(Fernández-Santos, A. 1988)

Muchos patrones hipnóticos comienzan con frases relacionadas con la visita a lugares que dan seguridad:

Ahora estás preocupado por lo que te ha ocurrido y te duele lo que ha pasado… A continuación quiero que tu mente te traiga la imagen de un lugar en el que te encuentres seguro y a salvo de todo, un lugar en el que tus recursos fluyen, en el que es fácil vivir, un sitio en el que todo surge espontáneamente. Puede ser un sitio que visitas a diario, un rincón de tu casa, una playa, un lugar de una montaña. Puede ser un lugar al que hace mucho tiempo que no vas y que ha quedado nítidamente en tu recuerdo, puede ser un sitio del futuro, un lugar que sólo está en tu imaginación, que tantas veces te ha proporcionado bienestar… Ahora sólo quiero que te instales allí unos instantes, que observes lo que se ve allí, que oigas el sonido que se oye allí, los olores, sabores, las sensaciones que te produce estar en ese lugar. Quédate un rato en ese lugar y disfruta de todo lo que hay allí…

Le pregunté a una amiga acerca de cómo era este lugar para ella y me escribió lo siguiente:

UN PARAÍSO EN LA CIUDAD: LOS JARDINES DE MONFORTE DE VALENCIA

Aquel día, como siempre, caminaba deprisa y agitada por la ciudad; no oía el golpear de sus botas sobre la acera, ni su respiración, fatigada por la prisa, o el crujir de las bolsas que llevaba en sus manos. Todo estaba silenciado por el bramido uniforme de la ciudad, pero ese día, escuchó algo distinto al pasar junto a una gran puerta de madera que se encontraba abierta. De repente, un sonido atravesó su corazón. Se quedó clavada en el suelo. No puede ser. Era el grito de un pájaro, sonido familiar de la selva que antaño era bien conocida, y hace años, olvidada.

Volvió a escuchar y lo oyó de nuevo. ¡Es él! Se giró y vio la gran puerta abierta que la invitaba a cruzarla sin temores. Y así lo hizo.

Un jardín, o un parque, o quizá un bosque... ¡Qué extraño! pensó, siempre paso por aquí y nunca vi esta puerta, y menos, escuché al pájaro de fuego.

Caminó algo desconcertada por lo que parecía una rosaleda y empezó a sentir frío, pero miró hacia arriba y quedó deslumbrada por los cegadores rayos del sol, cuyo calor percibía suavemente sobre su cabello. Siguió caminando y las rosas cedieron su lugar a una tupida senda de altísimos árboles donde volvió a oír el canto del pájaro.

La selva, «mi selva», pensó, en la ciudad... y una dulce sensación de calidez que emanaba de la tierra, comenzó a calentar sus pies como si atravesara la arena caliente de una playa.

(Eulalia Lozano)

Ejercicio

Percepción del espacio
Piense en algo que suele preocuparle. Piense en el lugar en el que suele asaltarle la preocupación.
Ahora piense en los lugares y situaciones en los que no se produce el malestar.
Tráigase la preocupación a esos escenarios neutrales.
Note los cambios de percepción del problema.

Fragmento
Dejar atrás Valencia, una vez más, dejar atrás a todos aquellos que perfilaban su imagen de muchachita alegre que no sabía mentir. Ella no conocía las guerras perdidas con el día a día, paradojas del disimulo, sonrisa picarona de la que se marcha sabiendo de nuestros olvidos malintencionados: ella sabía que no me gustaba hablar en primera persona.

Fue en aquella ciudad donde te dejaste vivir en otras manos, aquella ciudad de pájaros amenazantes con las formas del delirio, de puntiagudos filos que balbucean el miedo de la infancia repetida; para ti uno más uno tampoco eran dos.

(Yasmina Galán)

Ejercicio

Abrazos (En parejas)
Cada pareja se abraza y se separa muchas veces. La separación debe hacerse lentamente. El objetivo es experimentar el espacio que se va creando entre las dos personas al irse separando. Es más importante el momento de la separación que el del mismo abrazo.

Hay que incorporar elementos de la sintonización y acompasamiento como mirar al otro, olvidarse de uno mismo, anticiparse a lo que el otro necesita, facilitárselo...

El ejercicio va avanzando y hay que dar libertad a lo que vaya ocurriendo y a cómo van evolucionando las cosas.

La música es el elemento que llena el cuerpo y lo va moviendo. Oírla debe ayudar a suspender el razonamiento.

Cuando dos personas se abrazan, lo importante ¿qué es?... Lo que ellos sienten, ¿por qué se abrazan? ¿quiénes han sido en la vida? Lo importante, para que sea verdadero o no, desde el punto de vista del que mira la escena es el abrazo en sí. La forma de interacción de esos dos cuerpos, que pueden ser mágicos o no.

(Fernández, A. y otros, 1997)

Ejercicio

Volar la cometa
No hacer como que la vuelas, no pensar en tus acciones. No mirarse a sí mismo, sino al cachirulo, a lo lejos, en el aire. Intentar verlo allí y así posibilitarás que el espectador lo vea en ti.

Siente la distancia entre la cometa y tú y deja tus manos libres para soltarlo y recogerlo cuando tus ojos te lo indiquen... (op. cit.)

Ejercicio

Sacar a bailar
El grupo se coloca en dos filas, frente a frente. Mientras suena la música y muy lentamente van a sacarse a bailar unos a otros. Primero con un juego de miradas, después aproximándose, invitando al baile...

Hay que tener en cuenta todo el espacio, las zonas de espacio libre entre los miembros del cuerpo: entre las piernas, entre los brazos y el tronco, entre los dedos... El espacio que hay alrededor del cuerpo, entre los compañeros, entre los límites del escenario...

Hay que sentir la tensión que hay entre las personas, los objetos y los límites que hay en la escena. Una especie de hilos de goma o chicle que se encogen y se estiran según los movimientos de la escena y que la convierten en un «todo» con vida propia y a la que pertenecemos.

Poco a poco y sintiendo todo eso, moverse juntos, por parejas, bailar...

Recordar que lo importante no somos cada uno de nosotros, sino el compañero, los demás, los objetos y los lindes del espacio escénico. (op. cit.)

Ejercicio

Percepción del espacio y relaciones humanas (Grupos de cuatro)
El objetivo es sentir y pensar el espacio que nos une/separa de las personas con las que nos relacionamos.

- *1ª Parte*
Inducción a una suave relajación.
Sentir el espacio personal, el que nos produce sensación de intimidad y mirar desde él a los demás miembros.
Para ello, evocar la sensación de estar en casa, entrar en ella...
Evocar la sensación de estar en familia.
Mirar hacia dentro y hacia fuera de ese espacio.
Sentirse del grupo, notar la solidez de cada miembro.
Mirar hacia el exterior del grupo.
Hay personas que se sienten mal fuera de su espacio, de su casa, de su pueblo, de

los lugares que frecuenta... Porque no son capaces de llevarse su sensación de pertenencia espacial a otros lugares.

2ª Parte
Sentir la sensación de ti mismo.
Mirar desde ti al exterior.
Pensar en el de enfrente como alguien aislado.
Pensar en el de enfrente como alguien perteneciente al grupo.
Mirar al de la izquierda y al siguiente, y al siguiente (circularmente) dos o tres vueltas.
Mirar al revés.
Mirar de izquierda a derecha y jerarquizarlos: 1º el jefe; 2º el jefe del 1º; 3º el jefe del 2º.
Mirarlos jugando a «piedra, papel, tijeras»: la piedra aplasta a las tijeras, éstas cortan el papel y a su vez, éste envuelve a la piedra. (Concepto de Heterarquía contra jerarquía: estés donde estés siempre hay alguien arriba y debajo: 1 es jefe de 2; 2 jefe de 3, pero 3 es jefe de 1).
Piensa en ti mismo como alguien a quien el grupo influye.
Ahora piensa en ti como alguien que influye en el grupo.
Pensar desde ti en el grupo (combinar el pensamiento atómico y el sistémico).
El pensamiento objetivo es menos sensible a esta sutileza.

(McWhirter, J. 1998).

Ejercicio

Proxémica (En parejas)
Mientras su pareja se mantiene inmóvil, usted debe modificar su distancia respecto a él y tratará de sentir en qué modifica eso su experiencia. ¿Rehuye la mirada? ¿Se le nota cierta incomodidad? Si se acerca demasiado ¿Retrocede o repliega el cuerpo?

Según la distancia entre las personas sea mayor o menor ¿qué tipo de vínculo puede estar en juego?

Si es su interlocutor quien modifica su distancia respecto de usted ¿qué siente?

Cuando haya explorado estos puntos, cambie de papel.

> **Ejercicio**
>
> Alguien le cuenta un problema.
>   Sin hablar del problema, describa dos lugares en ocho líneas cada uno: en uno de ellos se sugiere el escenario en el que se produce el problema en el otro lugar es donde se produce la solución.

Utilizar el espacio exterior para pensar

> *A veces el viento cambia de aire, a veces observo la distancia cuando está sólo a un paso, a veces las paredes me estremecen en múltiples distancias del exterior, a veces te alcanzo –sólo a veces– cuando me pongo poética e imagino que «a veces el viento cambia de aire.*
> *A veces, hasta que alguien gritó «nunca más».*
> *Ya no he vuelto a ponerme «poética», he perdido el interés por las palabras.*
>
> (Yasmina Galán)

Dadas las conexiones entre la cultura occidental y la geometría euclidiana podemos pensar que respondemos muy bien a la experiencia de colocar en el espacio que nos rodea los distintos conceptos, estados y situaciones que nos preocupan formando con uno mismo una constelación.

Recorrer una línea imaginaria que represente la línea del tiempo, como veremos más adelante, nos proporciona la ventaja de movernos por el tiempo y espacio con una experimentación sensible y plena, de cuerpo entero. También nos permite salirnos de la línea y experimentar una disociación inmediata de la experiencia y del «yo» que la experimentó. Ello nos posibilita andar literalmente alrededor de la experiencia y verla desde distintas perspectivas (McDonald, W. 1997).

Podemos poner en un espacio escénico circundante a nosotros mismos distintas cosas:

- En un extremo, un polo de nuestra personalidad que manifieste una tendencia de comportamiento (trabajar con las manos) y en el otro extremo el otro polo (pensar sobre el mundo en actitud contemplativa). Haciendo caminar al sujeto por la línea que une los polos le induciremos a que busque el punto que le resulte más cómodo para dirimir la «contradicción».

- También se puede colocar en un extremo el estado de vigilia y en el otro, el estado de sueño profundo y explorar el estado en que se encuentra.

- Por otra parte se puede experimentar con los Tipos Junguianos, poniendo en un extremo el extrovertido y en el otro el introvertido, por ejemplo.

- También se pueden explorar las posiciones Masculina y Femenina como el Yin y el Yang. La exploración del Tao.

- En cuanto a la hipnosis, se puede situar en un extremo la vigilia normal y en el otro extremo el trance profundo. Se le pide a la persona que vaya andando hacia atrás con pasos cortos (para favorecer la percepción sensitiva y despotenciar la búsqueda con la visión) hasta que encuentre una profundidad de trance que le parezca adecuado para él en ese momento. Se le espera al final con una silla para que se siente y reafirme es estado introspectivo. (McDonald, W. 1996)

- Los patrones de exploración psicogeográfica son muy interesantes ya que proporcionan acceso sensitivo de cuerpo entero a estados personales que de otro modo serían de difícil acceso.

- Las esculturas familiares (Satir, V. 1992) que escenifican la situación familiar conflictiva y permiten un análisis inmediato por parte de los miembros familiares implicados.

- La constelación familiar que externaliza el mapa mental que tenemos de la familia (Hellinger, B. 1999 / Jodorowsky, A. 1994) y en un escenario improvisado al efecto, pueden verse los movimientos de unas personas hacia otras, la distancia relacional entre ellas y un conjunto de factores que explican espacialmente conceptos complejos sobre la dinámica familiar.

EL POZO

Mi hermano Alberto cayó al pozo cuando tenía cinco años. Fue una de esas tragedias familiares que sólo alivian el tiempo y la circunstancia de la familia numerosa. Veinte años después, mi hermano Eloy sacaba agua un día de aquel pozo al que nadie jamás había vuelto a asomarse. En el caldero descubrió una pequeña botella con un papel en su interior.

Este es un mundo como otro cualquiera, decía el mensaje.

(Luis Mateo Díez. *Piezas sueltas*)

El cambio de contexto produce una nueva valoración de los escenarios habituales. Valoración que llega a afectar la propia identidad.

DESPEDIDA

Seres odiosos, mezquinos
ridículos,
que habitáis en hombres
y mujeres
cuando el miedo los yugula,

no habéis sabido
encender mi hermosura.

Ahora os quedáis
para siempre sin mí.

Me voy con mi amor
que os ha exorcizado.

No os odio, no, os depongo.

Os dejo únicamente,
como regalo, mi ausencia.

(Trinidad Ballester, 1993)

Dirigir el relato al cambio de perspectiva y enfoque del oyente

El pensamiento es sensible al punto de vista desde el que la cámara enfoca la situación. El enfoque cinematográfico ilustra lo que estamos hablando. En la clásica película de Ernst Lubitsch: Ser o no ser, la protagonista es visitada en su camerino por su marido en algunas escenas y por su amante en otras. Las visitas están precedidas por el enfoque de la puerta del camerino por dos cámaras, cada una de ellas dedicada a cada uno de los dos hombres. En el transcurso de la película, el espectador puede saber cuál de los dos se presentará según la cámara que está enfocando en ese momento.

Ejercicio

Psicolingüística y control de la atención
Piense en algo que aún no haya decidido y que le suponga cierto interés. De momento no elija nada fundamental, algo sencillo como el vestuario de mañana. Mientras piensa cómo se vestirá vaya variando la frase del siguiente modo:

- Piense *sobre* ello
- Piense *en* ello
- Piense *a través de* ello
- Piense *por debajo de* ello
- Piense *por todo* ello
- Piense *tras* ello
- Piense *más allá de* ello
- Piense *mucho más allá de* ello
- Piense *ante* ello
- Piense *al margen de* ello
- Piense *alrededor de* ello
- Etc.

Después debe evaluar cuál o cuáles son las mejores construcciones lingüísticas. Las que mejor reflejan el estilo de su pensamiento dependiendo del enfoque

(McWhirter, J. 1998)

Ejercicio

La perspectiva del hablante (En grupos de 3 ó 4 personas)
Invirtiendo el proceso anterior: una persona habla de algo que le interesa. Para ello describe cosas que le gustan y relacionadas con el tema.

Los demás comentan desde qué perspectiva creen que piensa:

- *Sobre* ello
- *En* ello
- etc.

Los que escuchan deben concentrarse en signos de todo tipo que les permita averiguar el modo de pensar y la perspectiva desde la que habla la persona: Desde dónde piensa y habla la persona. (op. cit.)

Posiciones perceptivas del relator y de los personajes

En cierta ocasión dos vecinos que tenían una disputa sometieron su caso ante el Mulláh. Éste le pidió a uno de ellos que diera su opinión sobre los hechos. Cuando finalizó le dijo:
—Tiene usted toda la razón.
El segundo vecino quedó asustado por la afirmación del Mulláh hasta que éste le pidió su versión de los hechos. Cuando terminó su exposición el Mulláh le dijo:
—Tiene usted toda la razón.
El secretario del Mulláh, desorientado ante la actuación de su señor le dijo:
—Mulláh, no pueden tener los dos toda la razón.
A lo que el Mulláh le respondió:
—Tiene usted toda la razón.

(Cuento popular)

No se pueden defender todas las perspectivas a la vez. Sin embargo, deben compatibilizarse. Según la perspectiva que adoptamos de una situación resaltamos unas cosas u otras dentro de la misma Según el punto desde el que enfocamos la realidad, cobran importancia unas cosas u otras. La descripción múltiple de la realidad mediante la adopción de distintas perspectivas enriquece ostensiblemente la historia que analizamos. Muchos desórdenes se producen por el aferramiento a una posición subjetiva sobre las situaciones de la vida sin contemplar otros enfoques.

Existen tres posiciones para contemplar cualquier proceso de comunicación, aunque se puede incluir una cuarta, llamado Meta-posición. Veámoslas con más detalle:

1ª Posición. (Yo) La propia realidad, lo que uno piensa como individuo en función de su experiencia personal. La propia perspectiva, la propia casa, nuestro lugar en el mundo.

- **2ª Posición.** (Tú) Luego uno trata de situarse en el punto de vista de otra persona. A mucha gente esto le resulta incómodo, porque supone que la comprensión y el asentimiento son lo mismo; es decir, que si usted contempla algo desde el punto de vista de otra persona tiene que estar de acuerdo con ella. Sin embargo, aunque es necesario que comprenda el punto de vista del otro, no es obligatorio que esté de acuerdo con él. Por lo demás, si no lo comprende no puede saber si está de acuerdo con él o no. En este punto es importante adoptar incluso la postura corporal, tensión muscular, forma de hablar de la otra persona para comprenderla.

- **3ª Posición.** (Él) Es la del observador. El que ve la relación entre la primera y la segunda posición con mayor desapego e imparcialidad. Es la posición desde la que se pueden generar alternativas con mayor objetividad.

- **Meta-posición.** Observación del sistema completo desde fuera. Permite una lejanía de la situación más o menos grande, en función de la sensación de angustia que produzca en la persona. Intenta provocar el máximo desapego. Esta posición es como el relator omnisciente en la literatura, es el que todo lo sabe, hasta cómo va a terminar la historia, antes de que les ocurra a los personajes. Domina la dinámica de los acontecimientos en el pasado, presente y futuro.

Ejercicio

Posiciones perceptivas frente a un tema (En grupos de 3 a 6 personas)
El grupo elige un tema que dé lugar a la expresión de opiniones muy diversas.
   Cada uno de los participantes elige un papel expresando prioridades (eficacia, necesidad, utilidad, estética, renombre).
   Por turno, cada cual intentará exponer al grupo la opinión de su papel a propósito del tema dado.

RELATOS EFICACES

Ejercicio

Perspectiva del relator
Escriba un cuento desde la Primera posición.
   Escriba la misma historia desde la Segunda posición.
   Escriba la misma historia desde la Tercera posición.
   Tomar la posición perceptiva del otro es útil para saber hasta qué punto se desean las cosas...

FANTASMAGORÍAS

Desde muy joven –lo confieso– me han gustado los fantasmas. Me apasionaban las historias de sus desventuras.

Hoy –lo confieso–, aproximándose la hora de convertirme en uno, ya no me gustan tanto.

(Eliseo Diego. *Libro de quizás y de quién sabe*. En Fernández, A. 1990)

Es importante recordar que la toma de otras posiciones perceptivas es un instrumento para recabar información ante una situación de la vida que no comprendemos. Pero después de este ejercicio hay que volver a ocupar cada uno su posición. Muchas personas tienen dificultades para analizar la realidad porque se pasan la vida en todas las posiciones perceptivas menos en la primera, es decir en la suya propia. En consecuencia, es importante que cada uno desempeñe su posición.

Un caballero de costumbres noctámbulas se siente cansado cierto día y decide no salir de casa e irse temprano a dormir, con la consiguiente alegría de su mujer, tan abandonada como abnegada. Muy entrada la noche, la esposa, que comparte en aquel instante su misma habitación, se despierta sobresaltada al escuchar un ruido en la escalera.

–¡Mi marido! –exclama.
El marido, al oírla, se arrojó por el balcón.

(Carlos Bousoño. *Teoría de la expresión poética.*
En Fernández, A. 1990)

Dirigir el relato a la percepción del tiempo

Ha pasado algún tiempo. El tiempo pasa y no deja nada. Lleva, arrastra muchas cosas consigo. El vacío, deja el vacío. Dejarse vaciar por el tiempo como se dejan vaciar los pequeños crustáceos y moluscos por el mar. El tiempo es como el mar. Nos va gastando hasta que somos transparentes. Nos da la transparencia para que el mundo pueda verse a través de nosotros o pueda oírse como oímos el sempiterno rumor del mar en la concavidad de una caracola. El mar, el tiempo, alrededores de lo que no podemos medir y nos contiene.

(Desde el otro costado)

Pensar el tiempo. Los antiguos presocráticos se rebelaban contra el tiempo concreto, ya que no aportaba regulación alguna sobre la dimensión arquetípica del ser humano. El tiempo era entendido, pues, como repetición del arquetipo (Eliade, M. 1951).

Cada acción y cada gesto adquiere su sentido en la medida que renueva una acción primordial. Acción que nos remite a la Creación del mundo.

El Calendario es una repetición simbólica de la Creación: El año empezaba en muchas culturas en Marzo, en relación con las ceremonias agrícolas (op. cit.: 68):

«He aquí un nuevo día de un nuevo mes de un nuevo año; hay que renovar lo que el tiempo ha gastado». Ésta era la Proclamación del Rey Persa el día de Nauroz (Año Nuevo).

El paso del año es el fin del mundo. Algunas culturas concebían así el verano tórrido (op. cit.: 70). En realidad, el tiempo es circular, la linealidad de su percepción se instala en la mente humana desde las épocas en las que vivir no es un ejercicio tan esforzado.

La repetición es la imitación de un arquetipo celeste. *Así en la Tierra, como en el Cielo*, rezan todas las religiones del mundo. La repetición da seguridad en un mundo aparentemente caótico, porque se asemeja al comportamiento de las cosas en el cielo, que se convierte en ejemplo a seguir porque parece que todo está en orden.

En la simbología china, el tiempo viene simbolizado por dos ruedas de carro unidas en cruz y entramadas totalmente desde el centro, las ruedas comparten el hueco del eje. Una de ellas simboliza el tiempo cotidiano, el paso del tiempo concreto. La otra simboliza el tiempo eterno, una ventana a la visión del tiempo.

Las dos ruedas no pueden moverse a la vez, ya que se destrozarían. Cuando una se mueve, la otra debe permanecer en reposo. Así, cuando se está en acción, no se puede acceder a la ventana de contemplación del tiempo eterno y viceversa.

—*Tú tienes el reloj, yo tengo el tiempo*—. Le dijo el indio al conquistador.

La percepción del tiempo es una de las claves más importantes de la adaptación a la vida adulta. Muchas angustias humanas se deben a una incorrecta percepción del tiempo, a una deficiente percepción del tiempo fragmentado. Estudios recientes sobre el proceso de inadaptación social de jóvenes atribuyen a esto gran parte de su dificultad para pensar correctamente sobre la proyección de su vida.

UNA VIDA

La cocinera dijo que no se casó porque no tuvo tiempo. Cuando era joven trabajaba con una familia que le permitía salir dos horas cada quince días. Esas dos horas las empleaba en ir en el tranvía 38, hasta la casa de unos parientes, a ver si habían llegado cartas de España, y volver en el tranvía 38.

(Adolfo Bioy Casares. *Guirnalda con amores*)

Las personas toman decisiones para mejorar sus vidas, se plantean proyectos, cambios de actitudes y adquisición de habilidades. Pero si no lo acompañan de temporalización, sólo consiguen acumular tareas y compromisos que en realidad no caben en sus vidas (Ortín, B. 2003: 59 ss.). Si en la planificación de mis metas excluyo el tiempo, comienza la construcción de la ansiedad. Se puede elegir escenarios y perspectivas, pero el tiempo no.

Ejercicio

Pensar el tiempo
Piense en algo que desea hacer pero que piensa a la vez que no puede hacerlo.
  Piense que está situado en el momento presente.
  Desde ahí piense que le gustaría ser alguien que tiene la habilidad suficiente y que puede llegar a aprender algo sobre el asunto elegido.
  Aquí hay tres imágenes de sí mismo, evóquelas en su imaginación:

1. Yo estoy aquí (presente).
2. Yo soy alguien al que le gustaría ir hacia... (futuro inmediato).
3. Yo soy alguien que puede llegar a dominar esa materia (futuro remoto).

  El cómo pensamos en las cosas puede hacer que intentemos conseguirlas o desistamos de ello.

Nos enfrentamos al tiempo y a la percepción sensorial que tenemos del mismo y es ésta percepción la que nos ayuda a construir un problema o una satisfacción.

Maestro, son plácidas
todas las horas
que malgastamos
si al malgastarlas
cual en un jarro,
ponemos flores.

(Pessoa)

La percepción del tiempo va unida a la evolución de la propia biografía. El tiempo es *la historia del cuerpo*.

LA HUELLA DEL TIEMPO

El tiempo pasa dejando su huella,
hincando en mi piel y mi alma
los renglones de su historia
y así, podréis leer entre líneas
la mía propia.

Y cada instante que me recorre
deja su limo nutricio
para ser pasto agridulce
de mí misma, de los demás
y, algún día, de las llamas.

(Trinidad Ballester, 1991)

Con la aparición del cine se aporta una metáfora que la mente es capaz de apresar fácilmente: el paso del tiempo es como una cinta compuesta por infinitos puntos. El tiempo se convierte en distancia, adopta una dimensión espacial. Se puede viajar sobre la cinta de celuloide. Un antecedente de esto fueron las historietas que aparecían en la prensa como serie de viñetas o *bandes dessinées*.

Si el tiempo se puede extender como una línea que se despliega ante nuestros ojos, los episodios del pasado o los deseos del futuro pueden visitarse. El simple hecho de hacerlo modifica la realidad subjetiva de lo que pasó o de lo que se desea. El yo visitante se encuentra a sí mismo en sus recuerdos del pasado y puede ver más fácilmente sus puntos fuertes y débiles. Lo mismo ocurre con el futuro.

Cuando nos desplazamos con la memoria a distintos puntos de nuestra biografía, en realidad accedemos a una representación sensorial que de ellos tenemos. En realidad todos los recuerdos son reconstruidos con la información que tenemos en el presente. Cada recuerdo es un relato posible según la economía psíquica que en ese momento manejamos.

Ejercicio

Diseñar la Línea del Tiempo de su vida

Piense en algo que hace usted cotidianamente, como por ejemplo, despertarse, desayunar, peinarse.

Asóciese a la experiencia de cuando se despertó ayer, después piense en cómo despertará mañana.

¿Cómo sabe usted que una experiencia es la de ayer y la otra la de mañana?

Imagine que hay una bóveda alrededor de su cabeza como una gran escafandra en la que está inmerso, ¿en qué lugar está la imagen de ayer? ¿Y la de mañana? Generalmente las personas utilizan distintas ubicaciones espaciales.

Añada el despertar de hace una semana. Ahora un despertar del futuro, por ejemplo, en la próxima semana. Puede que las imágenes sean borrosas, intente sólo saber dónde se ubican en el espacio. Añada cómo lo haría ahora mismo, cómo lo hizo esta mañana, cómo lo hará dentro de un año, dentro de cinco años, cómo lo hizo hace muchos años.

Introduzca algunas situaciones que sean especiales: un despertar muy agradable o, por el contrario, alguno desagradable.

Continúe añadiendo más momentos del pasado y del futuro hasta que pueda percibir su línea del tiempo.

Además de la ubicación de las imágenes en su «bóveda particular», piense en otras diferencias entre las imágenes, sonidos y sensaciones de los distintos episodios del pasado y del futuro. Repase y contraste las características formales de las representaciones de las distintas situaciones.

¿Nota cambios en las diferentes representaciones? ¿Hay algunas más agradables o desagradables que otras?

Haga un dibujo de su línea del tiempo y dibújese a sí mismo en relación con ella, aunque sólo sea un esquema básico de su persona.

Lo que acaba de hacer es codificar sensorialmente el tiempo.

(Andreas, C. 1994: 20-22)

Este proceso suele ir acompañado de otros comportamientos. Por lo general, las personas miran hacia la izquierda cuando piensan en el pasado, el presente está al frente y el futuro hacia la derecha. El movimiento de los ojos expresa la propia organización temporal.

Algunas personas alojan el pasado a la espalda y el futuro al frente. Otras sitúan el pasado abajo y el futuro arriba. Hay personas insertas (asociadas) a su línea del tiempo y otras son observadoras (disociadas) de la línea del tiempo que pasa frente a ellos.

De cualquier forma, lo esencial es que la codificación del tiempo en cada persona supone una base sobre la cual experimenta y organiza sus vivencias.

Ninguna de estas características es mejor ni peor que otra, sólo codifica el tipo de emoción que sentimos al respecto. Es posible que si nos sentimos muy asociados al presente tengamos dificultad en programar el futuro. Por el contrario, si vivimos muy disociados del momento actual, con añoranza del pasado o anhelando excesivamente el futuro tendremos dificultades para disfrutar la vida del momento presente.

Uno de los efectos que acompañan a personas que atraviesan un conflicto psicológico provocado por una larga enfermedad, o por una depresión, o por cualquier incapacidad para remontar un episodio doloroso, es la dificultad para ver claramente el futuro. Cuando se les pregunta por él suelen hablar de sendas oscuras, caminos angostos, borrosos y negros, perspectivas nubladas... En estos casos, es de gran ayuda que la persona haga los cambios necesarios para sentir su futuro.

El relato eficaz ayudará a que a partir de ese momento un nuevo panorama tire de la persona hacia delante y con sus propios recursos podrá remontar la crisis y acceder a un futuro conocido y deseado.

Ejercicio

Valorar el pasado, el presente y el futuro
Describa tres personajes. Cada uno debe orientarse hacia un tiempo pasado, presente o futuro:

- Cualquier tiempo pasado fue mejor.
- Sólo existe el presente.
- Lo mejor está por venir.

*Una sola vida humana es un periodo de tiempo
demasiado corto para descubrir una vida humana.*

(Jung)

Ejercicio

Percepción del tiempo (En parejas)

Alguien cuenta un problema que le preocupa.

El compañero le induce a una agradable relajación y después le cuenta una historia. Antes de finalizar hace un tránsito haciendo referencia a algún recurso que la persona necesita para afrontar el problema y que en algún episodio de su vida:

- ...ha ocurrido (pasado): «Piensa en algún momento en el que tuviste acceso a tus recursos, ese momento en el que todo era espontáneo. El tipo de recurso que sería útil en el presente...»
- ...ocurre (presente): «Dónde te gustaría, en la actualidad, tener acceso a esos recursos: personas, lugares...»
- ...y ocurrirá (futuro): «Piensa en los escenarios, contextos, etc., en los que te gustaría tener esos recursos a partir de ahora...»

Volver monótona la existencia, para que no sea monótona. Tornar anodino lo cotidiano para que la más pequeña cosa sea una distracción. En medio de mi trabajo de todos los días, oscuro, igual e inútil, me surgen visiones de fuga, huellas soñadas de islas lejanas, fiestas en avenidas de parques de otras eras, otros paisajes, otros sentimientos, otros yos.

(Pessoa, F. 1991: 69)

Impronta emocional. La primera vez que... El mejor ejemplo de impronta nos lo proporciona la ya clásica investigación de K. Lorenz en la que él mismo se presenta ante los patos que acaban de romper el huevo para nacer y que lo siguen a todas partes porque consideran que es su madre. Este experimento nos habla de la fuerza de una primera impresión y de la huella neurológica que puede tener en el desarrollo futuro de los sujetos. «Yo me felicitaba por la obediencia y exactitud con las que mis patitos me seguían.» (en Watzlawick, P. 1993: 22).

Consideramos una impronta como una experiencia significativa del pasado, marca un punto de arranque para una creencia o conjunto de creencias. La impronta frecuentemente contiene un modelo inconsciente en el que están implicadas personas significativas.

Ejercicio

Piense en algo que suele estorbarle cuando decide hacer alguna cosa que le interesa. Quizá sea un bloqueo muscular que lo paraliza, una molestia en la garganta que le impide decir lo que piensa. O que se queda con la mente en blanco, o que su diálogo interno le reprende fuertemente para que tenga cuidado con lo que va a hacer.

Déjese llevar por el recuerdo de algún episodio en el que esto le molestó especialmente.

Olvide ese episodio y vaya a otro similar más antiguo.

Retroceda en el tiempo para recuperar otros episodios cada vez más antiguos.

Piense en cuál fue la primera vez que le ocurrió esto. Cuando aprendió su cuerpo a hacer este síntoma.

Recree la escena: ¿dónde está? ¿con quién? ¿qué ocurre concretamente? ¿le reprenden sus padres por algo que ha hecho? ¿se siente mal? Recuerde que debe ponerse en la piel de usted mismo en la edad del primer recuerdo que tiene sobre ese síntoma desagradable.

Ahora piense en cómo le hubiera gustado que transcurrieran las cosas, cómo le hubiera gustado que le hablaran en ese primer recuerdo, qué le hubiese gustado oír.

Escriba ambas escenas.

Dirigir el relato a las capacidades y puntos fuertes del oyente

El cuento es un enigma cuya resolución no se encuentra
en el interior del relato sino en nuestro corazón.

(Brasey, 1999)

LAS VIOLETAS AFRICANAS DE MILWAUKEE

Una mujer mayor experimentaba una fuerte depresión que la tenía encerrada en su casa imposibilitada para pedir ayuda.

Su familia estaba muy preocupada y pidieron al psiquiatra Milton Erickson que fuera a visitarla a su casa. Aunque desconfiaban de la terapia, ya que la mujer era reacia a aceptar la situación que estaba atravesando.

Ella pertenecía a una comunidad religiosa local aunque en esa época no acudía a ningún acto de culto.

Cuando Erickson acudió a su casa para entrevistarse con ella se dio cuenta de que cultivaba Violetas Africanas, una rara especie difícil de mantener en Milwaukee. El terapeuta centró la conversación sobre estas flores aludiendo a la habilidad que se necesita para cultivarlas. Hablaron de lo agradable de contemplar flores tan exóticas de unos colores tan extraordinarios.

Erickson sugirió a la mujer que estuviera atenta a las personas de su comunidad y que podría dedicarse a regalar una violeta cuando considerara que esto podía agradar o ayudar de algún modo a alguno de sus vecinos.

El psiquiatra no habló en ningún momento acerca de cómo se encontraba ella, sino que se fijó en una capacidad que la mujer tenía y que aparentemente no intervenía en la cura de su depresión.

La mujer mejoró cultivando las Violetas Africanas de Milwaukee.

(Gilligan, S. 2001: 156 ss.)

Cuando una persona siente una crisis emocional en realidad experimenta dos: la provocada por el problema específico que le aqueja y la sensación de que sus recursos y el resto de sus capacidades le abandonan. Es como si no recordase que además del conflicto que le preocupa posee otras áreas de competencia.

Una de las maniobras que se realizan al principio de un proceso psicoterapéutico consiste en conectar al sujeto con su lado más fuerte. Lado que, en tiempo de crisis suele ser olvidado. Esto mismo lo puede lograr un relato. La transferencia de recursos de un área que la persona siente como competente al área que siente como conflictiva suele dar buen resultado para que la persona recuerde sus capacidades.

Es esencial confiar plenamente en la persona. Cada uno dispone de los recursos necesarios para resolver sus problemas. Cosa distinta es la sensación que tiene de no encontrar momentáneamente las soluciones o la de sentirse desconectado de sus propias capacidades, escuchar el relato adecuado puede hacerle conectar.

Ejercicio

Conectar a la persona con su lado más fuerte
A y B se entrevistan. A cuenta algo que le preocupe no demasiado.

B averigua los puntos fuertes de A o los aspectos competentes de su personalidad que aparentemente no tienen que ver con el problema relatado y diseña un relato basado en la amplificación de esa capacidad. Para eso puede explorar las situaciones de la vida de A en las que no se da el problema, buscar excepciones a cuando A se siente así.

Las modernas teorías del aprendizaje dinámico y significativo ponen el acento en desarrollar las capacidades del aprendiz para que éste construya los significados de modo que los haga suyos.

La escuela filosófica de los Escépticos argumentaba que, en esencia, nadie puede enseñar a nadie. El verdadero maestro es el que expone al aprendiz ante una situación idónea para que éste se apropie del conocimiento. Quizá sea ésta la diferencia entre erudición y sabiduría.

Cuando pensamos sobre el mundo que nos rodea con la inteligencia abstracta y reflexiva puede ocurrirnos como en el cuento de la herencia de Alí Babá relatado al principio de este libro. Prestar el camello número 40 para resolver el problema es como ampliar la realidad y contemplar sus infinitas soluciones.

Muchas veces nos encerramos en nuestras propias limitaciones que son como constructos codificados de lo que pensamos de la realidad. Solucionar el problema pasa por ampliar el foco de atención en el espacio en el que se desarrolla y en nuestras posibilidades.

A veces abordamos cuestiones difíciles mermando de entrada nuestras capacidades o sintiendo nuestra inutilidad a priori.

Se puede decir que nos planteamos los problemas que podemos resolver, en caso contrario no los percibiríamos como conflictos. Si sentimos nostalgia de un estado, de un recurso, de un modo de pensar... es porque lo conocemos, aunque ahora no nos resulte fácil traerlo a nuestra conciencia.

LA DIFÍCIL LUCHA

Un maestro zen, al saber que uno de sus discípulos no había comido nada en tres días, le preguntó las razones de aquel ayuno.

Intento luchar contra mi yo –dijo el discípulo.

–Es difícil –dijo el maestro desaprobando con la cabeza.

Y todavía debe de serlo más con el estómago vacío.

(Carrière, J.C. 2000: 115)

Un policía retirado por su mala salud acudió a la consulta de Erickson y le relató una serie de dolencias graves derivadas de su obesidad y mal funcionamiento cardíaco. Deseaba volver a trabajar y por ello quería dejar de beber alcohol y comer adecuadamente. También le dijo que todos sus proveedores estaban cerca de casa, así que el tabaco, la comida, los restaurantes que frecuentaba y el alcohol los obtenía fácil y cómodamente.

El terapeuta le recomendó que comprara un paquete de tabaco por vez, en lugar de los dos cartones que solía cargar cuando iba a su proveedor. También le recomendó que cambiara de estanco y acudiera al más lejano de la ciudad desde su casa.

En cuanto a la compra de comida le recomendó que fuera a un comercio que quedara a una milla de su casa.

No le prohibió ninguno de los hábitos que tenía. En cuanto al alcohol le recomendó que bebiera todo lo que quisiera. Sólo que tenía que beber su primera copa en el primer bar que encontrase a una milla de su casa, si deseaba otra, tenía que caminar una milla más y entrar a beber en el primer establecimiento que se encontrara, si deseaba una tercera, necesitaría caminar una milla más.

El paciente salió enfurecido de la consulta de Erickson, sin embargo, meses más tarde le recomendó a un amigo necesitado que fuera a verlo porque según dijo, era el único psiquiatra que sabía lo que hacía.

Erickson no suprimió ninguna conducta de su cliente, sólo le dio la oportunidad de caminar, de desarrollar una capacidad que éste tenía olvidada (Rosen, S. 1994: 133-134).

Dirigir el relato a las creencias que sustentan el problema

> *La costumbre de creer –dice Aristóteles al final del segundo libro sobre la sabiduría– es la causa principal que impide al entendimiento humano la percepción de tantas cosas que de por sí son muy asequibles. Cuan grande sea la fuerza de esta costumbre –dice– nos lo demuestran las leyes, para cuya validez tienen mayor importancia los hábitos legendarios y pueriles que los hechos patentes.*
>
> (Bloch, E. 1952: 90)

EL PRESENTIMIENTO

La familia rodeaba al moribundo.
El moribundo habló con lentitud:
—Siempre creí que yo no viviría mucho.
Los niños clavaban en él sus conmovidos ojos.

El moribundo continuó tras un suspiro:

–Siempre tuve el presentimiento de que me iba a morir muy pronto.

El reloj del comedor tocó la media y el moribundo tragó saliva.

–Luego, a medida que he ido viviendo, llegué a creer que mi presentimiento era falso.

El moribundo concluyó juntando las manos:

–Ahora, ya veis: con 86 años bien cumplidos comprendo que ese presentimiento ha sido la mayor verdad de mi vida.

(Juan Pedro Aparicio. *Cuentos del origen del mono*. En Fernández, A. 1990).

Las creencias, expectativas o temores que tenemos sobre las cosas tienden a hacerse realidad. En el campo de la medicina psicosomática se sabe que la salud real de las personas tiene relación íntima con lo que opinan de su propia salud.

En el campo de la pedagogía se sabe que los alumnos tienden a obtener los resultados que se espera de ellos por parte del docente.

Las creencias son los principios por los que nos guiamos, sean ciertos o no. Son los verdaderos criterios por los que actuamos y no necesariamente los que declaramos. Se manifiestan en los hechos, no en las palabras.

HOMERO SANTOS

Los habitantes de Ficticia somos realistas. Aceptamos en principio que la liebre es un gato.

(Juan José Arreóla. *Doxografía*. Palíndroma)

Una creencia es una formulación lingüística acerca de la experiencia. Las creencias surgen como generalizaciones sobre contextos en los que se desenvuelve nuestra vida, comportamientos, capacidades personales e incluso con nuestra propia identidad.

Las personas experimentamos y después generalizamos la experiencia hasta convertirla en un criterio.

Ejercicio

(Individual)

Dados ciertos conceptos, anote tres aseveraciones sobre cada uno de ellos. Por ejemplo:
La Naturaleza... el tiempo... el espacio... el destino... el conflicto... la vida... la civilización... lo más importante es...

Generalmente, cada afirmación es una creencia. Marque con una «L» las que considere que son creencias limitantes, que bloquean su actuación, que sirven como freno a su desarrollo existencial.

Las creencias básicas son los conceptos esenciales a los que nos atenemos y conforman la base de nuestra identidad. Son parte de un proceso adaptativo inevitable. Definen los sentimientos que cada uno tiene sobre sí mismo y sobre el mundo con el que se relaciona. Las expectativas o creencias que tenemos van cambiando según el proceso vital. De modo natural cambiamos la creencia sobre los Reyes Magos y tantas otras que nos dieron un buen servicio en épocas anteriores de nuestra vida. Lo más cierto en esta vida es el cambio.

EL REENCUENTRO

Un hombre que hacía mucho tiempo que no veía al señor K. le saludó con estas palabras:

–No ha cambiado usted nada.

-¡Oh! –exclamó el señor K., empalideciendo.

(Bertolt Brecht. *Historias del señor Keuner*)

Las creencias suelen ser de naturaleza dicotómica: agrupan las experiencias en positivas y negativas. Funcionan como criterio de comparación entre nuevas y viejas experiencias. Sirven para calcular riesgos y predecir resultados derivados de nuestras decisiones. De este modo las creencias se convierten en limitantes y potenciadoras.

Nos autoimponemos creencias limitantes cuando creemos que nuestra meta propuesta es inalcanzable, o cuando la creemos posible pero que no tenemos la capacidad necesaria para alcanzarla, o cuando creemos que no la merecemos.

En el campo de la Psicogenealogía se ha analizado que muchas personas cuando llegan a cierto nivel de desarrollo social, cultural o económico sufren procesos de fragilización que los hace fracasar debido a ciertas pautas de lealtad a su origen. Es como si, en alguna parte de su conciencia, no se permitieran avanzar mucho más allá de lo que lo hizo su clan familiar, su clase social o el pueblo al que pertenece. Esto se sitúa en la base de lealtades invisibles que señalan la pertenencia al clan (Boszormeny-Nagy, 1973).

Las creencias más determinantes son las que se refieren a la autovaloración de nuestra identidad: yo soy así, no puedo hacer esto, los de mi familia nunca tuvieron suerte, si dejara de fumar no sería yo... Son afirmaciones de creencias basadas en generalizaciones.

La Coca-Cola siempre es igual,
pero yo no,
yo puedo cambiar.
(Kiko Veneno)

Las creencias más potentes y extendidas versan sobre cómo funciona el mundo.

UNA EXPLICACIÓN DE GOHA

Un día el egipcio Goha, llamado Goha el Simple, a fin de explicar, después de que muchos otros lo hicieran, por qué el mundo está hecho como lo vemos, preguntó a los que le rodeaban:

> –¿Sabéis por qué Alá el Supremo, ¡honor y gloria para él! No les ha dado alas al camello y al elefante?
>
> –No, no lo sabemos –contestaron riendo–. Pero tú nos lo vas a decir y así nos instruirás.
>
> –Sí, os lo voy a decir. Si el camello y el elefante tuviesen alas, éstas no podrían sostenerlos. Entonces caerían sobre las flores de vuestros jardines y las aplastarían.
>
> (Carrière, J.C. 2000: 48)

La afición del ser humano a explicarse el mundo y lo que le ocurre le ha traído más de un dolor de cabeza. Existen múltiples experimentos sobre la manera en la que las personas buscan teorías sobre aquello que les ocurre en la vida (Zeig, J. y otros, 1994). Por ejemplo, el estudio basado en que un sujeto explique la relación entre una serie de bombillas que se encienden y se apagan y las teclas que se aprietan sobre un panel. Uno de los investigadores permanece oculto y va encendiendo bombillas de un modo aleatorio, sin ningún criterio enlazado con las teclas. Los sujetos que se someten al experimento suelen ir creando las teorías más complejas y extrañas que se pueda imaginar. Incluso cuando el experimento termina y se le revela la verdad, muchos de ellos no creen en la aleatoriedad del encendido de bombillas y siguen explorando la teoría que explique el fenómeno.

La relación entre causas y consecuencias del pensamiento lineal cartesiano genera arbitrariedades del pensamiento acerca de por qué ocurren las cosas.

> *Un viejo cuento que he leído en varias versiones habla de un hombre que está dando fuertes palmas por la calle. Cuando otro hombre le pregunta qué está haciendo le contesta que es su manera de espantar elefantes. El otro le dice que no ve elefantes allí y el primero le dice: –¿Ve cómo es una técnica efectiva?*

Otro relato se refiere a la confianza que tiene el ser humano a la lógica causal y cuenta una:

Historia de horror sobre un labriego que se adentró en un bosque encantado; según la gente, lo habitaban demonios que se llevaban consigo a cualquier mortal que osara entrar en él. Pero, mientras caminaba por el mismo con paso lento, el labriego pensaba:
–Soy un buen hombre que nada malo he hecho. Si los demonios pueden hacerme algún daño es que no existe ninguna clase de justicia.
Y en ese momento se oyó una voz que decía tras él:
–No existe.

(Frederic Brown. *Una voz tras él*)

Origen y persistencia de las creencias

PAN HORNEADO

Una joven mujer estaba preparando un pan en el horno, cuando su esposo, mirando lo que hacía, le preguntó por qué cortaba los extremos del pan... Le respondió que ése es el modo habitual de hacerlo. Ante la insistencia del hombre la mujer explicó que así se lo había enseñado su madre. Durante la conversación la mujer se prodigó en una serie de explicaciones que abarcaban desde la conveniencia de que el calor del horno entrase por los extremos cortados, el aspecto antiestético de las puntas del pan y otras teorías que le parecieron creíbles en ese momento.

En otra ocasión le hablaron a la madre y le preguntaron por qué cortaba los extremos del pan, y les contestó que lo hacía así porque así lo hacía su madre. La intriga se volvió insoportable y fueron a buscar directamente a la abuela a la que le hicieron la misma pregunta.

La anciana, extrañada ante la excitación que provocaba en su familia este tema, contestó que lo hacía así porque el pan entero no cabía en su horno.

La elevación a criterio de una experiencia suele ser el inicio de una creencia. Las rupturas epistemológicas y el tiempo harán el resto del trabajo. El hecho de pensar que lo que ocurre ahora nunca había ocurrido antes, quizá por lo sorprendente que nos resulta, también es un entramado de creencias interesante.

Ejercicio

Creencias en materia de educación (CH. Baudelot y R. Establet, 1998)
Lea atentamente estas afirmaciones hasta llegar a la letra I, después intente atribuir una fecha en la que fueron dichas. Finalmente lea el segundo cuadro. Las letras mayúsculas indican el autor y fecha en la que fueron dichos tales asertos:

A. Hemos de confesar que a veces recibimos cartas o reclamaciones de individuos poseedores del título de bachiller y cuyo estilo y faltas de ortografía brindan la prueba de una vergonzosa ignorancia.

B. Cada vez que se hace un sondeo para saber qué está bien organizado en el cerebro de un joven, se siente uno confuso ante la pobreza intelectual de los alumnos o de los diplomados escolares y bachilleres superiores... Con los trabajos de un examen de bachillerato se haría un rico florilegio de majaderías.

C. Ahora los trabajos de los alumnos rebosan faltas gramaticales y ortográficas: parece como si en nuestros colegios no se aprendiese ya la lengua.

D. Debilitamiento de los estudios de segundo ciclo... la ignorancia cada vez mayor de la ortografía, la negligencia de la expresión, la pereza de la mente para analizar y desarrollar nuevas ideas y para seguir un razonamiento.

E. La enseñanza secundaria se «primariza»... Los alumnos de los institutos no saben ortografía ni poseen un vocabulario exacto y variado, ni conocimientos gramaticales, ni análisis lógico, ni método de exposición escrito u oral.

F. Muchos se presentan a estas pruebas como a un juego de azar en donde la fortuna es la que debe encargarse de todo.

G. La participación en las pruebas de un número excesivo de candidatos mediocres tienen como resultado inevitable el descenso del nivel de los exámenes y oposiciones.

H. El bachillerato se ha vuelto irrisorio. Nuestra élite no sabe razonar, no sabe exponer.

I. Los jóvenes de hoy aman el lujo, están mal educados, desdeñan la autoridad, no tienen ningún respeto por sus mayores y charlan en vez de trabajar. Ya no se ponen en pie cuando un adulto entra en la habitación, contradicen a sus padres, en la mesa se apresuran a engullir los postres, cruzan las piernas y tiranizan a sus maestros.

Quiénes y cuándo se afirmaron los asertos anteriores:

A. 1820. Cuvier. Presidente de la Comisión de Instrucción Pública.
B. 1859. Le Clerc. Decano de la Sorbona.
C. 1864. Girardin. L' ille.
D. 1920. Gendarme Bevotte. Inspector de la Academia de París.
E. 1929. Paul Laumonnier. «La cise de la culture littérarie». Burdeos.
F. 1937. Rector Jules Payot. «La faillete de l' enseignement». París. Alcan.
G. 1943. Jean-Baptiste Biobetta. «Examens e concour». París. PUF.
H. 1936. René Soudée. Profesor de Matemáticas del Instituto Louis-le-Grand. L' école multiple. «Étude sur le passé et l' avenir de notre enseignement secondaire». París. Figuière.
I. 470-399 a.C. Sócrates.

Las afirmaciones que nos parecen muy actuales suelen ser posiciones ideológicas antiguas, que se repiten en muchos escenarios sociales; seguro que podríamos remontarnos a afirmaciones más antiguas que significaran lo mismo. Sin embargo, muchas veces nos parece que los problemas que aquejan al mundo nunca se han visto.

Ejercicio

Patrones de generación de creencias (En pareja)

1. B pide a A que comente cuáles son los cuentos, anécdotas o fábulas que más recuerda de su infancia. Cuáles eran las características de los personajes y qué creencias tenían. Sintetizar la moraleja, enseñanza o conclusión en una frase o en una afirmación.
2. B pide a A que recuerde a las personas que más hayan influido en su vida. Recuerde sus enseñanzas y las creencias y valores que tenían o tienen esas personas.

3. B pide a A que recuerde el libro o libros que más le hayan impactado en la adolescencia. Cuál y cómo era el personaje con el que más se identificó. Cuál era su filosofía de vida.
4. A recuerda las dos o tres experiencias vitales más importantes de su vida. Qué aprendió y qué conclusiones sacó de ellas.
5. A recuerda a una persona o personaje que admiró profundamente en algún momento de su vida. Cómo era su conducta. Cuáles eran sus creencias y valores. Pueden ser más de uno.

Se trata de detectar si esas experiencias, relatos... tiene relación con las creencias, valores, actitudes o elecciones de la vida adulta.

También hay que recordar si efectuaron opciones vitales o tomaron decisiones importantes en base a esos valores y creencias.

Después clasifique las creencias en Potenciadoras y Limitantes en cuanto a las actuaciones en su vida.

Juegue al «como si...» creyera lo contrario de sus creencias limitantes. ¿Qué cambiaría en su vida? ¿cómo se lo notarían los demás?

Identificación y cambio de creencias

> *La creencia que se convierte en verdad para mí es aquella que me permite hacer un mejor uso de mi fuerza, el mejor medio para poner en acción mis virtudes.*
>
> (André Guide)

Las creencias son extensos patrones inconscientes de los procesos del pensamiento y, por tanto, son difíciles de identificar a veces. Nuestras convicciones más determinantes son las que más alejadas están de nuestra conciencia. Algunas dificultades en la identificación pueden estar relacionadas con los argumentos justificadores que se han acumulado para legitimarlas.

Ejercicio

Procedimiento de reflexión sobre las actuales creencias
Piense en algo relacionado con lo que estamos hablando y que no consigue. Alguna actividad en la que se siente bloqueado o que no puede realizar como le gustaría.
Escriba una explicación de por qué no lo consigue.

- ¿Qué le dice esa explicación acerca de sus creencias sobre el tema?
- ¿Qué creencia o creencias debería cambiar para aumentar sus posibilidades de alcanzar el objetivo?
- ¿Hasta qué punto estaría de acuerdo con su explicación un observador que fuera imparcial?
- ¿Puede distinguir correctamente las creencias de los hechos?

Procedimiento general para el cambio de creencias. Este proceso es muy común. De lo contrario las personas lo creerían todo como cuando eran niños.

Las creencias limitantes hay que cambiarlas por otras que sean liberadoras o potenciadoras. No es conveniente eliminarlas sin más.

Hay que conservar todos los beneficios que le proporcionaba la vieja creencia.

Las preguntas esenciales son:

- ¿Qué hace por mí esta creencia? ¿me ayuda o me perjudica?
- ¿Es muy antigua?
- ¿Es cierta siempre?
- ¿Qué preferiría creer?
- ¿Cómo mejorará o empeorará la situación con la nueva creencia?

Esta exploración nos ayudará a dirigir los relatos a las creencias del oyente y cambiar las que sean limitantes.

Ejercicio

Dirigir el relato a las creencias sin nombrar el problema
A cuenta a B algo que le preocupe.

B pregunta a A con el ánimo de saber las creencias que sustentan el problema ¿Por qué crees que ocurre esto? ¿A qué se debe todo esto? ¿Qué intuición tienes acerca de las causas del conflicto?

Después B construye un relato dirigido a las creencias del sujeto que sustentan el problema y la nueva creencia que debe ser más adecuada para afrontarlo.

Todo lo que se acerca a lo cierto o verdadero tiene un doble rostro, es paradojal y contradictorio. Es el momento de defender las creencias potenciadoras que nos convierten en seres originales e irrepetibles.

CALLEJÓN SIN SALIDA

Ya sé que no hay salida,
pero dejad que siga por aquí.
No me pidáis que vuelva.
Se han clavado mis ojos y mi
carne,
y no puedo volver.
Y no puedo volver.
Ya no me gritéis más que no hay
salida
creyendo que no oigo,
que no entiendo.
Vuestras voces tropiezan en mi
contra
y se caen como cáscaras

y las piso al andar.
Avanzo alegre y sola
en la exacta mañana
por el camino mío que he
encontrado
aunque no haya salida.

(Carmen Martín Gaite)

Recuperar la **biografía**

> *El hombre superior permanece en su habitación. Si sus palabras están bien dichas, encuentra aprobación a una distancia de más de mil kilómetros.*
>
> (Confucio en el *I Ching*. Cap. 62. En Wilhelm, R. 1976)

La vida del ser humano se rige por fuertes exigencias externas para que el individuo se adapte. En demasiadas ocasiones, el individuo que quiere sobrevivir debe olvidarse de sí para asumir los principios de la vida comunitaria. La atención al sí mismo y al proceso de individuación reapareció con la modernidad aunque viene de una historia relativamente antigua.

De la biografía al caso

La modernidad, según el análisis de los historiadores, surge ligada a la incapacidad de los sistemas políticos para controlar a sus súbditos mediante la fuerza.

El control sobre la población evoluciona desde la coacción por medio de la fuerza física al sometimiento psicológico. En un momento determinado, los gobiernos dejan de tener los efectivos coercitivos necesarios para ejercer el control y necesitan que cada ciudadano se autorregule. Se apela al psiquismo de los ciudadanos para que ejerzan el freno de su propio principio del deseo, en aras de la imposición del principio de realidad. Una realidad elaborada y presentada desde el exterior al sujeto.

En consecuencia, resulta esencial conocer el funcionamiento psíquico de las personas para lograr que se autorregulen. Éste es el principio del Panóptico (Bentham, 1767. En Foucault, M. 1990 a.), según el cual las personas se comportan como se espera de ellas cuando se sienten observadas. El Panóptico debe ser entendido como aquello que busca la docilidad y se basa en el símbolo cristiano del triángulo que enmarca un ojo divino y cuyo título reza: «Dios te ve».

A finales del s. XVIII se inicia un espesa red de mediaciones de la justicia, policía, psiquiatría, medicina... en la que lo banal será analizado desde el código de la administración, el periodismo y la ciencia.

Pero debemos, a pesar de esto, evitar la idea de que la estructura social determina irremisiblemente al sujeto. Los nuevos escenarios sociales generan nuevos campos vivos en los que el sujeto de nuevo escapa del control y elabora sus mecanismos de desarrollo subjetivo. No debemos olvidar que la persona no sólo recibe la influencia de la realidad que le rodea, sino que redefine continuamente su sentido en el diálogo que mantiene con el mundo. Un diálogo permanente que sostiene su proceso de socialización.

La literatura, y en general las artes, ocupan el plano de lo que escapa a los grandes códigos reglados; *la fábula de la vida oscura*, los grados más bajos y persistentes de lo real. Lo ínfimo, lo que no se dice, lo que no merece gloria, lo infame. También lo más prohibido y escandaloso. La ficción también reemplaza a lo fabuloso.

En Occidente el poder convierte lo cotidiano en discurso, la literatura, tal y como hoy la conocemos, se desplaza de lo épico a lo indecible cotidiano (Foucault, M. 1990 b: 175 a 202).

En la época clásica, la identidad se basa en la historia del individuo, apellidos, genealogía de su señorío y hazañas.

En la época moderna, la identidad se apoya en la norma prefijada y en sus *desviaciones*. La vida se *normaliza*, el sujeto queda *parametrado*.

Como consecuencia de todo ello, proliferan las disciplinas de análisis del comportamiento humano que necesitan reducir la complejidad, los matices de la vida sintetizados en un informe: «Las disciplinas y sus soportes documentales hacen de cada individuo un *caso*, un objeto para el conocimiento.» (Foucault, M. 1990 a).

Los informes psiquiátricos de los pacientes de hace doscientos años eran verdaderos relatos, auténticas biografías de los sujetos. Con el creciente interés hacia la tecnificación basada en el retorno al objetivismo y en la especialización científica, poco a poco se van relegando al olvido todos los esfuerzos para captar la dimensión social del sujeto y sus problemas de comunicación e inserción social. Se imponen como práctica dominante la aséptica blancura del laboratorio o la incontaminada certeza del diagnóstico.

La medicalización, psicologización y pedagogización de la sociedad han contribuido en esta reducción de la complejidad de la vida.

En consecuencia, del relato de la vida se pasa al informe síntesis del cuestionario, de la biografía se pasa al caso.

Recuperar la biografía

La propuesta de este trabajo consiste en recuperar la propia biografía, superar los hechizos en los que caemos, para expresarnos y tomar las riendas de nuestra vida.

Escribir relatos es escribirse a sí mismo, darse a conocer mediante historias. En suma, escribir relatos es abordar la autobiografía desde sus múltiples caras. Cada relato es un intento de narrar una dimensión de nuestra poliédrica biografía.

En realidad, presentarse a sí mismo es una tarea imposible, con cada intento de poner luz en una parte se genera una dimensión de la persona que queda oculta, se proyecta una sombra.

La identidad es una pugna de polaridades complementarias. Cada vez que la persona se decanta por una definición de sí mismo emerge otra complementaria.

Es difícil saber de uno mismo quién es.

LOS FANTASMAS Y YO

Siempre estuve acosado por el temor a los fantasmas, hasta que distraídamente pasé de una habitación a otra sin utilizar los medios comunes.

(René Avilés Fabila, *La desaparición de Hollywood*.
En Fernández, A. 1990)

Para explorar nuestra identidad y las sombras que ésta produce le propongo el siguiente ejercicio.

Ejercicio

(En parejas)
A pregunta a B: ¿Quién es usted?
B responde: Yo soy una persona muy crítica...
(Pausa)
A responde: Excepto cuando no lo es...
(Pausa)
A pregunta a B: ¿Quién es usted?
B: Suelo estar en lo cierto...
(Pausa)
A: Excepto cuando no lo está...
A: ¿Quién es usted?
B: Soy considerado con los demás...
(Pausa)

> A: Excepto cuando no lo es...
> Y así sucesivamente...
> Después de varias preguntas, la persona va tomando contacto con distintas facetas de sí mismo, lo que le da una sensación de completitud que no obtiene cuando sólo utiliza para definirse el análisis meramente racional.

Dado lo inabarcable de presentarse a sí mismo, es conveniente hacerlo eligiendo una metáfora, un símbolo que represente más aspectos de su personalidad. Jung utilizaba la acepción de símbolo como el de aspectos contrarios reunidos.

Presentarse con una metáfora permite proyectar en el oyente una imagen, sonido o sensación que le sea íntimamente familiar (Santos, A. 1996).

APUNTE

Mi alma se ha roto como un jarrón vacío.
Se ha caído por la escalera demasiado abajo.
Se ha caído de entre las manos de la criada distraída.
Se ha caído y se ha hecho más pedazos que loza había en el jarrón.
¿Necesidad? ¿Imposible? ¡Yo qué sé!
Tengo más sensaciones que las que tenía cuando me sentía yo.
Soy un esparcimiento de trozos sobre una estera sin sacudir.
Hice ruido en la caída como un jarrón al romperse.
Los dioses presentes, asomados a la barandilla de la escalera,
contemplan los trozos que su criada hizo de mí.
No se enfadan con ella.
Son tolerantes con ella.
¿Qué era yo, un jarrón vacío?
Miran los trozos absurdamente conscientes,
pero conscientes de sí mismos, no de los trozos.

Miran y sonríen.
Sonríen tolerantes a la criada involuntaria.
Se extiende la gran escalinata alfombrada de estrellas.
Un trozo brilla, vuelto por su exterior vidriado, entre los astros.
¿Mi obra? ¿Mi alma principal? ¿Mi vida?
Un trozo.
Y los dioses lo miran de un modo especial, pues no saben
por qué se ha quedado ahí.

(Álvaro de Campos.
Uno de los heterónimos de Fernando Pessoa)

Ejercicio

Presentarse en público (Grupos de cinco o más miembros)
Presentarse en público con una metáfora que sea acorde al momento vital que atraviesas. Sólo hay que presentarla sin explicar demasiado.
  Los demás deben conectarse a lo que les hace sentir la metáfora.

Este ejercicio es sencillo sólo aparentemente. Las personas suelen tener dificultad en presentarse, quizá debido a la desconexión con nosotros mismos que nuestro sistema de socialización nos exige. La raíz de ello tiene que ver con la evolución de la sociedad y los mecanismos de adaptación de los sujetos a la misma.

Se oye mucho la idea de cambio. Cambio para el desarrollo, para el aumento de la calidad de vida. Sin embargo, considero más adecuado el proceso de ser cada vez más uno mismo. En vez de ser mejores personas deberíamos ser nosotros mismos (Santos, A. 1996).

Los cambios se producen a veces después de fuertes experiencias. Trances que facilitan el renacimiento a una nueva identidad. Cada época de la vida puede tener una nueva metáfora de la propia identidad.

LA ALMENDRA

El abuelo de Marisa debe de ser el único que dejó crecer un almendro como si fuera un nogal.

Hasta entonces nunca creí que un almendro pudiera llegar a tener ese tamaño, ese tronco tan fuerte ni esa majestuosidad.

Por eso la caída desde lo alto de un almendro, en este caso, fue algo más. Cuando Julia, la hija de Marisa cayó, quedó sin sentido.

Esto asustó mucho a todos que se apresuraron a rodearla gritando y sin saber si tocarla o no.

Llamaron al médico, que no vino rápidamente. Cuando la niña despertó en sus brazos dijo que no recordaba nada (de su vida anterior) y que desde ese momento se llamaba Almendra.

(Trinidad Ballester)

Ejercicio

Autorretrato
Toma un papel y colores de lápiz o de cera. Dibuja tu autorretrato. Puede ser figurativo o abstracto. Puedes elegir los colores o que estos te elijan a ti. Para esto último, cierra los ojos y toma los colores de la mesa.

Un dibujo es un relato que cuando se ha concluido te habla a ti. Ahora mira el autorretrato y piensa:

- ¿Quién es el que está dibujado?
- ¿A quién se parece?
- ¿Es más joven o más mayor que tú?
- ¿Qué edad tiene el del retrato?
- ¿Qué está pensando? ¿Qué siente?
- ¿Desde cuándo tienes esta cara?
- ¿Llenas todo o parte de tu espacio?
- ¿Hasta qué punto es realista o simbólica tu representación de ti mismo?
- ¿El contorno es agudo, borroso, inconexo, fluido?

- ¿Cuáles son los colores predominantes?
- Pon título a tu dibujo.
- ¿A qué personaje mítico (cuento de hadas, película de cine o de televisión, libro de cuentos) te recuerda?

Es importante hacer el autorretrato concentrándose en la tarea. Rápida o lentamente según lo que resulte más cómodo, quizá le resulte interesante hacer una meditación antes de comenzar. En muchas ocasiones, las personas sienten la necesidad de hacer otros retratos, incluso una serie de retratos, en esos casos es aconsejable seguir el impulso. Piense que es un modo de autoconocimiento de acercamiento a matices que escapan a la inteligencia racional.

LA PERSONALIDAD

I. Suponga que Usted no existe y encuentre un sustituto.
II. Observe atentamente su mano izquierda y diga a quién pertenece.

(Jean Tardieu. *El profesor Froeppel*. En Fernández, A. 1990)

PERSECUCIÓN

Enciendo un pitillo, miro por la ventana y vuelvo a verle. Tantos años persiguiéndome. Un acoso que se mantiene insoslayable, de la mañana a la noche, como si el perseguidor se confundiese con mi sombra. Saber que es él no me importa, pero estar convencido de que esto puede durar toda la vida, es terrible. Si al menos no vistiera como yo, si no usara mi gabardina y mi sombrero, y abandonase esa costumbre de saludarme cuando le miro.

(Luis Mateo Diez. *Piezas sueltas*. En Fernández, A. 1990)

La Sombra. La sombra, ese concepto junguiano que habla del los aspectos del yo más negados, que es más oscura y compacta cuanto menos encarnada se halle en nuestra vida consciente, constituye la constelación más importante del propio deseo.

EL OTRO QUE LLEVA MI NOMBRE

El otro que lleva mi nombre
ha comenzado a desconocerme.

Se despierta donde yo duermo,
me duplica la persuasión de estar ausente,
ocupa mi lugar como si el otro fuera yo,
me copia en las vidrieras que no amo,
me agudiza las cuencas desistidas,
descoloca los signos que nos unen
y visita sin mí las otras versiones de la noche.

Imitando su ejemplo,
ahora empiezo yo a desconocerme.
tal vez no exista otra manera
de comenzar a conocernos.

(Roberto Juarroz)

Robert Bly cuenta la siguiente historia que explica cómo se produce el nacimiento de la sombra en cada uno de nosotros.

Cuando contábamos con uno o dos años de edad teníamos lo que podemos visualizar como una personalidad de 360 grados. Irradiábamos energía desde todas las zonas de nuestro cuerpo y de nuestra psique. Un niño corriendo es un globo viviente de energía. Teníamos una bola de energía, perfecta; pero un día vimos que a nuestros padres no les gustaban ciertas partes de esa bola. Decían cosas como: «¿No puedes estarte quieto?» o «No está bien atormentar a tu hermano». Detrás de nosotros tenemos un saco invisible, y en él ponemos la parte de nosotros que no gusta a nuestros padres, a fin de conservar su amor. Cuando vamos al colegio nuestro saco ya es bastante grande. Entonces los profesores dicen la suya. «Los niños buenos no se enfadan por estas pequeñeces». Así que cogemos nuestro enfado y lo ponemos en el saco. Cuando mi hermano y yo teníamos doce años en Madison (Minnesota) nos llamaban «los amables niños Bly». Nuestros sacos ya medían un kilómetro.

Luego hacemos un buen relleno del saco en el instituto. Esta vez ya no son los malvados mayores quienes nos presionan, sino gente de nuestra edad. Así que la paranoia estudiantil contra los mayores podría estar fuera de lugar. Durante todos los años de instituto mentí automáticamente para intentar parecerme más a los jugadores de baloncesto. Cualquier parte de mí que fuera un poco lenta se iba al saco. Mis hijos están atravesando ese proceso ahora, contemplé cómo lo hacían mis hijas, que son más mayores. Vi con consternación cuánto llegan a poner en el saco, pero no hubo nada que su madre ni yo pudiéramos hacer al respecto. A menudo mis hijas parecían decidirse en aras de la moda y de las ideas colectivas de belleza, y sufrían tanto a causa de otras chicas como de los hombres.

Así que mantengo que de todo un globo redondo de energía a los veinte años sólo nos queda una fina rebanada.

Antes de los veinte años nos pasamos la vida decidiendo qué partes de nosotros ponemos en el saco, y pasamos el resto de nuestras vidas intentando sacarlas de nuevo. En ocasiones parece imposible recuperarlas, como si el saco estuviera sellado. Supongamos que el saco queda sellado, ¿qué ocurre entonces? Un gran relato del siglo diecinueve sabe algo de eso. Una noche Robert Louis Stevenson se despertó y contó a su mujer un fragmento del sueño que acababa de tener. Ella le urgió a escribirlo; lo hizo, y se convirtió en el Doctor Jekyll y mister Hyde. El lado bonito de nuestra personalidad se vuelve, en nuestra cultura idealista, más y más bonito. El hombre occidental puede ser, por ejemplo, un generoso doctor que siempre piensa en el bien de los demás. Moral y éticamente es maravilloso, pero la sustancia del saco forma una personalidad por su cuenta, que no puede ignorarse. El relato nos dice que la sustancia encerrada en el saco aparece un día en algún otro lugar de la ciudad. La sustancia del saco está enfadada, y cuando la ves tiene forma de simio y se mueve como un simio.

(Robert Bly. En Jung y otros. 1994: 45-47).

La muerte es un proceso de asunción de opuestos psíquicos. Así que el objetivo en la vida es conseguir una coexistencia de los opuestos. Acceder a una alianza interior pacífica, en lugar de rechazar lo que no deseamos de nosotros mismos.

El mal está siempre y esencialmente conectado a lo sagrado;
es su reflejo inverso.

(Paul Ricoeur, 1967)

Analizando los sueños e imágenes de personas a punto de morir se ha observado que la paz interior tiene relación con la capacidad de las personas para asumir las partes de sí que están en conflicto. Si están enfrentadas es porque han sido rechazadas por nosotros mismos, al considerar que eran reprobadas por los demás.

Existe una tradición japonesa que se basa en redactar un poema cuando la persona está a punto de morir. En muchos de ellos se observa la asunción de contrarios de la que hablamos. Impresiona la simplicidad y la predominancia del pensamiento sensorial en esos momentos en los que la vida se escapa.

Todas las doctrinas, rotas;
Las enseñanzas del zen, desechadas:
Ochenta y un años.
El cielo se resquebraja y desploma,
La tierra se abre:
En el corazón del fuego
Se esconde la primavera.

Giun. Murió el duodécimo día
del décimo mes de 1333, a la edad de 81 años.
(Hoffmann, Y. 2001: 88)

La sombra, la bestia, el diablo, el monstruo, el adversario... Son algunos de los nombres de un complejo psicológico que está presente en todos los seres humanos.

La sombra o los aspectos no reconocidos internos provocan proyecciones de sentimientos intensos y primitivos hacia otras personas. De hecho, pensar en la maldad de los otros nos evita pensar en nuestra propia zona oscura.

Separamos a esa parte de nosotros porque la encontramos inaceptable para el ego, para nuestra autoimagen consciente. Esa parte de nuestra identidad se envía al exilio interior.

Es frecuente, por ejemplo, que el encuentro con la sombra tenga lugar en la mitad de la vida, cuando nuestras necesidades y valores más profundos tienden a cambiar nuestro rumbo determinando, en ocasiones, un giro de ciento ochenta grados y obligándonos a romper nuestros viejos hábitos y a emerger capacidades latentes hasta ese momento. Pero, a menos que nos detengamos a escuchar esta demanda, permaneceremos sordos a sus gritos (Jung y otros. 2000).

La depresión puede ser la consecuencia de una confrontación paralizante con nuestro lado oscuro, un equivalente contemporáneo de la *noche oscura del alma* de los místicos.

A lo largo de la historia la sombra ha aparecido ante la imaginación del ser humano asumiendo aspectos tan diversos como un monstruo, un dragón, Frankenstein, una ballena blanca, un extraterrestre o alguien tan ruin que difícilmente podemos identificarnos con él y lo rechazamos. Una de las principales finalidades de la literatura y del arte ha sido la de demostrar el aspecto oscuro de la naturaleza humana.

El arte impide que muramos de realidad.

(Nietzsche)

Al reconocer e identificar el mal, neutralizamos su poder, que se basa en el disimulo, en el enmascaramiento.

MI SOMBRA

No nos decimos ni una palabra pero sé que mi sombra se alegra tanto como yo cuando, por casualidad, nos encontramos en el parque. En esas tardes la veo siempre delante de mí, vestida de negro. Si camino, camina; si me detengo, se detiene. Yo también la imito. Si me parece que ha entrelazado las manos por la espalda, hago lo mismo. Supongo que a veces ladea la cabeza, me mira por encima del hombro y se sonríe con ternura al verme tan excesivo en dimensiones, tan coloreado y pictórico. Mientras paseamos por el parque la voy mimando, cuidando. Cuando calculo que ha de estar cansada doy unos pasos muy medidos —más allá, más acá, según— hasta que consigo llevarla adonde le conviene. Entonces me contorsiono en medio de la luz y busco una postura incómoda para que mi sombra, cómodamente, pueda sentarse en un banco.

(Enrique Anderson Imbert. *Cuentos en miniatura.*
En Fernández, A. 1990)

> **Ejercicio**
>
> **Relato sobre la propia sombra**
> Imagine que su vida está en peligro y para escapar debe crear una identidad falsa. Una identidad parecida y diferente a sí mismo. Con cualidades ajenas aunque familiares.
>   Imagine que escolta a ese personaje y que es usted invisible.
>   ¿Qué parte de su Yo se oculta tras ese personaje?
>   Cuando haya creado al personaje imagine que es un hermano suyo, describa su relación con él, su gran afinidad en la infancia.
>   ¿Cuándo comenzaron a separarse sus vidas? Elabore una historia que narre su separación.
>   Ocupe la posición del «hermano» y hable con la voz de él y que le describa a usted.
>   ¿Qué mejoras pueden establecerse en esta relación?: intención positiva, etc.
>
> (Ralph Metzner. En Grof. op. cit.: 73)

Los primeros encuentros con la sombra producen miedo y con él se intensifica el deseo de ponerse la máscara. Los analistas de sueños hablan de que bajar o adentrarse en la espesura del bosque, o acceder al sótano de la casa, nos habla del viaje curativo y de integración de la sombra.

Entro en el bosque y me asiento en el silencio.
En torno a mí las inquietudes se sosiegan
como las ondas sobre la superficie del lago,
y las preocupaciones se aquietan
como el ganado que pace tranquilo.

Entonces aparece aquello que me teme
y permanece un instante ante mis ojos
para desaparecer un momento después
llevándose consigo sus temores.
Canta y escucho su canción.

Luego surge aquello a lo que temo
y perdura un instante ante mis ojos
para desaparecer un momento después
llevándose consigo mis temores.
Canta y escucho su canción.

(Wendell Berry)

La sombra es una parte esencial de la personalidad y esconde una intención beneficiosa para las personas. Aspirar a eliminarla sería como hacer consciente todo lo inconsciente, algo imposible e inútil.

NI

Había una vez un hombre tan insignificante que no hacía ni sombra.

(José A. Martín, *Cuentos y contares*. En Fernández, A. 1990)

La autobiografía

El tiempo encuadra la percepción de la propia vida. Situar el yo en el transcurso del tiempo tiene una dimensión hipnótica sobre la conciencia.

Recuperar la propia vida tiene que ver con dotarla del propio relato. Contar la vida es producir su significado, gobernar su rumbo. Cuando Jung habla del concepto de Sincronicidad se refiere a la relación existente entre lo que ocurre en el mundo y lo que ocurre simultáneamente en el interior de la persona. De modo que existen relatos biográficos más o menos congruentes con los sucesos exteriores.

La dinámica de la existencia, a veces exigente y frenética, hace que olvidemos los fines que realmente nos hacen conectarnos al deseo, a nosotros mismos.

Hay que abordar la redacción de la propia biografía.

Ejercicio

La trama general
¿Qué tipo de historia sería la más adecuada para narrar su vida? ¿Comedia, drama, acción...?
   ¿Cuál sería la atmósfera?
   ¿Cuáles serían los principales personajes? ¿Cuál es el objetivo de sus vidas? ¿Qué hacen? ¿A qué se dedican?
   ¿En qué cosas sería fiel a su vida y qué cosas cambiaría?

Es conveniente sobrevolar la historia, iniciar una planificación que después destile los sucesos y acontecimientos. La atmósfera y el estilo transmiten los estados personales más adecuados para el lector.

Ejercicio

La primera casa
¿Cómo fue su primera casa? Evoque detalles, reconstruya el entorno concreto. Quizá sea útil dibujar un plano de esa casa. Rememore los muebles, tipo de decoración, olor... Deje que los recuerdos de distintos episodios vengan a su memoria.
   ¿Había lugares especiales, sitios secretos donde escondía cosas?
   ¿Qué zonas de la casa no puede recordar?
   ¿Qué situación familiar había? ¿Posición de cada miembro, relaciones entre ellos, preferencias, coaliciones, miembros excluidos...?

(Keen, S. y otros, 1973)

La casa habla de la estructura del inconsciente. La percepción del espacio de una casa se traduce en los dibujos que realizamos de ella. La atención al tejado nos remite a los ideales, el sótano nos conduce al inconsciente, el mayor o menor número de ventanas y puertas nos habla de la relación de la persona con el exterior.

La primera casa se sueña a veces. En algunas temporadas con profusión. Nos conecta con el ambiente familiar del principio de nuestra vida.

¿Qué situación había en la familia cuando nací? Esta es una pregunta que puede iluminar algunas de nuestras tendencias comportamentales actuales.

Ejercicio

La primera clase
¿Cómo es la primera aula que recuerdas? Detalla un paseo por esa clase evocando objetos, colores, olores...
¿Con qué estados de ánimo conectas?
Describe a tu primer profesor o profesora.

Las primeras aulas, nuestro primer escenario de socialización exterior a la familia.

Los primeros adultos que compartían mucho de nuestro tiempo fuera de nuestra familia.

La primera aula es el lugar en el que quizá se produce la primera impronta de ese bocado que se instala en el estómago el domingo por la tarde y que nos acompañará toda la vida.

YO TENGO MUY MALA LETRA

Yo tengo muy mala letra. Pertenezco a la última generación de párvulos zurdos a los que intentaron cambiar a la mano derecha. Las monjas de aquel tiempo estaban especializadas en este tormento.

Aunque no consiguieron su objetivo, sí lograron tambalear mi firmeza en la izquierda. Corría el inexplicable rumor de que los zurdos tenían más facilidad para ser ambidiestros, que los diestros. Así que me ponían la mano izquierda a la espalda y me hacían caligrafiar a derechas.

Como era el tiempo en que yo me inicié en la escritura, me apliqué a hacerlo correctamente. Pero cuando había prisa por terminar, me pasaba a la izquierda.

El asunto, sin ser traumático acabó siendo engorroso, ya que recibía avisos bastante a menudo. Tanto se complicó que mi padre consideró necesario consultarlo con el pediatra que me atendía entonces.

Don Manuel, mi médico, escuchó el caso y consideró oportuno mediar ante mis rectas educadoras... Riesgos de tartamudez, inseguridad y otros trastornos se esgrimieron para respetar mi natural inclinación.

A regañadientes accedieron a que fuera zurdo. Pero antes de eso ensayaron la última tentativa.

En esos tiempos se llegaba al castigo por acumulación de avisos. Así que, un día de avanzada primavera, la monja que estaba al cargo de mi clase decidió que ya tenía mi cupo al completo y me mandó al aula de las chicas de sexto de bachillerato. O sea, las mayores... ¡Las de quince años!

Fue la primera vez que se experimentó esta modalidad. El castigo consistió en permanecer sentado en un taburete alto, expuesto ante la mirada de las chicas, mientras seguían sus clases.

La monja me llevó de la mano hasta mi humillante patíbulo y después se dirigió a la profesora de la clase para ponerla en antecedentes. La profesora la atendía asintiendo con la cabeza y sin quitarme ojo de encima. Cuando la conversación hubo terminado, la monja salió del aula con aplomo. Con esa cara de satisfacción de los que saben cómo conducir cualquier situación.

El murmullo en el aula cesó al cerrarse la puerta y la clase continuó.

De vez en cuando, la profesora dedicaba un comentario público acerca de mi afición a lo siniestro. También improvisó sobre mi ángel de la guarda y lo triste que se ponía cada vez que yo cometía una falta.

Pues bien, el castigo fue un verdadero éxito. Las chicas me recibieron como un juguete. En todo momento recibí sonrisas, guiños y besos al aire que clandestinamente me dedicaban. Para terminar, me pasaron un montón de pedazos de pasteles y bocadillos que llevaban para merendar. No se volvió a castigar a ningún otro niño de ese modo.

No recuerdo ninguna cara, apenas algunas imágenes de chicas sonrientes, uniformadas con faldas plisadas y todas de azul marino. Recuerdo que, días después, alguna me saludara maternal, por los alrededores de la escuela.

Todo esto que cuento lo recuerdo bien, sin embargo, no me fío del todo. No sé si lo he fabricado así, con el paso de los años, porque quizá sea lo que prefiero recordar.

(Bernardo Ortín, 1994)

Ejercicio

Los primeros lugares
Describe los lugares que frecuentabas de niño.
¿Había lugares prohibidos? ¿Con qué tipo de personas te reunías? ¿Tenías grupos de referencia organizados o eran informales? ¿Qué sentías o pensabas en contacto con ellos?

La memoria de los primeros lugares recupera los momentos iniciales de investigación del mundo y de lejanía de la seguridad del hogar. Las primeras exploraciones del mundo sin los padres. En esos episodios, el centro del hogar aún está muy presente en nosotros, como si nos mantuviera unidos a él mediante una cuerda más o menos flexible que nos permite cierta libertad, aunque nos recuerda la distancia que nos separa del mismo.

Ejercicio

Etapas
Piensa en varios sucesos que supusieron algo clave en tu vida. Momentos de paso de una etapa a otra. Describe con detalle cada momento.
Haz previamente un esquema de esos momentos y define qué significaron para tu vida. Habla de episodios, personas importantes, actuaciones, etc.
¿Qué edades fueron importantes para ti?
¿Qué conmemoraciones familiares o sociales te agradan? ¿Qué otras te desagradan?

Etapas y ritos de paso, puntos de inflexión que suponen estaciones de crecimiento. A veces coinciden con rituales establecidos socialmente y a veces son episodios personales en los que se produce una toma de conciencia profunda.

En ocasiones un ritual de paso se encadena con otros episodios de la vida familiar que supusieron un trance importante en la historia del linaje. El matrimonio impulsa a muchas personas a viajar a lugares de donde sus antepasados fueron expulsados. Una crisis de adolescencia de un hijo puede rememorar las crisis de la propia adolescencia ante los propios padres.

LOLA

Mi infancia tiene imágenes de barrio, de la primera vez que mi madre me consideró lo bastante mayor como para bajar solo a jugar a la calle. Sólo dos pisos más abajo para acceder a un nuevo mundo. Y la calle sin asfaltar, sólo la acera, llena de adultos con el privilegio de reprenderte aunque no te conocieran. Y las familias paseando al caer la tarde de Primavera. Familias lentas, con sabor a estabilidad, jóvenes adultos altivos. Al verles, yo no me quería casar...No por nada...Sólo que me daba vergüenza y me parecía un aburrimiento.

Hacíamos zancos con botes de hojalata atados a los zapatos para pasar por grandes charcos. Y en tierra firme, para hacer ruido. Eso lo recuerdo en una tarde nublada y quieta, como de domingo.

En la noche, olores de cuerpo recién duchado y sensación de tibieza, por el contraste con el agua caliente.

Mi infancia, casi común, que a todos nos da por contar alguna vez, la recuerdo como una época llena de realidades y las realidades repletas de cosas exultantes, que no te hacían temer la infelicidad de mañana, como aprendería después. Porque cuando terminaba una realidad, se abría paso otra y otra... y era esa plenitud la que era capaz de trascender la vida misma.

Más tarde vino la actividad buscada, las opciones culturales que sirven de guía. Eso llegó cuando aprendí a hacer cosas con esa leve sensación de desplazar la angustia hacia adelante, de mantenerme ocupado para entretener el momento final, el más verdadero y real. Todo eso vino cuando aprendí a trascender la realidad con un proyecto de futuro. Cuando la actividad cultural es una suerte de rito, cuya meta es la sensación momentánea de suspensión de la muerte.

Más adelante, cuando tendría doce años, recuerdo a una muchacha en mi barrio. Desconectada de la escuela y de lo extraescolar, y también desconectada de los adultos, de los que tienen el privilegio de reprenderte. Hermosa y algo mayor, quizá catorce años, que se dirigía a mí con desparpajo, a contarme cosas. No recuerdo si yo le contestaba, quizá improvisaba algo sobre la merienda que me esperaba y me iba nervioso y feliz.

El resto lo hacían sus hermanos, eran siete contando a Lola. Su hermana, más pequeña, que siempre la acompañaba, se ocupaba de explicar a todo el mundo y con detalle lo mucho que yo le gustaba y sus dos hermanos mayores, con los que yo jugaba a fútbol, se pasaban el tiempo amenazándome cortésmente por si se me ocurría hacerle algo feo a su hermana. Ni que decir tiene que cuando veía yo a su padre por el barrio, o a sus hermanos, los verdaderamente mayores, los que iban a trabajar y ya no jugaban a fútbol, cambiaba de rumbo inmediatamente. Mientras tanto, Lola y yo habíamos hablado apenas cuatro o cinco veces y, por supuesto, a dos metros prudenciales.

Aunque yo era listo para mi edad, cosa que con los años se fue ajustando, se nos notaba la diferencia de edad, en el desarrollo físico y en el otro. Así que yo capeaba como podía.

A Lola le fastidiaban espectacularmente dos cosas: en primer lugar, que no le dijera que era la más guapa, como todo el mundo le decía y en segundo lugar, no saber si yo tenía otros amigos, porque lo cierto es que yo no era muy asiduo del barrio; pasaba temporadas sin aparecer porque seguramente hacía otras cosas que ahora no recuerdo. Y porque el barrio me parecía que siempre estaría ahí sin riesgo de perderlo.

Yo estaba profundamente enamorado de Lola, pero sólo cuando la veía, cuando me iba a mi casa no notaba gran cosa.

Jamás respondí a sus dos grandes interrogantes. Al principio porque me dejaban sin respiración y después, porque descubrí la rabia que le provocaba mi silencio... Creo que era el único momento en que notaba que me hacía caso. Quise a Lola, sí, pero a distancia y en secreto.

La he recordado siempre, con sus rizos negros y sus ojos grandes y expresivos. La Lola era valiente y se le notaba en el andar, en sus vestidos ceñidos, oscuros, como de más mayor. Tenía un gesto generoso y acogedor y no conocía el miedo.

Nunca volví a tener noticias suyas. No sé qué ha hecho ni dónde está. Pero a veces rebusco en mi niñez y evoco ese amor que jamás le confesé.

(Bernardo Ortín, 1993)

Ejercicio

El Guión de tu vida (Pérez Guzmán, F. 1996)
El Análisis Transaccional propone un estimulante ejercicio para situar el relato de la propia biografía.

Se desea marcar una tendencia que arranque de las propias intuiciones o constantes emocionales de la vida. Lo importante es que las conclusiones del ejercicio se proyectan con un mandato hacia el futuro según los presupuestos operacionales del Análisis Transaccional.

Primera parte
1. Propiciar una situación relajada en la que prime la conciencia de la vida interior.
2. Piense en el cuento favorito de su infancia, como máximo hasta los seis años. Antes de que supiera leer. Piense en un cuento que le relataran. Escriba brevemente su argumento en dos o tres líneas.
3. Piense en un cuento, historia, tebeo, relato... que más le llamó la atención entre los ocho y los diez años. ¿Qué personaje le llamaba más la atención? ¿Qué le pasaba a ese personaje?
4. Hacer un barrido con el contenido del punto tres por tramos significativos de edad. Por ejemplo: 14 a 16 años, 18 a 22 años, 25 a 28...
5. ¿Qué libro, obra de teatro, película... le ha impresionado durante los dos últimos años? ¿Qué personaje le llamó más la atención? ¿Qué le sucedía?
6. Subraye todos los personajes y lo que les ha ocurrido.
7. Haga un relato de ocho a diez líneas con la siguiente característica: mezclar los personajes y lo que les ha ocurrido, manteniendo a la vez la perspectiva

autobiográfica. Desde el principio de su vida hasta el día de hoy. Comience con la frase siguiente: «Yo soy una persona que de niño...».
8. Explore y piense brevemente: ¿Qué creencias tiene? ¿Qué aspectos le llama la atención? ¿Qué puede aprender de lo escrito? ¿Qué evaluación u observaciones puede hacer?

Segunda parte
1. A partir de donde lo ha dejado ¿Cómo quiere que continúe y acabe la vida del personaje? A partir de ahora se trata de un ejercicio de invención para: ¿Hacia dónde quiere evolucionar? ¿Qué quiere hacer con su vida? Subraye los aspectos de la vida que quiere evitar y cuáles desea cambiar y potenciar. Utilice lo que se denomina en la técnica literaria la percepción flotante: desde el personaje y desde el narrador, alternativamente. Desarrolle esta parte en ocho o diez líneas. Hay algo importante: debe darle un final a la historia.
2. Además del relato del punto anterior desarrolle los siguientes aspectos:
3. Póngale un título al relato.
4. ¿Cómo será el último día de su vida? ¿Dónde estará? ¿Con quién? ¿Qué edad tendrá el día de su muerte? Sea lo más descriptivo y detallista posible. Describa la casa y la época del año.
Escriba los siguientes epitafios para colocar en su tumba:
- ¿Quién fui yo?
- ¿Qué dirán los demás de mí?
- ¿Qué me gustaría que dijeran de mí?

UNA VISIÓN DE LA MUERTE

El señor ministro dio un salto en el asiento del coche oficial en que viajaba y agitó la mano por la ventanilla.

–¡Me ha visto, estoy seguro de que me ha visto! –dijo–. Fue mi mejor amigo cuando éramos niños. Le he reconocido al instante. Ver su cara me ha traído mil recuerdos olvidados, todo el aroma de una época de mi vida. ¡Dios mío, qué maravilla! Nunca le había vuelto a ver. Tengo su imagen metida en el corazón, sé que hemos sido íntimos amigos, realmente él ha sido mi único amigo en la vida... Pero qué curioso, no consigo recordar ni cuándo ni dónde le conocí. Ni siquiera me acuerdo de su nombre.

Éstas fueron las últimas palabras del señor ministro.

(Rafael Llopis Paret. En Fernández, A. 1990)

Ejercicio

Secretos familiares
En ocasiones la familia guarda un secreto relacionado con episodios vergonzantes o inconfesables por un presunto riesgo para algún miembro familiar.

Los secretos se impregnan en la vida cotidiana de lo que no se dice y marcan comportamientos, preferencias, deseos de los hijos. Cuando la vida se aproxima al secreto que debe ocultarse, la comunicación no verbal se afecta y el fantasma ataca. Los fantasmas no nos dañan por lo que nos puedan hacer sino por lo que no nos pueden decir.

¿Sabe de algún secreto familiar? ¿Cómo se enteró? ¿Sólo lo sospecha?

La exploración de los secretos familiares ayuda a ver la parte menos consciente de la transmisión de conocimientos que recibimos de nuestros antecesores. Nuestra personalidad se constituye sobre todo con aquello que no nos dicen y que, sin embargo, notamos en nuestros padres, hermanos mayores o en cualquier adulto que significó una referencia para nosotros.

Los secretos familiares generan en quien los guarda una actitud misteriosa que el niño percibe y la asocia a los temas familiares ocultos. Muchos secretos de linaje se constituyen en deseos irrefrenables para las siguientes generaciones. En muchos casos, el exilio de lugares de algún antepasado que fueron conservados en secreto, supusieron para los sucesores de la primera o segunda generación un fuerte impulso de volver a ese lugar e incluso establecerse allí.

Ejercicio

Escribir una biografía mítica

Todos los conflictos humanos se dan en un plano concreto y en un plano arquetípico.

Como presupuesto inicial debe adoptar un lenguaje mítico: Hadas malignas y benefactoras, tesoros, dragones, brujas, lagos, lugares sagrados, montañas mágicas...

También debe concebirse a sí mismo como un Héroe-protagonista de la historia.

Las cuestiones a abordar son:

- ¿Cómo ha limitado mi desarrollo personal mi Árbol Genealógico?
- ¿Cómo ha ayudado a mi desarrollo personal mi Árbol Genealógico?
- ¿Qué herramientas me han dado para el camino? En concreto, pueden ser objetos, relatos, situaciones, capacidades...

El desarrollo de la biografía mítica puede seguir los siguientes pasos:

1. Identificar personas relevantes:
   (Madre, padre, hermanos, tíos, abuelos, vecinos, otros adultos...).
2. Y asignarles personajes:
   (Animales, seres imaginarios, habitantes de lugares remotos, brujas, ogros, dragones...).
3. Identificar sucesos y asuntos relevantes de tu biografía:
   (Infancia, aprendizajes significativos, pérdida de la infancia, enfermedades, sucesos trágicos familiares, secretos familiares, miembros familiares excluidos, ovejas negras...).
4. Y traducirlos a episodios y lenguaje mítico:
   (Bolas de energía, visita a mediadores con la sabiduría, esfera dorada, estancia en la cueva, batallas, sombras fantasmas...).
5. Finalmente, construir historias sobre aspectos biográficos de su vida.

LA ÚLTIMA PREGUNTA ES LA BUENA

Un relato hasídico cuenta que Rabbi Zousya pronunció estas palabras en su lecho de muerte:

—En el mundo que viene, la pregunta que me van a hacer no será: ¿Por qué no has sido Moisés? No. La pregunta que me van a hacer es: ¿Por qué no has sido Zousya?

(Carrière, J.C. 2000: 117)

Cuentos que **curan**

Este libro concluye con algunos relatos que se han realizado explorando el lenguaje metafórico en los múltiples cursos, seminarios y encuentros que hemos celebrado en torno a este tema.

Aunque se han relatado muchos cuentos en el libro, queremos ofrecer los siguientes como ejemplos de aplicación en trabajos educativos y de orientación personal: Cuentos que curan. La mayoría de ellos han sido escritos en nuestros cursos por las personas que han participado en ellos y por eso les tenemos un afecto especial.

Queremos terminar destilando un resumen.

Un cuento cura cuando:

- Predispone al bienestar.
- Conecta con la satisfacción.
- Abre el campo de percepción de un conflicto.
- Consuela.
- Aporta otros encuadres de referencia de la situación.
- Permite identificarse con él y por ello aligera la sensación de soledad.

Y no tanto si resuelven definitivamente y de un *plumazo* el problema. Esta perspectiva es quizá demasiado *literaria*. No es preciso alcanzar el punto patológico y resolverlo de inmediato, el relato es catalizador.

Relatar es relatarse

En ocasiones noto que mis hijos necesitan orientación, que precisan de ciertas antorchas que iluminen el camino. Lo noto en la mirada de mi hija pequeña cuando me observa fijamente con su mirada limpia. Por otro lado, desconfío de los consejos, me parece mejor relatarles cosas de mi vida, contarles mi camino. Para eso y para otros niños un día le escribí este cuento.

Los primeros pobladores de La Eliana
Trinidad Ballester

Los primeros pobladores de La Eliana no fuimos nosotros, fueron los árboles, pensaba mientras el tiempo me parecía eterno y el deseo de salir corriendo a jugar me espabilaba. Era la hora de la siesta, la hora del calor. Reinaba el silencio de los humanos, ese silencio al que nos referimos cuando no oímos voces ni motores ni repiqueteos asociados a la actividad de *los otros*. Pero se oían intensamente las chicharras (que a mí se me antojaban las mujeres de los grillos, con la misma lógica que ordenaba el mundo en parejas: el sol y la luna, la playa y el mar, el lagarto y la lagarta...) las únicas que no tenían que hacer la siesta. También se oía el batir suave de la cortina de barritas que daba contra la puerta cerrada, más cerrada que nunca y caliente porque allí se estrellaba el sol abrasador esa tarde de agosto. Olía a pino, como huelen los pinos al sol ardiente, como olía La Eliana entonces y ahora, como olerá La Eliana mientras los árboles sean sus habitantes. De repente oí un revuelo suave y a continuación unos extraños gemidos y unos pasos apresurados se acercaron, pasaron y se volvieron a alejar. Fueron unos instantes pero me dejaron un sobresalto. De un bote me asomé a la mosquitera que ardía, pero la reja no me dejó ver más que una pincelada oscura que en ese momento desaparecía de mi vista. Pensé que si salía a la calle rápidamente todavía alcanzaría a ver quién había sido, pero como ya os he dicho, la puerta, en agosto y a la hora de la siesta, estaba cerrada como un castillo con su foso y sus cocodrilos. Abrí con mucho sigilo la puerta de la habitación, todos dormían. No me quedaba más remedio que dejarlo para más tarde. Volví a cerrar y me tumbé de nuevo mirando al techo y a los dibujos de colores en las cortinas que brillaban al sol y que aún hoy recuerdo tan vivos como si fuera la siesta de ayer. En mi mente flotaba el sonido de la voz que acababa de oír, era como si alguien intentara hablar o gritar a través de una gruesa tela puesta en su boca. Mi imaginación se disparó poblándome de imágenes más propias de una película que de aquella tranquila tarde de verano.

La siesta era sagrada para mi madre, después de mayor la he comprendido, pero entonces me parecía un suplicio, tanto que aún hoy la siesta me quita el sueño. Durante ese tiempo tan caliente en el que todo se para, cuando las calles se vacían, saboreo la calma, leo, veo la tele o escribo, pero jamás duermo.

Por fin, porque no hay mal que dure cien años, el mundo volvió a despertar. Mi madre salió al corral cantando y aquélla era la señal con que la tarde cobraba vida. Salí del cuarto volando, les dije adiós a todos y sin esperar repuesta atravesé la frontera que me separaba de mis aventuras recibiendo en la cara la lluvia de las maderitas de la cortina caliente. Corrí cuesta abajo hacia el lavadero y me entretuve en el puente de la acequia, esperando por si veía a mis primas y les convencía para acompañarme. Había decidido ir a investigar y averiguar quién podía ser la persona que hacía ese sonido tan peculiar. Eché un palito por un lado del puente y me fui rápidamente hacia el otro para ver cuánto tardaba en aparecer, como siempre, me pareció más tiempo del esperado, lo seguí por el margen de obra hasta que desapareció entre los barrotes de hierro del molino. Aquello me hubiera parecido una boca misteriosa de no ser porque yo conocía perfectamente el recorrido que hacía el agua, lo recordaba con la memoria de mi piel y evoqué las zambullidas en esa balsa que almacenaba el agua antes de pasar por la turbina. La acequia, que venía atravesando los campos de maíz y de cebollas, traía agua clara y fresca. Si, aunque muy de tarde en tarde, venía flotando *alguna cosa*, se quedaba retenida entre las rejas.

En aquellos tiempos era más raro tener el privilegio de una piscina en casa. Pasábamos lo duro de la canícula con una variedad de recursos y una enorme capacidad para gozarlos. A veces nos íbamos a bañar a la piscina de la Fábrica de hielo, pero para eso necesitábamos que un mayor nos acompañara, cosa que no siempre se podía conseguir a pesar de que a menudo cedíamos a los chantajes de los numerosos primos o hermanos, como por ejemplo ir a comprar cigarros sueltos a la *paraeta*. Otras veces nos íbamos andando por la solana hasta la balsa de riego de un campo de naranjos que tenía mi abuelo en Montepilar. Era una balsa de cemento pero el agua era transparente y agradable, especialmente cuando la habían limpiado con escobas antes de llenarla y le echaban *piedra lipi*, de un azul precioso. Nos secábamos al sol entre los naranjos y arrancábamos alguna de las naranjitas verdes para echárselas a las avispas que se enseñoreaban de la balsa cuando no había nadie. Otras veces, el humilde recurso era echarnos agua con la manguera en el corral de casa, primero ardiente por el agua que había dormido al sol dentro de la goma negra y después poco a poco fría y estimulante, persiguiéndonos unos a otros sobre el baboso suelo, al que más de una vez caímos de culo. Éramos veraneantes pero no teníamos chalet: veraneábamos en *Les Casetes*. Al principio veníamos con el *trenet*, más tarde mi padre se compró un coche de segunda mano y entonces pudo visitarnos más a menudo desde su condición de Rodríguez de los años cincuenta.

Veranear, esa dulce palabra, era para mí vivir. Veranear era llenarse de olores, de juegos y de intensas sensaciones. Las cosas buenas de la vida ocurrían en verano, ocurrían en La Eliana. El resto del año era una clausura del verdadero sentido de la vida que sólo volvía en Pascua y los pocos domingos de invierno que le arrancábamos al calendario de la monotonía para venir a torrar *chulles* en la chimenea. Eran aquellos años en los que hacía más frío, La Eliana era más fría que Valencia, alguna vez recuerdo haber roto una fina capa de hielo en los charcos. Me impresionaba ver a mi Eliana más vacía y con cara de frío y pasearme por ella notando su perfume de leña tan diferente a los aromas que tenía en verano.

Recuerdo el nudo en el estómago cuando llegaba septiembre y la sombra de ese nudo que quedaba en mí el resto del año hasta que podía volver. Durante el curso lo que me mantenía unida a esa sensación de vida eran los árboles del parque de mi colegio que, como parientes lejanos de esos habitantes de La Eliana, me hablaban de ella.

Será por eso que al adueñarme de mi vida, mis pasos me dirigieron a vivir aquí, todo el año, para sentir la vida intensamente cada día, para recuperar el invierno, para dulcificar septiembre. Para *veranear* las estaciones.

Las pinadas por todas partes (como La pinaeta del Cel, el Plá, la de Plaja...), los majestuosos algarrobos a los que trepábamos cómodamente, los almendros y nogales con sus frutos regalados, las acacias para jugar a adivinar con sus hojas el futuro de amores y los plátanos de la estación con sus bolas punzantes que se deshacían en pelusa, alimentaban los latidos del corazón de La Eliana. Hoy me pregunto si las gentes que vienen a vivir aquí saben escuchar la voz centenaria de estos primeros pobladores bajo de los cuales nació este pueblo, si cuando se corta un árbol sólo para no tener que barrer o para que pasen cómodamente las máquinas de asfaltar y de hacer piscinas, se tiene en cuenta que ellos estaban antes que nosotros y nos dan la vida.

Como mis primas no salían y no me atrevía a llamar porque siempre estaba dando la lata, me volví hacia el lavadero. A esas horas no lavaba nadie, me quité las zapatillas, el agua cristalina lo llenaba a rebosar y subiéndome en la grandes losas inclinadas podía meter los pies descalzos. Chapoteando volvió a mí el recuerdo de ese gemido sordo y volví a sentir la punzada de curiosidad que me había impacientado en la siesta. Me sequé mal los pies con la falda y resbalándome sobre las zapatillas de goma seguí el camino que se angulaba entre los campos de labor. Cuando se acabaron los maizales, altos como bosques para mi tamaño, llegué a la acequia grande (ésa que hoy debe de correr más sucia y densa dentro de la tubería gigante que vertebra el barranco) para ver la misma agua que después pasaría perezosa entre la Fábrica de borra y la estación, por debajo del puente de madera. Entre las zarzas y el agua estaba lleno de *parotets*, me gustaban mucho los negros, tan elegantes. Seguí el camino arriba y trastabillando con los zapatos húmedos llegué a la Torre, La Torre del Virrey, abandonada y misteriosa, que nos invitaba siempre a imaginar otros tiempos y sobre todo otros mundos, poblados de leyendas y fantasmas. Como si se impregnaran de esa fantasía veíamos también misterioso a todo aquel que habitara en las sencillas casas que, como aún hoy, blanqueaban adosadas a la Torre. Mientras rodeaba el poblado alguien salió al oír mis pasos y me di tal susto que eché a correr hacia el camino que viene de Montealegre como si mis intenciones pasaran de largo. Me paré disimulando a coger moras que en aquellas zarzas eran muy gordas y negras, quizá porque las expoliaban menos que las zarzas que crecían allá abajo, en el barranco, junto al muro de la pinada de Plaja. Mientras me pinchaba por hartarme de moras volví a oír esos gritillos extraños, esta vez pude apreciarlos bien porque duraron bastante, como una retahíla de palabras no pronunciadas. Nunca había oído algo así. Sentía el impulso de entrar en las casas y preguntar, pero mi timidez de entonces, como la de ahora, me ponía plomo en los movimientos. Eché de menos a alguien con quien compartir mis pensamientos y mi curiosidad y pensé que se haría tarde para alcanzar a mis primas si no regresaba ya. Corriendo, volví sobre mis pasos.

El molino tenía un almacén donde a veces se levantaba una montaña de *pallús* y una ventana con un tobogán de madera por el que se echaban los sacos a los camiones y por el que yo soñaba con tirarme. Y con esa búsqueda de nuevas sensaciones que es la infancia, una vez cometimos el error de zambullirnos en esa montaña de paja de arroz y dejarnos deslizar por ella. Fue algo inolvidable, por la bronca que nos echaron, por el placer y por el picor desesperante que nos persiguió esa tarde hasta que nos tuvimos que lavar de arriba abajo.

Busqué a mis primas por todos los lugares posibles y nadie supo decirme dónde estaban. Me asomé al almacén de cebollas donde las mujeres, sentadas en sillas bajas y sumidas en el potente aroma, envasaban aquellas esferas de color del cobre pulido separándolas por tamaños. Si les pedíamos las más pequeñas, unas que parecían de juguete, nos las daban y las poníamos en vinagre. Recorrí la calle que iba hacia la Fábrica de hielo. Era una calle de tierra formada por una hilera de casas humildes que arrancaban de una más grande que hacía chaflán. Esta casa estaba frente al molino (donde hoy está el centro social) y en ella vivía Concheta, a la que yo recuerdo como una señora muy alta y de voz afónica que, con un gran sentido práctico, hacía en el pantalón de su hijo un agujero estratégico para que no se olvidase de mear fuera de la ropa. La calle tenía a ambos lados una tira de árboles que nosotros llamábamos de pan y quesito, por sus flores blancas y comestibles, y que hoy sé que se llaman acacias, una de tantas especies de árboles, de los primeros pobladores de La Eliana. La recorrí entera hasta el camino que llevaba a la estación a lo largo del muro de la pinada y seguí, con el barranco al otro lado, hasta una casa grande alrededor de la que campaban los patos y donde, ya de noche, íbamos a buscar leche recién ordeñada. Al regreso le pregunté al yayo, que estaba sentado debajo de una acacia liando un cigarro de *llavoretes*, o al menos así lo recuerdo, pero tampoco me supo decir. Subí deprisa la calle del molino que llevaba al pueblo recorriendo el lado abierto de la pinada, en la que a veces jugábamos a nadar en su intrigante lago seco y pasé por la acera de los chalets, de vallas modestas pero reventonas de jazmines y buganvillas.

Otra maravilla de La Eliana son sus olores que aún hoy permanecen intensos. En mi casa hay una gama diversa de olores a los que les decimos olor a Eliana, para que podáis recrearos voy a intentar hacer una lista: olor de jazmines en noche cálida de verano tardío, olor de tierra húmeda después de la lluvia especialmente en septiembre, olor de dompedros que todavía hoy crecen silvestres, olor de una casa que huele a madera y telas de algodón, olor de los pinos y los cipreses al calor del sol, olor de pepino (antes sólo lo había en verano), olor de tortilla con pimientos y mamá dame la cena que me voy, olor de las cañas del maíz en las noches húmedas, olor de las panojas asadas, olor del guiso de caracoles cogidos después de la lluvia y por favor no cojáis moros.

A estas alturas me senté en los escalones de la farmacia, con la que acababan Les Casetes, para descansar un poco. Luego seguí. Busqué a mis primas en el bar Torrent por si habían ido a por un helado. Pasé por delante del horno, giré por la esquina de la vieja ermita olvidada, recorrí la calle de la fuente de la Virgen del Carmen, que reinaba entre azulejos de colores y naranjos *bordes*, y me acerqué para tocar el agua. Como no tuve suerte, me di la vuelta regresando esta vez por la acera alta del bar Marco. Cuando estaba en la esquina de la pollería oí que me llamaban. Por fin.

Les conté lo que me había intrigado y se echaron a reír. Yo no salía de mi asombro pero no conseguí de ellas una aclaración. Como insistía y no lograba nada, decidí cambiar de estrategia y atraer su atención proponiendo gastarme los cinco duros que me había dado mi padre tomándonos una ración de sepia en el bar, que costaba veinte pesetas. En poco tiempo estábamos sentadas con nuestros palillos en la mano, saboreando lentamente cada trocito cuadrado de blanca sepia, con sus bordes festoneados del color del caramelo, y cada hojita triturada del perejil del ajillo, alegrado el aceite de oliva por el chisposo punto del vinagre. Ante ese manjar exquisito, que a nosotras nos placía más que las golosinas habituales de los niños, jugábamos a ser mayores. Comenzaron a charlar de cuando Salvador dijo que había visto caer el rayo que rompió el campanario. No nos lo acabábamos de creer pero nos parecía fascinante imaginarlo, protegido únicamente por su paraguas, en medio de una lluvia de agua y fuego a la vez. Aprovechándome del bienestar que reinaba comencé de nuevo a indagarles. Esta vez tuve suerte y al fin me contaron el motivo de sus risas.

El misterio de mi siesta, de toda aquella tarde abrasadora, era simplemente que acababa de conocer cómo es la voz del que no habla. La Muda, que vivía en la Torre del Virrey, me atrajo con su voz de leyenda. El silencio de la siesta me regaló un nuevo sonido.

La Eliana, Abril de 1998

Nota. Este relato obtuvo el primer premio por unanimidad en el concurso literario «L Eliana. 40 anys d un poble» organizado por el ayuntamiento de L Eliana, de Valencia en su 40 cumpleaños en 2000.

El miedo, los miedos

Este relato podría llamarse «Cómo deshacer el miedo, los miedos», y pretende mostrarnos desde una perspectiva lejana –una niña–, cómo los miedos que sentimos hacia tantas cosas: imágenes, acciones, personas, nosotros mismos.. nos atenazan y nos hacen huir en la dirección opuesta, sin querer ver lo que tenemos delante, sin mirarnos de frente y reconocer por qué algo nos asusta. Preferimos soñar, seguir ciegos o simplemente huir.

Pero la tierra nos grita con voces diferentes: humanas, animales, minerales y nos recuerda, si queremos, que no estamos solos, que somos grandes y fuertes para hacer y construir, para dar y recibir, para crear la vida y no para huir de ella.

A pesar de todo...

Las mujeres, las niñas, precisamente por nuestra condición femenina, no nos hemos podido permitir quedarnos dormidas parando así la historia, el curso de la vida, y ello forma parte del miedo, las responsabilidades, misiones, decisiones a las que tenemos que enfrentarnos y del agua que tenemos que ir a recoger como «hemos estado haciendo durante eones» para que las ruedas no se detengan. «Nuestros hermanos» llevan milenios observando nuestra dura tarea, y no siempre la han contemplado desde el sueño. Ahora, quizá, estén más dormidos que nunca. No podemos quedarnos en la pura apariencia porque siempre hay más, mucho más.

Sunna
Eulalia Lozano

Cuando Sunna cumplió siete años, supo que su vida había terminado. Al menos la vida tranquila y pacífica de los niños pequeños, siempre requeridos para ayudar en algunas tareas cotidianas, pero libres a su vez para el juego y la Naturaleza.

En el pueblo de Sunna, todas las niñas al cumplir su edad pasaban a ser las responsables de traer el agua a la casa. La vasija que utilizaba su madre para este menester, un recipiente grande y panzudo, hecho de barro reforzado con paja, la miraba desde el interior de su casa diciéndole: «Soy tuyo, a partir de ahora estoy en tus manos».

Ese día, Sunna hubiera preferido seguir durmiendo y no despertar, quedarse acurrucada en la tranquilidad letárgica del sueño, en ese mundo irreal y nebuloso sin sentidos, sin voces, sin miedos...pero se levantó. Alguien la sacudió con firmeza y el sueño dio paso al resplandor de la luz temprana.

—Sunna, ya es hora —le dijo su madre—, y se marchó enseguida.

Se estiró un poco y miró alrededor. Su hermano pequeño dormía plácidamente y su hermano mayor se daba la vuelta para continuar durmiendo. Se vistió despacio, y su madre volvió a aparecer en la puerta.

–Sunna, hija, ¿sabes qué día es hoy, verdad? Es tu séptimo cumpleaños. Las nieves han cubierto nuestras montañas durante siete inviernos y el sol las ha derretido en siete primaveras para traer agua a nuestros manantiales. Ha llegado el momento y tú has de recoger esa agua para la familia.

–Madre, sabes que la fuente está lejos, hay que atravesar el bosque, donde todo es oscuridad... y aún soy pequeña.

–Hija, todos crecemos alguna vez. Vamos.

Su madre le mostró la vasija del agua y le dijo que, después de comer algo, tenía que marcharse a buscar el agua porque había un largo camino. Sunna obedeció. Comió algo más de lo que solía porque sabía que tardaría en volver, incluso se guardó un poco para después. Sus hermanos correteaban a su alrededor y la vieron alejarse sorprendidos.

Caminaba despacio, con la vasija en la cabeza, pesadamente, como si no quisiera llegar nunca. El sol había salido ya, y cuando iluminara desde el centro del cielo, Sunna sabía que podía estar de vuelta.

Pero había que atravesar el bosque.

Cuando divisó los primeros árboles, sintió un escalofrío. Era una mancha tupida de color verdoso y gris que destacaba sobre el ocre del suelo y el azul brillante del cielo. La mancha crecía y pronto se elevó sobre ella. Percibió sombras y sonidos nuevos, y se levantó un golpe de viento que venía de lo más profundo y la sacudió.

–No puedo –gritó.

No puedo. Soltó la vasija, cerró los ojos con fuerza y echó a correr en la dirección opuesta, ciega, con la oscuridad de la que huía dentro de sus ojos. Y corrió, corrió sin parar hasta que algo la sujetó con firmeza y tuvo que abrir los ojos.

–¿Dónde vas así, niña? ¿Qué te pasa?

Una mujer mayor, pero no anciana, la miraba con curiosidad.

–¡Oh, me he asustado de un gran ruido, quizá un trueno o un animal salvaje, y he corrido sin mirar atrás.

–Ni hacia adelante hija. Si no te sujeto, te habrías caído al lago.

Detrás de la mujer se extendía una masa de agua que ocupaba casi todo.

–¿Quién eres? ¿Qué haces tú sola?

–Me llamo Sunna, y voy... a visitar a unos parientes.

En los ojos de la mujer brilló un destello de sombra pero Sunna no lo vio porque le daba miedo mirar de frente.

–Bien, Sunna «que corre con los ojos cerrados y visita a parientes lejanos», ¿quieres sentarte a mi lado y hacerme compañía? Toma, come algo y te contaré una historia….

Y escuchó muchas.

De animales, de hombres y mujeres, de dioses…

… y no sentía nada, sólo un cierto frescor en los pies, los tenía dentro del agua y no se daba cuenta, era dulce estar así.

De pronto, sintió un fuerte dolor en la mano. Una piedra había caído del cielo, un gran pájaro blanco se alejaba graznando.

–¡Qué dolor! Su mano, casi transparente, estaba roja.

–¡Qué uñas más largas! –se miró en el agua–. –¡Qué cabellos más sucios!

La mujer mayor la miraba en silencio y la sombra bailaba en sus ojos.

Y Sunna la vió.

–¡El agua, mi vasija!

–He de irme –dijo, y se alejó lo más rápido que pudo.

Le dolía todo el cuerpo y le costaba caminar. –Qué sucia estoy –pensó y se agachó a lavarse, a frotarse las manos y el pelo. Se sintió mejor y tomó un camino que se alejaba del lago.

–Debería volver, me estarán esperando, pero… el bosque, el bosque.

Cavilando en todo esto, llegó a las puertas de un pueblo parecido al suyo, sólo que detrás de él se erguía una montaña no muy alta, de color marrón rojizo, coronada por nubes de humo gris, casi negro.

En seguida encontró un grupo de niños jugando que la rodearon, invitándola a estar con ellos. Y jugaron sin parar hasta que llegó la noche.

Y así fluyeron los días; cada noche descansaba en una casa y nadie le preguntaba su nombre ni adónde iba.

Y jugó, jugó….

Y el tiempo pasó.

La mañana que la montaña habló, Sunna se dio cuenta de que se había cansado de jugar.

–¿Qué es ese temblor? –preguntó a los demás niños.

–Es la montaña que habla –le contestaron–. –¿Y qué dice? –dijo ella.

–No sabemos, no le entendemos. Cuando habla bajito, como ahora, no hacemos caso; pero cuando grita fuerte, tenemos miedo y estamos en casa sin salir hasta que calla.

–Eso no está bien –habló Sunna–. –La montaña está aquí cerca, podemos llegar hasta ella y ver qué quiere.

–Oh, no. Nadie ha hecho eso nunca –dijeron todos los niños.

–Yo iré, y le preguntaré qué le pasa.

Salió del pueblo dejando atrás los niños, las casas y pronto llegó a las mismas faldas de la montaña que emitía un ruido sordo y constante. Ésta era completamente pétrea, pura roca, no se veía árbol, brizna de hierba o matorral espinoso que creciera por algún sitio.

–¡Qué roca más bonita, tiene un hermoso color rojo oscuro! –se dijo Sunna– y comenzó a trepar, buscando la forma más sencilla de llegar hasta la cima. No fue fácil, pero vio que sus brazos eran más largos y le costaba menos llegar a los salientes donde tenía que agarrarse. Cuando ya estaba bastante cansada, llegó a una meseta hecha de roca pulverizada, suave arena que se escurría entre los dedos de sus pies y desde allí, próxima, divisó la cima. Ascendió lentamente, pensando cómo se le habla a una montaña, porque ella tampoco lo había hecho nunca. Cuando llegó arriba, supo lo que tenía que decir.

–¿Cómo te llamas, montaña?, ¿Qué te pasa? –habló.

–Me llamo Diamante Encendido y estoy llorando porque estoy sola. A veces estoy tan triste que mi corazón se rompe en trocitos ardientes que pugnan por salir y fluir como lágrimas humanas.

Sunna miró a su alrededor, dirigió sus ojos hasta las línea del horizonte y vio que también estaba sola.

–No –le dijo–. –No.

–Yo estoy contigo… y el viento que acaricia tus laderas, y el rocío que las baña cada mañana, y el sol que las calienta al mediodía. Nunca has estado sola.

–Ningún humano viene a visitarme.

–Yo estoy aquí, pero tu llanto les asusta. Si dejas de llorar ellos vendrán a conocerte.

–¿Y tú quién eres, niña-mujer?

—Soy Sunna, la niña que también tenía miedo, pero he de marcharme. Un bosque y una fuente me esperan, y también mi familia.

—Toma Sunna, le dijo la montaña, te regalo mi última lágrima, la más hermosa.

Ella se agachó para recoger una piedra transparente llena de reflejos multicolores. La apretó fuerte en su mano, extendió los brazos hacia el cielo y bajó, bajó, bajó… hasta que divisó el Bosque que tanto temía.

—No es tan oscuro –se dijo–. –Ni tan enmarañado. Hay muchos arbustos y árboles pequeños». Vio oquedades, madrigueras de animalillos, árboles ancianos y sabios que ondulaban sus ramas al verla pasar. Distraída, tropezó con algo duro.

—Uf, ¡La vasija! –se alegró de que aún estuviera allí.

—No se ha roto –la colocó sobre su cabeza y le pareció muy ligera.

—Vamos –y comenzó a caminar.

Hablar no ayuda

Alguien vino a verme y me dijo que su familia le había insistido en que conversara conmigo pero que, en realidad, hablar no le ayudaba en absoluto a resolver sus problemas, que incluso le incomodaba.

Con la atención secundaria, nombre que muchos entendidos dan a la intuición de toda la vida, noté un cierto agrado por su parte, cuando me decía lo poco que le gustaba hablar.

Días después de haberlo escuchado le escribí el siguiente relato.

Preferiría no hablar
Bernardo Ortín

Horacio Fuertes mantuvo su inocencia hasta bien mayor, aguantó la inmigración forzosa de sus padres a México desde España cuando tenía doce años, se mantuvo con dignidad en las primera relaciones con amigos, con amores y con el ejército.

En la escuela no tuvo problema, también es verdad que la abandonó pronto, a los seis años, en realidad pasó allí una semana, sólo conserva de aquello algunos colores en su imaginario. Quizá fuera una buena semana, después tuvo que ponerse a ayudar en casa.

Horacio perdió su esfera dorada, su sensación de felicidad inacabable con algunos encuentros consigo mismo en los que se le presentó el terror. Tenía catorce años la primera vez que se sintió paralizado por el miedo, no ocurría nada a su alrededor pero sintió la soledad con un frío mortal que le recorrió la espalda y se le alojó en la boca del estómago.

Logró olvidar aquel episodio durante un año, pero después le pareció sospechoso aquel olvido, no podía olvidar que sabía lo que sabía y sospechó que volvería como más tarde ocurrió. En realidad podía prescindir de ella otra vez pero sabía que más pronto o más tarde volvería para mostrarse más verídica y horrible. De todos modos pasó varios años más sin experimentar angustia.

Le dijeron que todo lo que le pasaba era miedo a hacerse mayor, al futuro, al mundo y sus responsabilidades. Pensaba en todo ello, pero saberlo no le ayudaba, al contrario, le añadía preocupación por no poder escapar de problemas que consideraba tan infantiles.

También le recomendaron que se comunicara más, que fuese más expresivo, incluso le dijeron que buscase ayuda profesional.

Esto último no lo entendió, no sabía qué tipo de profesional de la ayuda debía buscar, ni se le había pasado por la cabeza que hubiesen personas dedicadas permanentemente a trabajar en esto.

Se olvidó de todo aquello pero conservó la idea de que hablar era más o menos inútil.

–A mí no me gusta contar mis cosas –repetía–, preferiría no hablar de esto, de verdad, no necesito contarlo a nadie, además cada uno va a lo suyo y no le interesa la vida de los demás.

Años más tarde los síntomas arreciaron y se asustó un poco más. Además se le presentó la ocasión y se le ocurrió que podía hacer caso de todo lo que le habían recomendado hasta ahora.

Conocí a Horacio como ocurren todas las cosas en la vida, por una casualidad que ahora es irrelevante y, entonces, me contó lo siguiente:

«Elegí a un amigo que me pareció el más adecuado para hablar con él, me pensé lo que quería contarle, casi lo ensayé y cuando terminé mi amigo empezó a darme consejos, me dijo que lo que tenía que hacer era no hacer caso de nada, que me distrajera, que olvidara todos esos miedos, que todo eran rarezas y tonterías. Me repitió muchas veces que eso no era nada. En definitiva, me aconsejó que no tuviera ese miedo.

»No sé por qué fui enmudeciendo hasta perder toda la energía y no pude seguir la conversación. Seguramente porque no tengo costumbre de hablar, me falta entrenamiento.

»Otra vez la conversación surgió en un tren, con un extraño que viajaba a mi destino. Era amable y me pareció comprensivo. Poco a poco noté que el problema le interesaba mucho, incluso más que a mí, me pareció que demasiado y al rato empecé a recoger velas, me comporté de modo más evasivo, me dio miedo pero no sé a qué, ¡soy tan raro! Siempre me lo han dicho.

»Hubo algunos otros fracasos que me avergüenza relatar, fueron más estrepitosos y de todos ellos salí herido. Hablar se convirtió en una obsesión, también es verdad que los síntomas paralelamente regresaron y se volvieron insoportables. El miedo me paralizó en innumerables ocasiones y afectó al desarrollo de mi vida.

»Tenía el aspecto de un viento que me envolvía y que me quitaba el aire de los pulmones. Sé que es absurdo pero tenía una tonalidad azul acuoso y me mantenía alejado de los demás, como si tuviera una frontera alrededor de mí o un foso de cocodrilos que me impedía entrar en contacto con los demás.

»Ahora que lo estoy contando puedo imaginarme a mí mismo algo alejado de la situación, como si pudiera verme a mí mismo envuelto en ese manto de aire, quizá lo imagine así para poder contarlo mejor porque cuando lo experimento es de otro modo: lo imagino desde dentro de la situación, quiero decir que no me veo a mí mismo sufriendo el trance.

»Le cuento todo esto para que comprenda que mi problema no es fácil, que hablar no sirve para nada, que nadie tiene una solución para mí.»

Y cuando dijo esto suspiró y sonrió, no mucho. Su vista se perdió momentáneamente en el horizonte y me pareció que perdía cierta rigidez en su rostro. Me transmitió un atisbo de tranquilidad.

Se despidió sin necesitar que yo le contestara nada... aparentemente.

Cruzar el mar sin que el cielo lo note

En muchas ocasiones la solución a algún desorden que nos preocupa tiene que ver con desenfocar la atención del problema. En la obra antiquísima titulada *Las 36 estratagemas de la guerra*, se cita una de ellas como cruzar el mar sin que el cielo se entere. Una excesiva atención al conflicto suele bloquear la solución.

Este relato está dedicado a Juan, que me ha cautivado a través de su mirada. Juan tiene catorce años y medio, y también tiene muchas dificultades para mantener una conversación aunque sea simple. Le cuesta empatizar con los demás y hacer amigos. No expresa demasiado lo que siente aunque tiene una mirada peculiar. Juan es muy sensible a los sonidos fuertes y tiene miedo a las tormentas. Se obsesiona con facilidad por algunas cosas: los relojes, las aves, la muerte...

Las palabras de Juan
Gema Berenguer

Había una vez un muchacho de unos trece años que vivía en un pueblo lejano donde salía poco el sol. Era un chico normalmente amable, callado, cuando hablaba lo hacía bajito, hablaba poco, aunque tenía muchas cosas que decir. Sentía mucha vergüenza cuando estaba con otra gente, sentía miedo cuando otros gritaban, creía que los demás eran más fuertes que él, aunque medía un metro noventa y era de complexión fuerte. Le daba vergüenza decir cosas en clase porque creía que sus compañeros se reirían de él. Desde muy pequeño se había sentido solo, de hecho nunca había tenido lo que se podía llamar un amigo, y conforme fue creciendo fue aumentando este sentimiento de soledad y, al mismo tiempo, fue invadiendo su mente una gran tristeza.

Cuando alguien le preguntaba: ¿Cómo estás? ¿Cómo van los estudios? O cualquier otra cosa sus respuestas no eran más largas de sí, no, bien, vale, bueno... con un hilillo de voz o bien bajaba la mirada ruborizado y asentía con la cabeza o mostraba una mirada que quería perderse y perderse...

Después de las clases volvía a casa con prisas evitando encontrarse con alguien. A veces cuando se enfadaba, se ponía furioso pero cuando nadie lo veía. No sabía por qué no tenía amigos, él siempre había sido un chico amable y respetuoso con los demás, pero lo cierto era que cuando estaba con otros niños sólo sabía decir sí y no, los niños se cansaban de él y se alejaban. El muchacho sufría mucho y cada vez le daba más miedo acercarse a los demás. No sabía cuál era su mal, cada día se miraba al espejo para encontrar en él la causa del rechazo. Nadie sabía de la gran potencia de sus miedos ni de su sufrimiento; conforme crecía aumentaban y no encontraba ninguna solución.

En su último cumpleaños le regalaron una bicicleta pero no sabía montar y pensaba que nunca aprendería. Qué rabia, parecía que para los otros era facilísimo. Probó a pedalear pero perdía el equilibrio y se caía una y otra vez. Y esa torpeza aumentaba su congoja porque él imaginaba que si podía montar en bicicleta podría ir por ahí con los demás, podría acercarse a ellos y compartir aquellos buenos ratos de diversión, aquellas correrías de las que tanto hablaban sus compañeros de clase; podría, al fin, ser uno más. Simplemente eso, ser uno más entre todos. Lo intentaba, pero no lo conseguía: cuanto más empeño ponía en cada intento el batacazo era más gordo, notaba que se ponía más y más rígido, ya ni se acordaba de aquellos consejos que le habían dado. Al rato, magullado y dolorido, se dio cuenta de que algunos chicos miraban sus torpes intentos y no hacían más que partirse de la risa. No oía lo que decían ni entendía las burlas, pero aquello fue definitivo: la cara se le puso como un tomate y no fue capaz de volver a subir a la bicicleta. No lo haría más, le daba vergüenza que lo vieran montar en bicicleta.

Transcurridos unos días se le fue pasando el sofoco. Le costó, pero acabó decidiendo volver a probar, aunque en esta ocasión buscaría un sitio más alejado, donde nadie pudiera verle. Así que inspeccionó las afueras del pueblo hasta encontrar un lugar adecuado. Allí, solo, haciendo de tripas corazón, montó en la bicicleta. Pero sin siquiera tener tiempo de impulsar la primera pedalada vio a un niño más pequeño que jugaba con un monopatín.

—Vaya, se dijo, ni aquí voy a poder estar tranquilo, ¡Qué fastidio!

Tan sorprendido estaba de la presencia del otro chico que apenas se dio cuenta de que éste, tras hacer una extraña pirueta, cayó al suelo y se quedó inmóvil. ¡Vaya porrazo!, pensó, pero enseguida le vinieron a la cabeza las escenas de la otra vez y empezó a enfadarse por momentos.

—¡Venga, no disimules que te he visto!, gritaba para sus adentros mientras, en uno de sus accesos de furia, se dirigía hacia el intruso. —¡Ya está bien de reírte de mí! Pensaba una y otra vez.

Cuando llegó junto a él vio que el muchacho no se movía, pero empezó a gritarle, dando rienda suelta su descomunal enfado. Nada, ni caso, el niño no reaccionaba. Le tocó y se dio cuenta de que estaba inconsciente.

Sin pensarlo, el muchacho montó en la bicicleta y se fue a toda velocidad a pedir ayuda. Pasados unos minutos se percató que iba pedaleando y, al darse cuenta, casi se cae; pero se sobrepuso a su miedo, volvió a acordarse del niño del monopatín que se había quedado allí desmayado y las ganas de ayudarle le dieron nuevas fuerzas e hicieron que volviera a pedalear a toda pastilla, sin hacer caso de nada más. Entre unas cosas y otras, se estaba haciendo de noche, no lo había notado pero casi no veía el estrecho camino que conducía al pueblo. Menos mal que ya habían encendido el alumbrado público y, a lo lejos, se divisaba el tenue resplandor de las primeras farolas. Con la escasa iluminación el niño apenas iba sorteando las piedras y los baches, rodaba tan concentrado en esquivarlas que no recordaba su escasa pericia ciclista. En esto, se produjo una especie de destello y el lejano resplandor se extinguió.

—Vaya, nos hemos quedado a oscuras y, encima, no sé montar en bici, masculló en voz alta.

Cuando fue consciente de lo que había dicho perdió el equilibrio y fue a parar a la cuneta. En medio de la oscuridad, con la bicicleta en el suelo y un fuerte dolor en el hombro, tuvo otro acceso de furia y se sentó, llorando, en el terraplén del camino.

—Ni esto sé hacer, no puedo ayudar a nadie, no sirvo para nada, se decía entre sollozos. Se levantó, cogió la maltrecha bicicleta y echó a andar —Así no llegaré nunca y el niño sigue tendido en el suelo... pero, bueno, si he llegado hasta aquí puedo continuar, sepa o no montar en bici he de encontrar ayuda.

Titubeando, volvió a ocupar el sillín y emprendió un inseguro pedaleo. Con cuidado, para no volver a caerse. Notó que le dolía mucho el hombro y que casi no podía mover la mano.

—Da igual, si no sé frenar... tengo que seguir.

Poco más adelante empezó a divisar unas luces extrañas que se movían, unos haces de luz que se desplazaban en todas direcciones y estuvo a punto de caerse de nuevo, pero pudo mantener la posición agarrando firmemente el manillar, hasta que también empezó a oír unas voces que gritaban un nombre desconocido para él. Sin duda eran los padres del niño herido que, preocupados por su tardanza y asustados por el apagón habían salido a buscarle. Al doblar un recodo vio a varias personas que provistas de linternas escudriñaban la oscuridad y nombraban al muchacho.

—Así que era eso, los rayos de luz eran las linternas... por fin he llegado.

Apenas tuvo de tiempo de gritar, exhausto del esfuerzo y de la tensión. Lo había conseguido y se dejó llevar, con tanta satisfacción que se olvidó de que conducía una bicicleta y que no sabía montar... así que se pegó el último trompazo. Como en un sueño, se levantó sin notar siquiera si se había hecho daño y comenzó a contar a los adultos que se acercaban a él todo lo que había pasado y donde estaba el niño al que buscaban. Después respiró hondo: sabía montar en bici, ¡qué pasada!

Gracias a su valentía llegó la ayuda necesaria para el niño, sus padres se lo agradecieron de todo corazón.

Al regreso hacia su casa notó una sensación extraña que crecía en su interior: entonces la expresión de su cara cambió. ¡Sabía montar en bicicleta como los demás! A partir de entonces la cogía y se perdía por los caminos. A veces, cuando veía un grupito de niños en bici se unía un rato a ellos mientras pedaleaban, pero en cuanto dejaban las bicis y se ponían a hablar él ya no sabía lo qué tenía que decir... Si le miraban o le preguntaban algo aparecía ese calor en la cara que tanto le agobiaba y que le hacía sentirse diminuto.

Así transcurrieron unos meses y llegaron las vacaciones que ansían la mayoría, pero que para él era empeorar porque ya no veía a sus compañeros de clase; a él nadie iba a buscarlo y era incapaz de tomar cualquier iniciativa para contactar con sus compañeros. En esas fechas su mundo de relaciones eran su madre y él parecía una lapa pegado a ella. Cuando no estaba con ella pasaba largas horas en su habitación, su juego preferido al que dedicaba muchas horas era rebotar contra una pared una pelota de tenis. Era su manera de descargar su tormento. Entonces el paso del tiempo se hacía insoportable hasta el punto de castigar a todos los relojes a su vista cara a la pared para no ver que sólo habían pasado unos minutos. Su sentimiento de soledad y de bicho raro se hacía más grande y su tristeza era entonces desgarradora.

Un día su madre enfermó. Le entró un miedo enorme. Su madre era la única persona que lo entendía un poco, aunque no hablara mucho ella sabía lo que necesitaba, lo que quería decir, sabía cómo se sentía, sabía que se sentía solo... Con ella paseaba, con ella hablaba un poco. Era la única persona de la que se fiaba... Su padre era un padre que, como muchos padres, trabajaba demasiado y siempre estaba ocupado.

Su madre se puso tan enferma que tuvo que marcharse al hospital. ¿Qué iba a ser de él? En su cabeza todo se volvía de color negro. Se le quitó el hambre, sólo quería dormir, que pasara el tiempo y no pensar, ahora también estaba solo en casa ¿Qué pasaría con su madre? Pero los minutos se le hacían horas, las horas días y los días se le hacían tan largos que parecían semanas. Estaba realmente asustado, cada vez dormía menos ¿Qué haría él sin su madre? Una noche tuvo un sueño: estaba sentado a la sombra de un árbol fuerte al que poco a poco empezaron a caérsele las hojas. Al principio, sólo notaba la molestia que le producían las hojas al caerle encima, sobre todo cuando alguna le daba en la cara, ¡qué incomodidad! Al rato, empezó a sentir un picor en el rostro, miró hacia arriba y vio que el árbol se estaba quedando sin hojas y los rayos del sol le alcanzaban directamente. Era una sensación insoportable: bajo ese árbol sin hojas el sol quemaba demasiado y allí no se podía estar, era necesario buscar otras sombras o de lo contrario se quemaría. Miró a su alrededor, a lo lejos se vislumbraban claramente otros árboles aunque todos le parecían estar demasiado lejos ¿Estarán ocupados esos árboles? ¿A quién darán sombra? ¿Cómo será su sombra? Demasiadas preguntas sin saber su respuesta. El miedo no le dejaba darse cuenta de que el árbol ya no le podía proporcionar nada de sombra y empezaba a quemarse. Entonces se preguntó —¿Adónde voy a ir ahora? ¿Dónde voy a encontrar otro refugio? ¿Quién me va a proteger a partir de ahora? El desasosiego le hizo revolverse en el lecho de forma agitada y acabó despertándose, sudando y desconcertado. Se sentó en la cama con la respiración entrecortada, no sabía donde estaba, todo era muy oscuro a su alrededor. Pasados unos minutos pudo tranquilizarse y pensó en su sueño: había tenido una pesadilla pero se dio cuenta de que había una parte de claridad en la que veía posibilidades. Existían más árboles aunque le había parecido muy lejanos. Era cuestión de moverse, de caminar y acercarse a ellos. Podía ir deprisa o poco a poco, dependía de sus fuerzas. Lo importante era que había posibilidad de encontrar otras sombras. Es necesario probar:

—Seguro que algunos árboles me pueden gustar aunque haya otros que me resulten desagradables.

Su sueño le llevó a pensar con qué personas tenía relación. Recordó que hacía un tiempo había conocido a una chica con la que él sólo había intercambiado su repertorio habitual: bien, si, no, bueno, vale. Pero ella le había dado su dirección y pensó: escribir es más fácil que hablar directamente. También se animó a salir más en bici y aunque no tuviera mucho que decir, escucharía lo que dicen los otros. Le habían hablado que podría aprender trucos para hacer frente a la vergüenza y estaba convencido de que tenía que esforzarse para aprenderlos. Tendría que hacerlo poco a poco pero lo lograría. Creía que no conseguiría montar en bici y ya pedaleaba con seguridad, era cuestión de insistir y no abandonar a la primera dificultad.

Cuando se levantó se sentía más tranquilo, sabía qué podía hacer para empezar a sentirse uno más.

Su madre regresó del hospital ya un poco recuperada y lo encontró cambiado, la mirada se lo decía, su hijo había crecido. Cuando llegaron las siguientes vacaciones ya no le hizo falta castigar los relojes cara a la pared.

—Ya no necesito ser siempre su sombra —pensó.

En la actualidad nuestro amigo es una persona de pocas palabras: sí, no, bien, vale, bueno, ¡hola! ¿cómo estás?... pero son los demás los que más valoran lo que es tener un amigo que sabe escuchar.

Confiar en la vida

Ayudar tiene que ver con sostener una actitud humilde ante la vida. Debemos hacer lo que nos toca y después confiar en que las demás personas harán el resto. Alguien me dijo que la puerta de la verdad es pequeña y baja, de modo que para entrar en ella hay que agacharse y no todo el mundo está dispuesto a hacerlo.

A continuación se presentan dos relatos que hablan de la confianza que hay que tener en la vida.

Una madre joven me hablaba de su preocupación por hacerlo bien con sus hijos; de sus dudas sobre lo adecuado de su preparación para educarlos y darles lo mejor... este cuento tiene en esa madre su origen.

En el centro de China
Susana Rodrigo

En el centro mismo de China en la provincia de Baoji, hay un pueblo pequeño, como tantos otros pueblos pequeños en China, es verdad; pero a éste, algo lo hace muy especial.

Todos sus habitantes, todos, son magos. Hacen magia a todas horas, desde que se levantan y hasta que se acuestan. Magos. Magos de cabo a rabo. Desde siempre, magos.

Nadie sabe de donde les viene la ciencia, pero lo son.

Su magia fluye; gotea por sus dedos como cae la lluvia en invierno en China de los tejados, suave, permanentemente.

La magia no se enseña ni se aprende, sólo se vive en ella. En las calles, los niños juegan con sus manos convirtiéndolas en mariposas leves.

Los viejos, sentados en los bordillos de las aceras, hacen magia con las palabras, hechizando con sus voces al que pasa; enredando sus cabellos y sus sueños con historias inacabables...

Y, así, la fama del pueblo mágico llegó hasta cada rincón y hasta cada oído. Hasta su oído, el de Liu, la de los ojos hermosos, la de los hijos hermosos. Enseguida supo que aquel era su destino. No importaba la lejanía o el frío, la soledad. Allí debía ir. Aquel era el único lugar a donde dirigirse. Porque ella quería vivir la magia, aprenderla, disfrutarla y ofrecerla. Sobre todo a sus hijos. Y estaba convencida de que allí aprendería por fin porque ella no había nacido con aquel don precioso.

Y tras llorar la partida y la lejanía de su hogar, inició su largo camino.

Muchas lunas de plata transcurrieron en soledad pero la esperanza la mecía suavemente cantándole al oído que ya estaba muy, muy cerca.

Y así fue; un día lluvioso y frío, como tantos otros en invierno en el centro de China, entró por las calles de aquel pueblo para ella tan preciado.

Y buscó. Y preguntó sin descanso, bebiendo con pasión todo cuanto le decían; todo cuanto allí ocurría. Pero al final del día, agotada y hambrienta supo que nada, nada de aquella magia que tanto deseaba se haría suya.

Se le escurría de la piel, perdiéndose entre las piedras. Y lloró. Lloró sin tregua y sin vergüenza, vaciando toda su tristeza.

Y, como por arte de magia, sentado a su lado vio a un niño pequeño. Suavemente, como sólo los niños saben, la criatura cogió sus manos, las acarició y volviendo sus palmas hacia arriba, se las llenó de pétalos blancos, rosados de peonía.

–Cómelos y confía. Sólo estás cansada, no perdida; todo llega en su momento. Búscalo en los ojos de tus hijos.

Ahora sus lágrimas ya no eran amargas; sabían a frutas y a consuelo; corrían, resbalaban por su rostro, por su cuerpo y por sus ropas, redondas y preciosas, hasta rodar por el suelo, a sus pies, como grandes perlas de río que entrechocaban entre sí tintineando. Y mirándose en ellas vio los ojos de su hija que le decían bajito: no tengas miedo, mamá; vuelve a casa.

La mujer triste
Susana Rodrigo

Una mujer triste lloró conmigo su sensación de soledad y su desconfianza hacia la vida y hacia las personas... Para ayudarla y ayudarnos a sanar nuestras tristezas, este cuento.

¿Alguna vez han notado en sus cuerpos esa sensación como de urgencia indefinida e inexplicable que hace saltar todas las alarmas, sin previo aviso, sin preludio racional que la diluya?

Tranquilicémonos, porque es común en los humanos intentar sobrevivir al imprevisto. O lo que es lo mismo, poseemos ese algo profundo y ancestral que nos previene, que nos protege del desastre. No somos perdurables aunque sí supervivientes.

En mí, aquel día saltaban todos los chivatos, todos los pálpitos acudían al tiempo desatados.

Algo dentro de mí me preparaba.

Al llegar a casa, ya todo apoyaba la evidencia. El aire olía a madera verde y requemada; a hojas aplastadas, a tierra removida. A anuncio de desastre.

El podador había ejercido su oficio en mi ausencia, loca y tardíamente.

Y lloré. Y grité hasta que los ojos me dolieron, y vacié mi pena en las mangas y pañuelos.

Este año en primavera no tendría brotes nuevos. Mi huerto quedaría suspendido en un invierno frío, perenne y desolado.

Pero como la Vida es arrebato y fluye sin descanso, pasa el tiempo. Ahora, hace tres días que llevo la sonrisa prendida a todas horas.

Suaves botones grises, verdosos, rosas, apenas apuntados, comienzan a asomar de entre las ramas mutiladas. Sin más, porque es la hora.

Y los troncos de mis árboles, bullen; están tibios a mis palmas.

La Vida huele a Pascua y a tardes de paseos de la mano.

Lo bueno de lo malo y lo malo de lo bueno

Hasta el infierno más terrible tiene una pequeña luz.
Lo difícil es aprender a encontrarla.

El palacio
Yolanda Calero

Alba se levantó de la cama. Como todos los días, cumplió su rutina. Después de asearse fue a desayunar al comedor. Hacía mucho tiempo que su vida era monótona y aburrida; su infancia no tenía sorpresas desde que su madre la dejara en aquel internado para irse a trabajar a otra ciudad. Al menos esa era la explicación que a ella le habían dado.

Cuando terminó de desayunar, la hermana Consuelo ordenó a un grupo de niñas que formaran fila y las llevó al despacho de la directora, la hermana Remedios, que las recibió con una dentífrica sonrisa: ¡Qué niñas tan guapas! ¡Y qué mayores!... Cuando terminó de escupir todos los adultos elogios que conocía dio a las niñas la buena nueva. Iban a marcharse «para siempre» a un lugar muy bonito. La directora les explicó que ese lugar era un colegio muy grande, que tendrían nuevas amiguitas porque allí había muchas niñas como ellas.

Ese día las niñas tenían fiesta. No iban a clase. Un autobús las estaba esperando en la puerta. Subieron sumisas, acompañadas por una de las hermanas, que llevaba el único equipaje que poseían. Iba cargada con unas carpetas que contenían lo más íntimo y lo más desconocido por ellas. En esas carpetas estaba escrito el porqué de sus vidas.

La madre de Alba había sido detenida en una redada de prostitutas. A Encarna su padre la había abandonado al quedarse huérfana de madre. En casa de Pilar las cosas no iban bien desde que su padre ingresó en prisión y el párroco de su iglesia consideraba que no era moralmente conveniente que siguiera viviendo con su familia... Eran todas historias de abandono, tan numerosas, tan parecidas y tan diferentes, como sus protagonistas.

El autobús las llevó por calles que no recordaban haber visto. Luego tomó una pequeña carretera, rodeada de naranjos, hasta llegar a nuevas calles. En una de ellas el autobús paró ante una gigantesca puerta verde en la que podía leerse: «Colegio del Buen Corazón».

La entrada era una enorme avenida bordeada por hermosos jardines y por lo que a Alba le parecieron edificios enormes. Pensó que habían llegado a un palacio y sintió una emoción nueva. ¡Ese palacio sería ahora su casa! Las otras niñas gritaban alegres. Todas habían pensado lo mismo.

Al final de la avenida las esperaban un grupo de monjas, con idéntica sonrisa a la de la hermana Remedios; no todo era tan diferente. Al bajar del autobús, les ordenaron ponerse en fila.

Atravesaron varios edificios, cruzaron un patio lleno de piedras y de árboles de morera, hasta llegar a otro edificio en el que estaba el ropero. Allí las recibió la hermana Luisa, la encargada del ropero. Les hizo quitarse la ropa que llevaban –excepto la camiseta y las braguitas– y les dio a cada una un babero a cuadros azules y blancos. Esa iba a ser su nueva indumentaria.

Pero el cambio de imagen no había terminado. La hermana Angeles, la peluquera, las estaba esperando. Una tras otra fue cortándoles el cabello hasta no dejar ni huella de las niñas que hacía apenas un rato habían llegado al palacio. Encarna lloraba amargamente. Su hermosa y amada cabellera había desaparecido. En su lugar tenía una cabeza rapada llena de calvitas. Con el tiempo sabrían que esas calvitas eran el sello particular que la hermana Angeles imprimía a sus obras.

Con su nuevo peinado y su nueva indumentaria las llevaron al patio. Las demás niñas ya habían terminado las clases y estaban jugando. Todas eran iguales a ellas. Apenas podían distinguirse. Sólo sus rostros eran diferentes. Alba comprendió que ése no era su palacio y las lágrimas invadieron sus ojos.

Fue pasando el tiempo y Alba conoció una a una todas las estancias. Eran grandes y frías y las niñas debían trabajar duro para mantenerlas limpias y lustrosas. Los días pasaban con lentitud. La rutina, la impotencia y la tristeza invadían su vida. Levantarse, desayunar, limpiar, ir a clase, horas infinitas abandonadas en el patio. Sólo los domingos eran un poco diferentes. Muchas niñas recibían visita de sus familias y volvían alegres. Alba esperaba oír alguna vez su nombre en la megafonía, pero sabía que no era posible. Ya le habían dicho muchas veces que su madre estaba trabajando muy lejos de allí y que no podía venir a verla.

Un día Alba descubrió una estancia en la que nunca antes había estado. La habían llevado allí para limpiarla. Siempre estaba cerrada y sólo la abrían de cuando en cuando. La sala estaba llena de vitrinas con estantes llenos de libros de muchos colores y tamaños. Alba sintió curiosidad. Cogió uno de color naranja que le había llamado la atención.

Empezó a leerlo con miedo, nunca había leído ningún libro. Entonces no sabía que ese libro sería importante para ella y la salvaría de sus miedos. Siguió leyendo emocionada hasta que la hermana María entró en la estancia.

Alba se asustó mucho y cerró el libro apresurada, pero como la hermana María era el ángel de aquel infierno, le dijo que podía seguir leyendo. Parecía contenta de que la niña se hubiera sentido atraída por los libros.

Se había hecho tarde y Alba tenía que marcharse. Volvió a dejar el libro en su vitrina. La hermana María le dio la primera sorpresa que había recibido en mucho tiempo: «Puedes llevarte el libro, Alba. Cuando termines de leerlo puedes volver y cambiarlo por otro tantas veces como quieras». Alba se sintió feliz y se fue con su libro. Decidió que sería su «tesoro».

A las niñas se les hacía duro conciliar el sueño. Cuando el día terminaba y se quedaban solas en sus camas, en aquella enorme nave que les servía de dormitorio, los miedos se agolpaban en sus mentes y les recordaban quiénes eran. El miedo era el dueño de sus vidas. Vivían con el temor permanente al castigo, al insulto, a los golpes. Sólo cuando finalmente dormían podían soñar y abandonar el palacio, abandonar su vida.

Pero esa noche Alba apenas durmió. Con la ayuda de una pequeña luz, instalada en el centro de la nave, siguió leyendo su preciado tesoro hasta que el sueño la venció.

Tampoco el siguiente día ni todos los días siguientes fueron iguales. Las noches y las largas horas de patio se habían convertido en especiales para ella. También los domingos eran especiales; tenía todo el día para poder vivir sus libros. Alba leyó muchos, muchos libros, durante el tiempo que vivió en el palacio. Conoció otros mundos, otras personas. Descubrió que había otras vidas y que el miedo podía vencerse. Descubrió que podía ser protagonista de su propia historia... Algo en ella había cambiado.

Nunca supo si sus tesoros, cargados de emocionantes historias, fueron los responsables, pero cuando abandonó para siempre el palacio del Buen Corazón, ya sabía que su vida no sería la que tan insistentemente las hermanas le habían pronosticado. Su tristeza se había transformado en fuerza y sus miedos y sus angustias en decisión. Esos tesoros la acompañarían siempre.

Desconozco que fue de las otras niñas, qué pasó con sus vidas. Sus sueños se quedaron allí encerrados. Cuando mucho tiempo después el palacio fue derribado, miles de lucecitas salieron de entre los escombros volando sin rumbo. ¿Las encontrarían sus dueñas?

Soledad

Uno de los focos de sufrimiento más notables nos lo procura el tiempo que pasamos huyendo de la soledad. A menudo la soledad nos remite al abandono y al aislamiento. Muchos fantasmas se presentan cuando estamos solos, seguramente aprovechan un momento en el que les podemos atender. Huir de la soledad tiene consecuencias peores de lo que imaginamos. He contado este relato a algunas personas que han temido su soledad.

Las cosas importantes
Bernardo Ortín

Todas las cosas importantes de mi vida las he hecho solo. En soledad exploré los primeros espacios ajenos al cuerpo de mi madre y después de mi padre. Visité los rincones de la casa, viajé al cuarto de los trastos viejos, me adentré en la penumbra del despacho de mi padre y revolví los objetos de los cajones enigmáticos y atractivos, me enfrasqué en los tesoros de sus armarios.

En mis primeros días de escuela me acompañaron hasta la puerta y desde ese linde me presenté solo. De aquello recuerdo luz amarilla de atardecer y voces de niños.

En soledad deambulé por las calles de mi barrio y conquisté a mis compañeros de juego.

En soledad he experimentado la proximidad de la amistad y desde mi soledad compartí sensaciones, experiencias y después ideas, muchas veces secretas.

En soledad he disfrutado de la lectura, de la pintura, del cine y de los mundos que me proponían. He obtenido satisfacción en espacios abiertos y poblados de naturaleza y en lugares cerrados y protegidos como cuevas.

Me he enfrascado y ensimismado en cosas que han sostenido mi atención de tal modo que el paso de las horas me ha parecido un instante y únicamente pude hacerlo cuando estaba solo.

He mirado las estrellas, he conocido, analizado y clasificado rocas, he sentido múltiples texturas de madera, tela y piedra.

Intuí la totalidad del mundo en algún instante de mi vida y lo hice fuertemente protegido por mi soledad.

En mi más profunda soledad he comprendido lo importante, lo que ilumina la conciencia durante años, he medido la distancia entre el amor y el odio, he comprendido lo secundario como algo esencial, he oído cómo las palabras vacían su propio contenido en lugares inaccesibles en los que no se reencuentran jamás. He aprendido a apreciar la bondad y a desconfiar de ella. He visto cómo el favor pasa factura, cómo el amor es a veces pacto de lealtad que compromete la libertad, desconfié en solitario de algunos alegres y optimistas y me fijé con agrado en otros más antipáticos, serios y duros.

Y he estado tantas veces solo disfrutando del silencio y últimamente de mi respiración, cuyo sonido es capaz de hacerme olvidar todo lo que sé.

En soledad he emprendido viajes, he llegado a lugares que me han emocionado profundamente.

Algunas personas han amado mi soledad, se enamoraron de mi modo de expresarla. Esas personas se encontraron bien acogidas por mi soledad, bien envueltas y defendidas. Protegidas por el calor de sus paredes, mi soledad dio seguridad a las suyas y yo las he amado desde la distancia mínima, con más fuerza de la que me creía capaz.

Me presenté solo ante mi hija, en una primera vez que marcó las siguientes. Hazaña a la que ella contestó con una sonrisa que me atrapó en lo importante.

Asistí al nacimiento de nuevas ideas en mi mente desde mi soledad. Exploré el territorio de la tristeza, de la decepción y del dolor solo, también me alegré y disfruté de muchos placeres.

Ocupé mi lugar en el mundo, un lugar único, y comprendí poco a poco ese lugar después de haber ejercitado mucho tiempo mi soledad y he escrito esto disfrutando desde mi solitaria terraza.

Escenarios

Relato para las personas que han perdido su lugar en el mundo, que necesitan encontrarse a sí mismos.

El encuentro
Marisa Navarro

Regresó al pueblo, un día de calor, el trayecto en tren se le iba haciendo pesado, largo, como si la distancia que le separaba se fuera haciendo más grande conforme avanzaba.

Tenía el cuerpo estremecido, sentía calor a la vez que frío, estaba ansioso por volver y temeroso por llegar al pueblo del que había partido hacía ya 40 años, huyendo de lo cotidiano, de los días eternos, de la misma gente, de un futuro igual al de sus padres y abuelos.

Al bajar del tren, sintió un enorme cosquilleo por la piel, cogió su equipaje y paseó por las calles, observando cada detalle, le embargó el olor, el olor fresco, después de haber regado las aceras, mezclado con las flores que colgaban de los balcones, ese olor que hace que respires profundo llenando los pulmones, esperando que te renueve.

Pasó por el lavadero, donde un par de mujeres lavaban la ropa aquello le recordó a su madre lavando allí mientras él correteaba alejándose de ella pero sin perderle la mirada.

Cada cosa que observaba le transportaba a algún momento de su infancia y de su adolescencia, de los inicios de su juventud, cuando se bañaba en el río, cuando dio su primer beso, cuando jugaba en el parque…

Al fin, llegó a su casa, ya nadie la habitaba, seguía intacta a sus ojos, abrió la puerta y dos lágrimas corrieron por sus mejillas, estaba envuelta en polvo, cerrada, oscura pero sus recuerdos hicieron que cobrara vida por instantes.

Sucesivamente se agolpaban imágenes en su cabeza, su padre sentado en el sillón leyendo el periódico, su madre tejiendo un jersey para el invierno, los domingos vistiéndose apresurados para salir a dar un paseo, todo aquello le llenaba de nostalgia.

Desembaló su equipaje, el de dentro y el de fuera, todas las piezas encajaban a la perfección unas con otras, las más grandes, las que más se ven con las más pequeñas, las que hay que buscar bien porque apenas podemos distinguirlas. En aquel instante se dio cuenta de que allí se encontraba lo que andó toda su vida buscando, lo más preciado, quizá aquello mismo también por lo que salió huyendo.

La falta de poder corrompe

Éste es un cuento extraído del libro *Mi voz irá contigo*, el libro recoge los cuentos hipnóticos de Milton Erickson (Rosen, S. 1994) y adaptado para la ocasión por mi mala memoria. Siempre me impresionó cómo Erickson captura a sus pacientes, y éste es un caso donde pude utilizar la historia. Como dijo Woody Allen en *Sueños de un seductor*, he esperado más de treinta años para poder decir eso... Ahí va...

María era una joven médica, casada desde hacía algún tiempo y con una niña. Los motivos que la llevaban a mi consulta eran unos fuertes ataques de ansiedad provocados por las circunstancias que rodeaban su vida. Hacía unos meses que María tenía un amorío con un compañero de trabajo y, a pesar de que quería romper esa relación, sentía que la atracción física que el hombre le provocaba era superior a sus fuerzas. Él, conocedor de esa «dependencia», la menospreciaba en los círculos comunes y la conducía a prácticas sexuales transgresoras que hacían sentir a María culpable e indecente. A pesar de que sus amigas más íntimas, que estaban al corriente de esta situación, y de su propia madre que intentaba contenerla haciéndole de confidente, le recomendaban que abandonara esa relación, María sentía una irresistible tendencia a mantener esa situación. «Él me puede» solía decir entre sollozos. Tras escucharla lamentarse de la situación, decidí contarle una historia. Mirándola fijamente a los ojos le dije:

Placer vicioso
Víctor Amat

«En cierta ocasión oí hablar del caso de una mujer que no se sentía merecedora de nada. Sentía que nadie iba amarla jamás y su autoestima estaba muy deteriorada. Era tal el vacío en su vida que en su juventud había pensado que estudiando conseguiría el reconocimiento que necesitaba. Estudió hasta acabar la escuela y, como seguía sintiéndose tan vacía, pensó que tal vez una licenciatura universitaria le aportaría ese valor añadido que la hiciera deseable a los demás. Tampoco eso resultó. Mientras era estudiante de doctorado tuvo muchos romances donde por un poco de cariño ella mantenía relaciones sexuales que no le satisfacían. Tal era su desilusión sobre la vida, que actualmente, aun siendo una mujer con un currículum brillante, ejercía la prostitución pensando que ella no merecía nada mejor. Su sufrimiento era tal, que la simple presencia de un hombre desnudo mostrando su pene la hacía sentir impotente y temerosa. Quedaba paralizada a merced de sus clientes.

El psicólogo a cargo del caso, tras escuchar a la mujer, se quedó mirándola pensativo, y clavando su vista fijamente en los ojos de ella le dijo: «¡Es usted una IDIOTA!». La mujer se quedó atónita. «Es usted una idiota –repitió– porque tiene una vagina, y toda mujer puede obtener un secreto placer vicioso convirtiendo al más amenazador de los penes en un objeto DESVALIDO y FLOJO!».

La mujer lo miró sorprendida y durante unos instantes se quedó meditando. Al rato le dijo al psicólogo que tenía unos asuntos importantes que hacer y que volvería tras unos días.

En la siguiente sesión, la mujer confesó a su terapeuta que había disfrutado saliendo con unos amigos y haciendo el amor con uno de ellos. Por primera vez había disfrutado de verdad. Después de eso, había decidido dejar su trabajo y aceptó una propuesta que durante cierto tiempo le habían ofrecido en la universidad. Por lo que me contaron, necesitó algunos meses en reorganizar su vida, tuvo ciertas dificultades, pero más tarde encontró pareja y disfrutaba de su vida.»

Esa es la historia que le conté a María, y ella me dijo un poco turbada que no sabía muy bien qué tenía que ver la historia con su situación. Un tiempo después vino muy contenta a la consulta. Había pensado que en realidad era una mujer atractiva y desde hacía unas semanas se mostraba indiferente con su amante. Él había reaccionado tratándola muy cortésmente, demostrándole su interés. Habían tenido una citas donde María había tomado ciertas iniciativas y marcado algunos límites que su amante había aceptado. «¡Me siento de maravilla!» comentó. Varias semanas después, en una ulterior cita, me dijo que estaba un poco aburrida y temerosa de que su marido la descubriera

al tiempo que, por otro lado, esas semanas de tranquilidad le habían hecho estar más cerca de sus hijos disfrutando de ellos. Un par de meses después recibí una llamada de María, me decía que desde hacía un tiempo había cortado esa relación, se sentía feliz y quería que lo supiera. No hice mucha terapia con ella, tan sólo el cuento y la propia María consiguieron el trabajo.

Explorar la identidad

El cuento que aquí se presenta no es más que la metáfora de otro relato, la nota al pie de una reescritura que busca desdecirse para perfilar sobre esa nada un posible nombre. El juego de las identidades parece ser una caja sin fondo en la que más de uno se siente perdido y, en ocasiones, la escritura/lectura puede ser un buen refugio. No se dejen engañar por las líneas que leerán a continuación, no hay final trágico, aquí la protagonista no se llama Macabea, aquí la historia original se encuentra muy alejada del juego metafórico: el propio proceso de escritura, una liberación si se consigue escapar de sus propias redes discursivas.

La hora de la estrella
Yasmina Galán

> *Historia lacrimógena de cordel*
> *escrita por una mujer, extraño silbido*
> *en el viento oscuro.*

Fue de buena mañana cuando por fin abandonó aquella extraña ciudad en la que había permanecido durante seis años; tanto tiempo transcurrido y aún la sentía distante, desconocida, un lugar de grandes dimensiones en el que no era capaz de ubicarse cuando caminaba a solas.

Los viajes en tren son muy dados al pensamiento lastimero, un sentimiento de exilio se adueña de los vagones y de sus pasajeros; ella les observaba disimulada, vislumbraba todos los gestos colmados de incertidumbre: el tenue color de lo incierto les perfilaba el modo particular de sonreír.

Pero el sueño no tardaba en aparecer, el traqueteo de las vías, la desesperación del tiempo que no avanza a la misma velocidad que el tren... no le gustaba dormir cuando iba de viaje, sentía que la inconsciencia del sueño le haría perderse unas horas destinadas a mentalizarse del cambio que todo viaje aproxima. Pese a ello, el cansancio pudo más que la mirada que observa más allá de la ventana sucia del vagón, o quizá fue el miedo sentido en esos instantes lo que le obligó a cerrar los ojos.

* * *

Tan sólo dos horas más tarde y parecía que todo había sido obra de la imaginación porque el sueño no es más que la imaginación en libertad, sin miedos, sin censuras, la pura confusión entre el hoy y el ayer.

Deshacer las maletas, eso era lo primero que tenía pensado hacer después de comer alguna cosa. Fue a la cocina y miró en la despensa, pero no encontró nada, una sonrisa de ligera decepción le indicó que el regreso estaba marcado por el olvido o la dejadez de los demás inquilinos de la casa, de su casa, unos inquilinos anónimos, sin rostro, así prefería verlos para evitar la tristeza de mirarlos y no reconocer a aquellos que dejó años atrás en su recuerdo, ¡cómo no!, inventado.

Los días transcurrían lentos pero con prisa, como si el tiempo tuviera la intención de demostrarle que ya no tenía un lugar en esa ciudad, ¿su ciudad? El fluir de las horas las sentía como momentos al margen, fragmentos de vida; ese modo de reflejarse en las voces de sus poetas favoritos siempre le había traído preocupaciones extra, sufrimientos innecesarios sentidos al margen –una vez más– de lo cotidiano de la sociedad que le rodeaba. En su casa y exiliada de nuevo, sabía que esa palabra era demasiado dura como para ser utilizada a la ligera, pero de la que a ella le gustaba abusar, es por ello por lo que la aplico a su historia, una historia en minúsculas.

Al mirarse en el espejo sólo veía un «café frío», ella era como un café frío, como una gallina a la que le perdonan la vida y desde ese momento pasa a perder la poca importancia que sus secuaces le habían dado a la hora de la persecución de su cuello. Ese pensamiento frente al espejo era todo un homenaje a Lispector; se sintió satisfecha, aquella noche consiguió no llorar.

Fue de madrugada cuando escuchó las primeras voces. Se había despertado a causa del calor, un calor típico de la costa mediterránea, un calor que se le pegaba a las sábanas y no la dejaba moverse con comodidad, se sentía asfixiada. Las extrañas voces provenían del cuarto de baño; una niña pequeña hablaba con quejas entrecortadas entre puchero y puchero, alguien le contestaba, una voz dulce, de madre comprensiva y abrazo risueño. Macabea se vio envuelta por la incertidumbre, ya no sentía el bochorno de aquella madrugada de verano. Macabea, es la primera vez que pronuncio ese nombre, la primera vez que la nombro con mi voz.

Sin darle mayor importancia se mojó la nuca y la cara y volvió a la cama, pero no pudo conciliar el sueño con tranquilidad, los continuos cambios de posición mostraban la inquietud de la que siente el miedo por primera vez, un miedo distinto escrito con una voz que no era la suya. Macabea, la nombro por segunda vez, las escritoras también sentimos un miedo diferente en cada relato, en este el miedo es a no nombrar.

Despertó sobre las diez de la mañana, estaba cansada, había sido una mañana agotadora. Los habitantes de la casa ya se habían ido, no volverían hasta la hora de la comida. Macabea aprovechó su soledad para poner la música alta y ducharse con la puerta abierta; le gustaba ducharse acompañada por sus melodías preferidas, cerraba los ojos y se zambullía en el agua que caía como lluvia, le encantaba soñar bajo la lluvia, sentirse alguien, pensar que esas canciones iban dedicadas a ella, a ese café frío. Tenía la ingenua esperanza de pensar que podría haber alguna persona a la que le gustaran las cosas feas y desagradables, las cosas sin valor, como ella. Tras la ducha se secó dándole la espalda al espejo y, justo en aquel instante, volvió a percibir las voces, eran las mismas que no le habían permitido dormir. Se vistió aceleradamente, nerviosa, y se sentó en el taburete del baño. Allí se quedó escuchando aquel susurro durante horas, hasta el regreso de los inquilinos.

Puso la mesa, comió y la quitó con gran rapidez. Aprovechó la hora de la siesta para encerrarse en el cuarto de baño y acompañar a las voces que no dejaban de hablar, parecía como si esperaran justo a su llegada para seguir con su diálogo. Ahora la niñita ya no lloraba, reía, reía feliz, era tal la felicidad que transmitía que hasta se tornaba desagradable. Macabea fumaba un cigarrillo con la ventana abierta y el ambientador a mano, fumaba y escuchaba aletargada por el humo y la tristeza; ¿de quién serían esas voces?, se preguntaba.

Con el paso de los días las voces ya le eran familiares, era como si la hubiesen acompañado durante toda la vida. Los inquilinos de la casa empezaron a preocuparse por Macabea, no salía de casa ni llamaba a sus amigas; era extraño, ella que siempre quería ir a su ciudad para reencontrarse con las amigas de la infancia, parecía que ya no sentía tal necesidad. Lo que no sabían era que ya no añoraba recuperar los seis años perdidos de vivencias compartidas porque lo que Macabea estaba recuperando encerrada en el baño a la hora de la siesta y de la ducha era su infancia. Ni siquiera yo lo sabía, supongo que lo ocultó para que nadie pensara que se había vuelto loca. Lo cierto es que cuando me enteré la idea me pasó por la cabeza, aunque duró poco, pues no tardé en comprobar que no mentía: esa voz infantil era la suya, la voz de Macabea a los cuatro años, parecía increíble; tardé en asumirlo, ahora tenía que hablar de dos Macabeas, aquello era un ejercicio de escritura insuperable.

El encierro se volvió cada día más preocupante, la muchacha ya no esperaba a que la casa estuviera a solas, ahora permanecía en el baño día y noche, aquello se había vuelto enfermizo. La explicación científica para ese acontecimiento no pude encontrarla (si es que existe alguna explicación científica para todo comportamiento, ya hacía mucho tiempo que le había robado el estatuto de verdad a todo discurso), ni yo ni sus padres, los inquilinos que, con la abstracción de Macabea, habían recuperado su designación familiar, eso sí, muy a su pesar porque sus voces ya no eran ni la sobra de lo ella escuchaba encerrada en el cuarto de baño.

El verano había llegado a su fin, la vuelta a la ciudad desconocida asomaba la cabeza. Vino de nuevo el viaje en tren: el pensamiento sin cadenas le decía que también era extraña y desconocida la ciudad que estaba dejando atrás, una ciudad consumida por el pasado, por el dolor, por los recuerdos inventados que desfiguran el día a día, que lo desdicen.

***

Con septiembre vino la vuelta al trabajo rutinario, los madrugones, las comidas rápidas y las series de la tele por la noche para despejar la mente antes de irse a dormir. Macabea continuaba caminando con la cabeza arrodillada hacia la acera, la mirada puesta en las alcantarillas y en los baches, su andar era como «el lamento de un blue»; volvía a sentirse nadie.

Intentó sin éxito buscar las voces en el baño de su casa de invierno, como a ella le gustaba llamarla, pero no encontró nada. Le recorrió un vacío que envolvió su transcurrir, un vacío percibido por todos los que la rodeaban: «que ella se apañe», decían algunos; «la culpa es mía», pensaba ella. Con el tiempo se dio cuenta de que no era digna ni del «derecho al grito, una sensación de pérdida» la consumió hasta la delgadez más extrema. Hasta que le aguardó la muerte bajo las ruedas de un coche.

¿La moraleja de esta historia?, os preguntaréis; este relato no tiene moraleja. Como diría un narrador masculino para lograr una «salida discreta por la puerta del fondo»: esta historia «es un silencio. Este libro es una pregunta. Voy a hacer todo lo posible para que no muera. Pero qué ganas de hacerla dormir para poder irme yo mismo a la cama.»

Esa noche sí pude conciliar el sueño.

El juego sereno y constante con los interrogantes

> *Cuando recuerdo a Ana,*
> *lo primero que viene a mi memoria,*
> *antes que su inteligencia, su hermosura,*
> *su alegría o su bondad,*
> *es el pánico que le producían*
> *los interrogantes.*

La pregunta
Lola Serés

La casa entera permanecía envuelta en las nieblas del sueño y el silencio, como un manto protector, cubría el aire de una noche que se resistía a desaparecer. Apenas apuntaban las primeras luces cuando Juan despertó violentamente, agitado aún por aquel malestar tan difuso, tan viscoso como familiar que desde hacía años –muchos años, tantos que ni recordaba cuantos– invadía sus sueños.

Tenía cincuenta y más de la mitad de ellos los había dedicado al negocio de la botánica, con tan buena fortuna que la mayor parte de los pueblos de su antes tan pobre región vivían en torno a la producción y venta de árboles, plantas y semillas. Sus huertos, invernaderos y tiendas hacía ya años que daban trabajo a decenas de hombres y mujeres.

Había dedicado su tiempo y sus anhelos a aquello que le apasionaba y el resultado no podía ser más satisfactorio para sí, para su familia, para sus vecinos y hasta para la misma tierra.

No tenía, por tanto, duda alguna acerca del encadenado de hechos que a lo largo de su vida habían llevado las cosas al punto en que se encontraban y que cualquier observador calificaría como una trayectoria modélica en lo personal e impregnada de éxito y reconocimiento en lo social.

Y sin embargo, desde hacía mucho, demasiado tiempo, reiteradamente le ocurría lo de esta mañana: despertar de pronto, literalmente atenazado por la angustia de una pregunta que no lograba acallar, quizás, porque ni siquiera era capaz de formularla con nitidez. Más que una pregunta, se trataba de la desazón que le producía aquel hueco en su interior, aquel pozo sin fondo que nunca había podido rellenar con las certezas que tan tranquilizadoras le resultaban en otros ámbitos de su vida.

De hecho, lo único que vagamente sabía acerca de la misma era en torno a su origen:

Se trataba de un acontecimiento ya lejano, cuando solamente contaba trece años y que en aquel momento supuso una enorme convulsión en su familia y en el vecindario. Algo que él interpretó como el mayor y el peor de todos los males que a la gente más querida, por su causa, le pudieran suceder y que, por tanto, tendría que acarrear toda la vida como una losa oscura que la aplastaría íntegramente sin remisión posible.

Aquel sentimiento inicial no se mantuvo inalterable ni mucho menos consciente a lo largo de los muchos años que desde entonces habían transcurrido. No sólo por el reconocido poder balsámico que el tiempo tiene para los males del alma, sino porque la propia materialidad de la mayor parte de los hechos de su vida evidenciaban reiteradamente que además de ser una persona de bien era también una persona de buen emprender y de mejor mantener.

Pero estas evidencias afectaban únicamente a sus pensamientos, a sus reflexiones íntimas o a aquellas conversaciones que tanto estimaba, en las largas caminatas al atardecer que no tenían más meta que la palabra compartida ni otro sustento que el placer de sentir al unísono los pulsos de la tierra y los de la amistad.

En estas ocasiones, las dudas o temores… que pudiera expresar no solían originarse en cuestiones conflictivas de su vida, ni pasada ni presente ni siquiera con lo que el futuro pudiera traer. Más bien todo lo contrario: había ido madurando con tal acuerdo entre sus deseos, sus quehaceres y los resultados de éstos que su sentimiento natural ante la vida, además de una sólida seguridad que se situaba mucho más allá de lo económico, era el de una absoluta gratitud hacia su fuerte y de una mirada serenamente confiada hacia el futuro.

Pero esta cara amable del vivir que le mostraban sus pensamientos, que sus palabras expresaban con tanta claridad y que era –claro está– aquella con la que los demás le reconocían, desaparecía como por obra de un conjuro terrible cada vez que bajaba la guardia.

Ocurría en los sueños, pero también –y esto era casi más doloroso– en esos momentos previos al dormir, cuando la conciencia parecía abandonarle antes de tiempo. O al despertar, cuando se resistía a aparecer en su ayuda dejándole inerme ante el zarandeo de los últimos coletazos de lo que reiteradamente le apresaba: aquella sombra de la que –y esto ya formaba parte de su saber resignado– jamás se libraría tras los años que llevaba empeñándose en expulsar de los pliegues de su conciencia.

No sabía si por costumbre o por puro cansancio, había aprendido a convivir con ella ya que no interfería en sus días ni en sus quehaceres sino únicamente en la soledad de sus noches, en las que tampoco se podría decir con precisión que le robara el sueño. En realidad no se lo robaba porque necesitaba a ambos (al sueño y al soñante), sencillamente se lo ocupaba, se lo invadía, se lo llenaba de sombras terribles, pero fugaces al fin y al cabo ya que se disipaban –incluso los vestigios de su recuerdo– con el primer café de la mañana.

Quizás por ello y por su carácter alegre, resuelto, generoso y decididamente práctico, es por lo que había transcurrido tanto tiempo con ese asunto sin resolver y sin impedirle por ello un grado razonable de felicidad, equilibrio y acuerdo básico con la vida.

Sin embargo, no sabría decir por qué, hoy se despertó con una vaga sensación de saturación, de punto y aparte que pusiera fin a esa cita cotidiana con el juego macabro de la memoria que despoja un hecho tan lejano de todo aquello con lo que lo hemos arropado a lo largo de los años y con sumo cuidado para golpearnos el alma con su desnudez disfrazada de verdad.

Y como el alma es frágil, mucho más frágil que la razón e infinitamente más frágil que la eficacia del orden que necesitamos establecer para vivir, quizás por eso, esta mañana la sentía tan dolorida, tan aterida de frío.

Ni la alternancia de duchas calientes y frías con que gustaba empezar el día, ni el pan y café olorosos del desayuno, ni la sonata que se entrelazaba con las notas limpias de aquel mirlo en el alféizar, ni tampoco la caricia del sol aún tímido en la hora temprana de una mañana que parecía inaugurar el verano… conseguían apaciguarle, librarle de aquel frío instalado en sus honduras, de aquella tenaza que estrangulaba su voz, de aquel peso en el hombro derecho que imprimía en sus movimientos un aire de fatiga más grande y antigua que su propia vida.

Aunque frecuentemente tenía huéspedes, habitualmente vivía solo y esto evitó que aquella mañana, los encuentros propios de la convivencia levantaran la alarma ante su aspecto abatido y la expresión de infinita tristeza de sus ojos siempre poblados de destellos alegres, de una luz tan cálida como la de ciertos tipos de miel al fundirse.

Así, protegido por su soledad, pudo dedicarse a madurar la idea que había empezado a abrirse paso en su mente cuando el sonido del agua de la ducha resbalando por su cuerpo y estrellándose contra el suelo, le envolvía en aquella cápsula sonora que dejaba doblemente a solas con sus cuitas.

Años después recordaría nítidamente el sabor del último sorbo de café de aquel desayuno ligado a la sensación de liberación que sintió al decidirse tan clara y firmemente (de un modo tan poco habitual en su carácter) con respecto a algo que sólo unos minutos antes había empezado a pergeñarse en su interior.

Su deseo de saber, de acabar, de completar aquel rompecabezas le llevó directamente al deseo de viajar, como muchos otros de su generación creía firmemente que la verdad, la clave de la existencia, siempre se encuentra en otro lugar lo más lejano y ajeno posible a aquel en el que se desarrolla la vida de cada cual. Pero sobre todo, quería tomar distancia de la cómoda rutina de sus días en los que las cosas funcionaban, la gente le quería y nada, absolutamente nada en aquel entorno suponía un motivo de inquietud. Su vida, finalmente, funcionaba como un mecanismo bien diseñado, bien lubricado; tanto que le protegía un cuarto acolchado que amortiguaba los ruidos exteriores y... le adormecía sin remedio.

Siendo la responsabilidad una de sus cualidades más notables, no habría tomado la decisión de ausentarse por un buen periodo si esto hubiera supuesto algún riesgo para el buen funcionamiento de todo aquel tinglado agrario del que tantas personas dependían. Sabía que el modo colectivo en que habían terminado por gestionarla era la mejor garantía de que nadie fuera imprescindible y todos intercambiables, y esto le tranquilizaba absolutamente para llevar a cabo su recién nacido proyecto.

Sin embargo, prudente, sensato y considerado como solía ser, temió precipitarse en los abismos de libertad que suelen rodear a quienes han llegado a una cierta edad sin responsabilidades directas sobre otras personas y temió también –aunque sin saberlo– reproducir algo de aquel hecho que difusamente recuerda como originario de su desasosiego.

Por esto, al filo del mediodía telefoneó a aquella con quien más honda y gozosamente solía zambullirse en conversaciones interminables que solían dejarles agotados y felices hasta varias horas después y la citó a las afueras de la ciudad, allá donde solían iniciar sus paseos parlantes.

Era su intención consultarle acerca de su decisión de viajar una temporada para salir de la rutina, para conocer otros modos de vivir, otras gentes, pero no entraba en sus planes hablarle de sus pesares ante las preguntas inoportunas que habían empezado a abandonar el discreto reino de sus sueños para amenazar el amable equilibrio de su vigilia. No obstante, cuando quiso darse cuenta, su autocontrol le había gastado una broma inhibiéndose en el momento oportuno y llevándole a empezar por el principio y a cavar hondo, ambas cosas poco habituales en él. Cuando quiso darse cuenta se había enfrascado en un recuento pormenorizado de sus pesadillas, de la inquietud en sus despertares, del pánico que se entretejía con la dulzura del sueño al presagiar la aparición de esos interrogantes que no conseguía descifrar y muchos menos acallar.

Hablaron y hablaron, caminando sin cesar, unas veces a buen paso, otras lentamente, deteniéndose unos instantes o permaneciendo quietos y silenciosos durante un buen rato, absortos en las curvas del paisaje o rumiando las palabras recién escuchadas, preparando la réplica... o, simplemente, absorbiendo el aire y los sonidos de la tarde.

Las últimas luces del día les sorprendieron tan alejados de su casa que la población vecina podía adivinarse cercana por el resplandor rojizo que emergía tras aquellos pliegues de la tierra que con no poca imaginación por allí nombraban como colinas. Caminaban por la antigua carretera, la que antaño comunicaba aquellas dos ciudades en un tiempo en que no circulaban más de cinco o seis coches a lo largo del día y en el que los escasos quince kilómetros que los separaban se les antojaban una distancia considerable. El hecho de que estuviera en desuso para los vehículos la había convertido en un lugar seguro y tranquilo por el que poder caminar charlando largamente sin que otras preocupaciones les distrajeran del placer que simultanear ambas cosas les producía a ambos.

La mayor parte de sus decisiones habían pasado el filtro inevitable de la opinión de su amiga en este entorno que compartían desde la adolescencia, desde que empezó a tejerse en la mente de cada uno de ellos la certeza de que en adelante tendrían que saberse mutuamente presentes para aquellos momentos en los que de verdad les importara acertar con la vida.

Sin embargo, nunca hasta ahora le había hablado (de hecho no lo había hecho con nadie) de aquella angustia que ensombrecía sus noches desde que le alcanzaba la memoria y que hoy, al fin, se había hecho presente de un modo tan contumaz que le había obligado a alterar su bien organizada vida para hacerle frente.

Hacía ya rato que paseaban en silencio, con una gran ligereza instalada a partes iguales en su alma y en sus suelas y toda su atención y escucha centradas en los sonidos que la noche empezaba a producir más allá de la doble fila de álamos que flanqueaban la carretera, en el perfume que llenaba el aire de promesas, en el dibujo irrepetible que las copas de los árboles recortaban sobre el azul intenso, luminoso que el sol al retirarse había extendido por poniente.

Ya no era preciso hablar más por hoy porque todo estaba dicho. Ella le había escuchado con una atención y entrega tan envolventes, tan cálidas que el largo silencio que seguía al fin de su relato, lejos de pesarle o inquietarle, tan sólo le ayudaba a encontrarse de nuevo con su respiración y a esperar lo que presagiaba como un bálsamo tan eficaz como cargado del afecto hondo que ella nunca escatimaba.

Por ello, cuando la esencia de su relato fue devuelta al aire con aquellas pocas y sabias palabras, instalaron la paz en su pecho, una paz que sabía ya a salvo de la amenaza de las preguntas negadas.

Su amiga le habló de África, de semillas con ala que semejan interrogantes, que vuelan con el viento buscando tierra húmeda en la que germinar, que sólo así se perpetúa la continuidad de la vida.

Su amiga le habló de algunas cosas más, pero todas ellas sutil, ciega y silenciosamente le conducían a un único lugar, a una única imagen: la de preguntas ala, volando entre los pensamientos, cual semillas en busca de un rincón del alma donde germinar.

Quizás esta pregunta y todas aquellas que en los tiempos venideros pudieran asaltarle serían compañeras quizás juguetonas, quizás insidiosas de sus días pero no oscuras, arrinconadas, resentidas amenazas en sus noches.

(Invierno, 2005)

Asumir la propia sombra

En una ocasión una joven madre necesitó consultarme sobre un tema que le preocupaba frecuentemente. Relataba haberse sentido rechazada o no querida por su propia madre y, cada vez que perdía la paciencia con su hija, le angustiaba «ser la madre que ella tuvo». Su historia me conmovió, quedó en mi corazón y ha inspirado este cuento.

Lo mejor para el príncipe
Javier Romeu

No hace mucho tiempo, en un país oriental, pequeño pero muy rico, sus jóvenes Reyes tuvieron su primer hijo.

La seguridad del heredero pasó a ser una cuestión de Estado prioritaria y, por ello, el Rey y la Reina deberían viajar, a partir de ahora, en aviones distintos. Así que el Rey ordenó a sus ministros que se buscara y seleccionara la mejor tripulación para el avión de su esposa y el Príncipe.

Al cabo de unas semanas, los ministros le comunicaron que ya tenían una propuesta al respecto:

–Majestad –habló el Ministro de Transportes– hemos localizado a la mejor tripulación del mundo. Todos sus componentes se han formado en las mejores escuelas de aeronáutica e ingeniería; tienen una experiencia contrastada y, sobre todo, ninguno de ellos ha tenido un solo accidente o situación comprometida en sus muchas horas de vuelo o de servicio.

El Ministro de Hacienda añadió:

–Lógicamente, en la actualidad, son los mejor pagados ya que todas compañías aéreas se los disputan. Tendremos que pagarles una fortuna para que quieran venir a trabajar para el Príncipe, pero podemos permitírnoslo.

El Rey quedo pensativo unos segundos y, finalmente, preguntó:

–¿Y qué más opciones tenemos?

Sus ministros se miraron entre sí con cara de no entender la pregunta. Al final uno de ellos se atrevió a susurrar:

—Majestad...no hay una opción mejor que ésta.

El Rey replicó:

—¡Todas las compañías han sido informadas que buscamos una tripulación! Y... ¿nadie se ha ofrecido?

Los ministros sonrieron:

—¡Sí, claro! ¡Cientos de pilotos y de mecánicos de vuelo quieren el puesto...! Pero ninguno puede igualar a los miembros de la tripulación que le proponemos. Cada uno de ellos es el número 1 en su puesto. ¡Si usted supiera la de propuestas disparatadas que hemos tenido! ¡Es para mondarse de risa!

Al oír esto último el Rey les miró intrigado y añadió:

—¿Por ejemplo?

El Ministro de Educación, sonriendo todavía, se atrevió a decir:

—Tuvimos el ofrecimiento de una grupo de cinco aviadores y mecánicos que se conocieron en una terapia de grupo. ¡Imagínese, Majestad! Lo asombroso es que todos estaban en terapia para superar las secuelas de alguna experiencia traumática en su carrera profesional. Accidentes fatales de los cuales han sobrevivido de milagro; situaciones peligrosas debidas a algún error cometido por ellos o por otros... Todos han sido retirados del servicio por sus compañías hasta que estén en condiciones de volver a volar... ¡Y se les ocurre optar a ser la tripulación de un príncipe heredero! ¿Qué más prueba necesitamos de sus trastornos?

El Rey escuchó atentamente y preguntó:

—¿Cuánto piden?

Sus ministros no daban crédito:

—¿Qué más da? —dijo uno de ellos.

Pero el Rey seguía esperando la respuesta.

Al final el Ministro de Hacienda, tras rebuscar nerviosamente en un montón de papeles, contestó:

—¡Ah! ¡Aquí está! A ver... Debe ser un error... No piden más que alojamiento, comida y algo de dinero para sus gastos cotidianos... Dicen querer el puesto para poder tener de nuevo la experiencia de volar y sentirse útiles.

El Rey simplemente murmuró:

–Está bien –y dando media vuelta se dirigió hacia la puerta.

Mientras caminaba añadió:

–¡Contraten a la tripulación!...

Los ministros sonrieron mientras comenzaban a cerrar sus carpetas y carteras.

–¡A los de la terapia! –añadió el Rey.

El silencio se podía cortar en la sala. El Rey, al llegar a la puerta, se volvió para ver la cara de desconcierto de sus ministros. Tras unos instantes añadió:

–Quiero para mi hijo y la Reina a los que han pasado por momentos difíciles. No quiero a un grupo de pilotos convencidos de su superioridad y de que se merecen ser mi tripulación. Les aseguro que los de la terapia, cada vez que haya que volar, recordarán las experiencias pasadas y revisarán hasta el último detalle… una, dos… y hasta cinco veces, si hace falta. Ustedes si quieren contraten a los excelentes para sus aviones pero el Príncipe volará con éstos.

Y cuando los ministros comenzaban a entender, el Rey añadió:

–Y por cierto… páguenles lo mismo que les iban a ofrecer a los números 1.

Alucinaciones

Conocí a una mujer que en algunas ocasiones había experimentado cierto temor a la vida, un miedo que consideraba capaz de invalidarla en un futuro. Era una mujer joven y dinámica, entusiasta de sus asuntos y altamente eficiente en su trabajo. Yo había observado que estaba muy atenta a lo que se esperaba de ella, a cumplir con su obligación. Una peculiaridad me llamaba la atención en todo esto: estaba tan alerta a hacer su parte que parecía que se olvidaba de sí misma, como si ella misma pudiera constituir un obstáculo para atender a sus obligaciones.

Por supuesto que ella nunca estuvo de acuerdo en esta apreciación y un día me pidió que le relatara un cuento para ayudarle percibir su conflicto de otro modo. Me pareció una excelente idea y le escribí éste:

Escucha...
Bernardo Ortín

Cuanto más tardes en escucharme será peor, ¿crees que para mí es agradable hacer esto? Siempre te digo más o menos lo mismo pero como nunca me haces caso...

¿Que no puede ser ahora? Bien, puedo volver más tarde... pero si espero que seas tú quien me llame ya puedo esperar sentado, llevamos años así... ¡Vale, ya me largo!...

¿Recuerdas aquel primer novio que tuviste? Julio Monfort. Cuántas tardes al lado del teléfono esperando que te llamara y dando vueltas por la casa buscando algo que te entretuviera, que te ayudara a mantener cierta dignidad, cuántas horas ante el espejo cambiando de estética y qué cara... de pánico cuando por fin una tarde de domingo llamó a la puerta, un gesto parecido al que pones cuando me ves aparecer a mí. Siempre sospeché que aquel día le falló el plan y por eso vino a buscarte, pero cuando te lo decía creo que era peor el remedio que la enfermedad... ¡Siempre eres tan exagerada conmigo!

Pienso en aquel día que le preguntaste si te quería. No quieras saber cómo me enteré. Oye, pero ¿tú... de qué manera me quieres? Te miró fijamente y empezó con aquello de qué es querer y qué no lo es, cuál es la diferencia entre querer y amar, cómo se sabe que uno está enamorado. Que en realidad lo importante es estar bien día a día, que no sabía qué eras tú para él, que cualquier etiqueta como novia, compañera o amiga se le quedaba corta, que eras mucho más. Eras tanto, que no existía ninguna palabra que pudiera definir vuestra relación, pero que te llevaba muy adentro, en sus entrañas.

Esta situación de perfección inefable duró hasta que encontró una relación más banal, más convencional y adocenada, con esa amiga tuya que él siempre criticaba porque consideraba que era tan superficial. Tú eres muy especial y jamás te olvidaré, te dijo él, sólo que de ella obtiene admiración y eso es clave, te digo yo.

Y cuánto te costó renunciar, estuviste casi un año para comprender que no te quería y después asombrada al caer en la cuenta de que nunca te había querido. ¡Y cómo he podido estar tan ciega! ¡Y tan tonta! Pero todo en silencio, todo para ti, ni una palabra de lamento, yo lo sé... (¿¡)... por lo que lo sé, que si fuera por ti... Como siempre, a mí me tocó insistir en que te centraras en ti, que valoraras si lo querías o no, que si te lo ponía difícil te empeñarías en estar con él sin saber realmente si lo querías.

¡Qué difícil hacer que me escucharas! ahora que yo estoy tranquilo, puedo decir que he hecho todo cuanto he podido, eso desde luego que sí. ¡Oye apaga la luz!, ya sabes lo que me molesta.

Después vino Antonio Romeral, Tono, y aquí fue todo lo contrario, ¡cómo insistió!, parecía tu sombra, en cualquier momento te lo podías encontrar. En el bar donde desayunas, en la frutería mirándote con esa sonrisa de angelote blancucho, pitando detrás de tu coche y saludándote con la mano, y desde luego mandándote flores, flores a toda hora, todos los días, dejándote mensajitos en el contestador, en el móvil, llamadas perdidas, ¡qué evocador! llamadas perdidas... y dónde estarán esas llamadas que se pierden, adónde irán y cómo saben desde el inicio que su destino será el extravío, tiene su punto trágico, los amigos dicen hazme una llamada perdida. Así, de antemano, ejecuta una acción inútil, haz algo que sabes que se va a extraviar, ¡Pues oye, haz tú un hilo de coser de arena o un gabán de mármol, o una comida de aire...! ¡Vaya ocurrencia! Te dan ganas de buscar llamadas perdidas, de procurarles un lugar donde estar, donde puedan ser acogidas, reencontradas... En fin, de Tono recuerdo su insistencia inconsistente y tu despotismo. Ahora que también te dolió dejarlo y, a mi manera tuve que intervenir.

Cuando empezaste la Universidad te angustiabas de antemano por si no dabas la talla. No podías resolver un examen antes de que te lo pusieran... ¿Y si no me lo sé? ¿el qué? Pues el examen de fin de curso. Pero si aún no has empezado. Lo normal será que te lo sepas cuando te lo estudies. Bueno visto así... Jugando, jugando aquello duró dos años, bueno, dos cursos. Casi lo dejas por culpa de eso. Te dije que ese psicólogo no te ayudaría pero a ti te gustaba, te parecía solvente con esa manera de hablar solemnemente de lo banal. No rindes académicamente porque estás estresada, tenemos que trabajar en todo lo que es tu área de relajación, así estarás relajada y evitarás tensiones... Y yo, a mi manera, te decía déjatelo, que te pones muy nerviosa cuando te relajas... piense en su pie izquierdo, ahora sienta toda su tensión y... En un minuto estabas a dos mil.

Después de los primeros exámenes y cuando te viste metida en harina todo se normalizó.

Pero no temas... es que no tengo otro modo de comunicarme contigo, siempre me dejas con la palabra en la boca... no tiembles, sólo que si no te lo digo reviento. Tienes que detenerte a pensar las cosas y además es mi obligación, estoy aquí para eso... ¡Pero espera!...

Te conocí cuando tenías once años, estabas en el comedor de la casa, tu padre te había llamado para que saludaras a unos amigos, acababas de llegar del colegio y aunque todos sonreían, la situación te pareció solemne. Tu padre te pidió que dijeras tu nombre, entonces enmudeciste, simplemente lo olvidaste, permaneciste allí de pie ante aquellos extraños examinadores, al lado de tu padre tan lejano. Su voz operaba ese milagro en ti, una catatonia incapacitante que te impedía recordar qué querías decirle cuando hablabas con él. Yo te decía tu nombre, te lo susurraba bajito detrás de tu oreja... Lucía, Lucía... y te pareció una alucinación, te pareció que estabas oyendo voces ¡hasta yo mismo me asusté!

A partir de ahí sospechaste de tu locura y te dedicaste a esquivar cualquier ocasión de encontrarme. Pero ya se sabe que esas cosas se complican, se evita la situación... después las que puedan conducir a ella... y así sucesivamente. Al final lo más importante es vivir sin exponerse y eso es el origen del sufrimiento que te provoco cuando yo lo único que quiero es ayudarte.

Yo no utilizo tu lógica pero eso no es para que palidezcas cada vez que me ves, quizá es mi aspecto ¿no? ¿es eso? Pues mira esto es lo que hay... cada uno envejece como envejece y lo mío no es peor que lo de otros.

Siempre me has percibido como el enemigo y al principio lo entendía. ¡Vale! no tenías costumbre, eras una púber desorientada pero ¿aún estamos así? También es cierto que nuestra relación ha progresado, ahora ya aceptas mi existencia, no me niegas como antes ¿te acuerdas? Pero te disparas hacia el terror en décimas de segundo.

Pero no te vayas corriendo y hazme caso, deja de gritar y de poner esa cara que yo estoy atendiendo a mi obligación y si me escucharas de vez en cuando no necesitaría de estos atavíos horribles para llamar tu atención… ¡Soy tu fantasma!

Libro de crónicas de las relaciones extrañas

Ante la urgencia, detenerse

Éste es un cuento que suelo utilizar a menudo con las personas que tienen la sensación de no poder dejar de hacer cosas como el trabajo y las obligaciones. Pertenece a un libro que se llama *Los 7 hábitos de la gente efectiva* (Covey, S. 1996. Paidós), y lo he adaptado como versión libre.

Juan era un brillante estudiante de ingeniería. Estaba en su último curso en la universidad y se encontraba desanimado y cansado. Sus palabras hacían mención a una motivación que por alguna causa había desaparecido. Para él el descanso no estaba permitido, pues se sentía en deuda con sus padres que habían realizado grandes esfuerzos para mantenerlo fuera de su ciudad de origen y pagarle sus estudios. Así pues, a esa falta de motivación había que añadirle la culpa que sentía por la posibilidad de defraudar a sus padres. Su madre, por otro lado, comprendía la dedicación de Juan y en las ocasiones que éste se lamentaba por teléfono, su mamá le pedía que se tomara un respiro. Al escuchar atentamente su narración, le conté la siguiente historia:

Los leñadores
Víctor Amat

Creo recordar que esta es una historia verdadera que sucedió en Canadá, tiene que ver con el torneo anual de leñadores que en algunos remotos pueblos de ese país aún persiste. Son lugares donde ser el mejor leñador del año es un gran reconocimiento público y es un orgullo alcanzar ese título. Parece ser que hace algunos años, llegaron a la gran final del torneo anual los dos leñadores más dotados y eficaces de las últimas décadas. Cualquiera de ellos en cualquier otro año, hubiera sido un ganador sin oposición, sin embargo ambos tuvieron la mala fortuna de competir el mismo año.

La gran final se celebraba en el bosque cercano a la localidad, y siendo una fiesta de todos la vida en el pueblo quedaba paralizada por el evento. Los poderes fácticos del pueblo, el alcalde, el juez de paz, la doctora, etc. Eran el jurado que daría fe de la victoria de uno de los dos.

Bien temprano por la mañana, el alcalde presentó a ambos participantes y disparando una salva al cielo dio por empezada la final. Los dos leñadores pusieron la carne en el asador desde el principio y aserraron con todas sus fuerzas. Cada cierto tiempo, uno de ellos solía echar un vistazo de reojo al rendimiento del otro y descubría a su contrincante sentado cada cierto tiempo. Cuando lo veía así, se decía para sus adentros -¡Vamos, vamos, el torneo es tuyo! ¡No desfallezcas, apúrate!

Pasaban las horas y cada vez su confianza era mayor –no cabe duda que venceré, puedo aguantar sin parar hasta el final!–. Así siguieron hasta que entrando la noche, bajo el tenue fulgor de las luces de la gente allí congregada, el alcalde anunció el fin del torneo con una nueva salva.

Pasaron al recuento y empezaron con el leñador que no había desfallecido ni un solo momento, contaron y contaron, uno, dos... veintiséis, veintisiete... y... ¡veintiocho! El público rompió en aplausos pues se había batido el récord anterior, ¡nadie había logrado tanto! Después contaron los árboles derribados por el otro leñador... veinticinco, veintiséis, veintisiete, veintiocho y... ¡veintinueve! El público saltó de júbilo, se había batido el récord otra vez, era una circunstancia histórica y ellos habían tenido la oportunidad de verlo, sin embargo el primer leñador mostraba su enfado y gritaba -¡Aquí ha habido trampa! ¡No puede ser! Yo no descansé y trabajé con tanto ahínco que nadie hubiera podido superarme ¡y menos él que descansó de tanto en cuando!–. El ganador se acercó a él, se enjugó la cara de sudor y le dijo: –Yo no estaba descansando, amigo, estaba afilando la sierra.

Así le conté la historia a Juan, durante las siguientes sesiones él se permitió estar cansado y trabajó bajo mínimos hasta que llegaron unos días de vacaciones, después decidió dejar algunas asignaturas para setiembre y centrar sus menguadas energías para el resto. ¿Alguien necesita un ingeniero? Juan acabó sus estudios con muy buenas calificaciones, aunque tuvo que aprender a afilar la sierra de vez en cuando.

Pequeñas cosas

Relato dirigido a las personas que han perdido la alegría de vivir, el sentido de disfrutar de las pequeñas cosas, la pérdida de la estabilidad emocional.

El bosque
Marisa Navarro

Un día alguien, no importa quién, me contó una historia:
En un país cualquiera, había un bosque, algunos dicen que encantado, no lo sé, lo cierto es que era el bosque más hermoso que nadie ha visto. Allí convivían todo tipo de animales, los que conocemos y los que jamás llegaríamos a imaginar.
Entre ellos habitaban el bosque, una tortuga, una luciérnaga y un gusano, los tres se conocían como se suele decir, desde siempre, entre ellos había una gran amistad, no hacían nada el uno sin el otro.
Desde hacía un par de semanas, la tortuga y la luciérnaga no veían igual al gusano, había perdido su habitual alegría, sus cantos, sus chistes…, ya no les llamaba, siempre daba excusas para no ver a nadie, ellos insistían una y otra vez:
–Vamos a bañarnos al lago, gusano, hace tiempo que no haces nada con nosotros.
–No me apetece, ir vosotros, yo iré otro día –siempre respondía.
El tiempo pasaba y el gusano siempre decía «iré otro día». La tortuga y la luciérnaga, cansadas de oír su respuesta, decidieron visitarle para saber qué le ocurría realmente. Hablaron con él, el gusano se sentía triste, había perdido

la ilusión por todo, estaba cansado, muy cansado, no consideraba que pudiera aportar nada a la tortuga y a la luciérnaga, donde mejor se sentía era en casa sin tener que demostrar nada a nadie y sin tener que guardar las apariencias.

Tras escuchar la explicación del gusano, la tortuga y la luciérnaga se fueron sin entender cómo le había llegado a pasar esto, era todo tan complicado que pensaron que ellos nada podrían hacer al respecto, excepto estar a su lado.

Mientras tanto, el gusano abatido y triste, se sentía desorientado, había perdido el rumbo, se veía perdido en la nada sin tener donde cogerse. En aquel momento, el peor momento de su vida, cerró los ojos agotado, medio dormido, vio revolotear a su alrededor una mariposa blanca, blanca y brillante, casi transparente y con antenas plateadas, era la mariposa más bella que había visto por aquel bosque, aquella mariposa la transmitía paz, la paz que necesitaba y todas las sensaciones que había perdido, disfrutar de lo importante, reír, vivir el momento, todo lo que tuvo y había perdido. El gusano entendió que él era importante, para la tortuga, para la luciérnaga y sobre todo era importante para él mismo.

Subpersonalidades silenciosas

Otra historia dedicada a la brillante mujer que se olvidaba de sí misma y de la que hablé anteriormente. Algunos aspectos de su personalidad que la asustaban insistían en manifestarse y darle su mensaje.

Alba y Candela
Bernardo Ortín

> *Todos los conflictos humanos se dan en dos planos simultáneos:*
> *en el cotidiano y en el mítico.*
>
> (Jung)

I

He recibido varias versiones sobre la vida de Alba. Relatos contradictorios y por lo general llenos de sombras. Mi abuela me dijo que Alba siempre supo que su capacidad de entrega a los demás sería su perdición.

Alba vivió una niñez aislada de sus compañeros de juego, una grave enfermedad la mantuvo ensimismada. Se curó con medios primitivos, no se sabe quién la ayudó. Pasó la pubertad como una convalecencia de su infancia. De aquello le quedó la costumbre de observar su cuerpo y el mundo, de saber qué músculo es el primero en moverse para ponerse de pie, para tumbarse, para componer su equilibrio, qué zonas musculares intervienen en la lucha cuerpo a cuerpo y qué otras debe relajar para sacar ventaja en el combate. Fue una luchadora prácticamente imbatible en los juegos y cuando le tocó medirse de verdad, su problema era otro: le desagradaba de igual modo, tanto vencer como ser vencida.

Solía notar los ojos de la comunidad como un aura de vigilancia que la envolvía. En su poblado y los aledaños que frecuentaba se la percibía como extraña, distinta a los demás, entre lo original y lo censurable. Siempre fue así, desde niña tuvo que explicar su existencia, como si tuviera que merecer lo que otros obtienen gratuitamente. Entre unas cosas y otras prefirió por lo general volcarse hacia dentro de sí misma, como había aprendido pronto.

En varias épocas de su vida, ni el amor ni otras formas de motivación lograron estimular su alma. Parecía no necesitar nada de su entorno. Sin embargo, esto no definió su gran vitalidad. Siguió senderos del chamanismo local y alcanzó cierto estatuto de bruja, de curandera, de ayudadora. Alba fue querida, pero sobre todo y más que eso, respetada a distancia y, sobre todo, temida en silencio.

Me habló mi abuela de sus ojos grandes y emisores. Ojos que eran capaces de mirar hacia fuera y hacia dentro de sí misma durante la conversación. A veces adentro y fuera de su interlocutor... y a veces parece que lo hacía a la vez, habilidad que espantó a más de un visitante que se acercó a su casa. Cuando el curador busca información, a menudo lo que hace es aportarla, darle dimensión al discurso del consultante y eso hace temer por lo imprevisible, por lo excesivo. El ser humano debe intentar dominar aquello que le horroriza –decía a la gente cuando notaba su miedo.

Existe un aspecto extraño en la vida de Alba, algo sombrío que corrió de boca en boca, pero que casi nadie pudo contemplar en directo, algo que contrastaba con esta fuerte personalidad y que quedó grabado en el inconsciente colectivo como una leyenda.

Alguien dijo que alguna vez se la vio presa de una parálisis total, terrorífica, hechizada por un fantasma que la impedía el menor movimiento, su quietud daba miedo, era de esas que anunciaban un inesperado y fatal movimiento. En esos momentos en los que no podía articular palabra, su piel pálida contenía la palpitación extrema del corazón. Parecía estar en presencia del peor de los monstruos. Tras un breve clímax de contacto con la locura, su cuerpo se recomponía pasando por un temblor que servía de transición a la recuperación de la calma.

Su síntoma empeoró y la prueba es, que se convirtió en el único puente del que disponía para relacionarse con el mundo. Valoraba su vida en función del comportamiento de su propio miedo: –Estoy mejor, ya no tengo tanto miedo, he empeorado, el miedo crece –se decía.

Ése momento fue el que eligió para aislarse en la cueva de las montañas. Pensó que su remedio era vivir como los antiguos, procurándose lo más básico, el agua, la comida, el fuego durante el invierno y la sombra contra el calor. Buscaba la calma como pócima de fondo para su curación y los días fueron pasando... con monotonía.

II

A éste le contestaré después, éste es más urgente, visitaré hoy mismo a la mujer de la playa, este anciano no sobrevivirá al otoño...

La existencia de Candela estuvo marcada por episodios impactantes que la devolvían a un estado de desamparo infantil que intentaba resolver con una actividad febril en su trabajo. No era una persona débil, al contrario, manifestaba una gran solvencia y fortaleza personal, aunque la necesitaba toda para contrarrestar ese vacío frío que se le alojaba en la boca del estómago.

Candela se dedicaba a la salud de los demás, ejercía la medicina en la gran ciudad contratada por un sistema público precario que descargaba gran parte de sus responsabilidades en la buena voluntad de quienes trabajaban para él. Su profesión respondía a algunas casualidades en las que ella no creía: intentando escapar de su destino de cuidadora de la familia eligió una profesión de médico, quizá como pauta de lealtad a este mismo papel.

Para Candela las palabras eran muy importantes, suponían un hilo inagotable de formulación del pensamiento, la manera esencial de poner luz a lo desconocido. Sin embargo, tras sus conversaciones se sumía en una fase de agotamiento y desorientación que sólo curaba trabajando. También procuraba estar siempre apuntada a algún curso, cursos cortos pero intensos, en general de filosofía, de espiritualidad oriental, algo que le diera un marco de referencia a lo cotidiano. Hizo uno sobre Mandalas que acabó siendo un cursillo decepcionante de trabajos manuales, de rellenado de colores sobre plantillas circulares con distintos motivos. Estos cursos acababan por agotarla, no tanto como sus conversaciones y bastante más que su trabajo.

Había tenido varios novios que acababa adoptando poco tiempo antes de finalizar la relación. Eran novios difíciles que en general se caracterizaban por decir unas cosas y hacer otras. Para Candela, que creía en la palabra, esto significaba el peor de los dilemas, por un lado, le atraía poderosamente la palabra, llena de promesas de claridad y por otro lado le fatigaba enormemente y en poco tiempo.

El segundo novio... (porque del primero ni hablamos. Entre que Candela era muy jovencita, recién llegada de su pueblo con su maleta raída, heredada de su abuelo, la que utilizaba cuando iba a vendimiar a Francia. Su estética, trasnochada para la ciudad, aunque llena de olores y sabores llenos de vida. Y él por su parte, dueño de una pequeña farmacia de barrio, ocho años mayor que ella y muy vinculado a las fiestas locales, sólo quería que la acompañara a todas partes y estar con ella para enseñarle la ciudad y todas las cosas de la vida, pero sin que ella dijera nada, hasta que un día Candela cayó en la cuenta de que podía huir de ese agobiante entramado de consejos que no la dejaban respirar. Fue como una toma de conciencia rápida y potente. Así que después de catorce meses de relación unilateral de él hacia ella, ella se marchó sin explicar gran cosa, o porque no sabía, o bien porque alguna parte de su conciencia sabía que era inútil hacerlo. De todos modos es mejor silenciar esta época de la vida de Candela dado su escaso interés para la historia.) ...Bien, pues el segundo novio no sabía decirle si le quería o no. Le parecía un asunto banal, adocenado. Le explicó una vez que si se lo decía, el paso siguiente era ir cada domingo a comer con sus padres, aportando una bandejita de pasteles. Candela no entendía esa asociación de ideas y como se da el caso de que creía en la palabra se quedaba siempre colgada, a la expectativa del conjuro que la liberara de esa espera.

Sus encuentros estaban invadidos por los problemas que él tenía para existir. Más que eso, que imposibilitaban que se planteara qué quería hacer. Era fino para captar cuando ella se exasperaba progresivamente y antes de que le saltara el relé, se movía con maestría desde su posición de gurú concienciador a la de víctima. Candela era incapaz de negarse a esto último, así que dejaba el discurso para mejor ocasión y se disponía a lamerle las heridas. La cosa acabó por inanición, no es fácil delimitar cuándo. Candela sufrió con la ruptura, enormemente, pero lo olvidó pronto, antes de lo que deseaba, dada la importancia que otorgaba a esta relación. Estas cosas siempre la desorientaron.

Ahora que quien más le marcó fue el siguiente. Era un hombre vital, amante de la montaña, aunque en realidad le interesaban más los retos y la vestimenta que la montaña misma. Estaba actualizado en todo tipo de materiales de escalada, cuerdas, prendas, tiendas de campaña ultraligeras, en fin, más profesional que poeta de la Naturaleza.

También estaba vinculado a corrientes de desarrollo personal de última generación, conocía las terapias psicopedagógicas más pujantes del mercado. Últimamente acudía a encuentros de promoción de su autoestima durante el verano. Se encerraban en un hotel durante una semana y exploraban la arquitectura de su configuración psíquica con el fin de cambiarla y mejorarla allí mismo.

Les iba bien y su relación era fluida siempre que ella le escuchara, eran felices mientras él se sintiera admirado, mientras pudiera expresar lo que sentía en el momento en que lo sentía: aquí y ahora, como le gustaba decir con cierto gesto obsesivo. A Candela no le importaba jugar el papel de público entregado que él le pedía.

Todo se desbarató cuando Candela empezó a experimentar episodios de miedo ante las aglomeraciones, un pánico acompañado de asfixia física que la obligaba a concentrarse en sí misma. Se le pasaba con rapidez si lograba aislarse del entorno, si apagaba todos los estímulos que exigían su atención y se escuchaba a sí misma.

El problema se agravó y decidió hacer algo que le ayudara a un cambio vital importante. Decidió emprender un viaje a algún lugar que le permitiera comenzar de nuevo, sólo que la oportunidad de ese viaje vendría muchos años más tarde.

III

El paso del tiempo hacía su papel, la monotonía se abría paso en el pensamiento circular y en cada vuelta deshinchaba la fuerza de las obsesiones. Pasaron los años y Alba llevaba una vida centrada en el régimen de visitas de sus fantasmas, se había acostumbrado a ellos y podía convivir con su presencia mientras recogía las hierbas de la montaña para preparar sus remedios.

El viaje de Candela se produjo después de muchos aplazamientos, siempre había alguien que cuidar. Fue un viaje preparado concienzudamente y sin el permiso de ninguno de sus novios. Ni siquiera obtuvo el permiso de todas las partes de su propia conciencia. Supuso un rito iniciático, un sortilegio de cambio de etapa, una metáfora del inicio de un camino, del resto del camino.

Ambas mujeres se encontraron una mañana iluminada. Candela exploraba el bosque en el que Alba vivía. Cinco metros de vegetación mediaron en esa entrevista silenciosa en la que la vida se detuvo un instante, el sonido del bosque cesó y el foco de visión de cada una se centró en la otra. Este instante detenido dio paso al contacto profundo con sus fantasmas, sólo que esta vez no sintieron el miedo habitual sino lucidez. Esta vez percibieron al fantasma como la expresión de su deseo ahora afeado por el tiempo que se le había evitado. La lucidez para comprender que habitaban su cuerpo con timidez, que su persona era una constelación de gente que congelaba la vida. Que habían sufrido un exceso de exterior y un olvido de sí mismas.

La sensación de sueño vívido produjo un fuerte impacto sobre cada una de las mujeres. Ambas fueron la una para la otra, el reflejo de su imagen en el espejo, el encuentro con el sosias (*).

Alba y Candela eran idénticas como dos gotas de agua y después de aquel encuentro no necesitaron que sus fantasmas las volvieran a visitar jamás.

Para las llamadas Alba, Blanca, Candela, Clara, Lucero,
Lucía, Lucinia, Luna, Luz, Sol... y otras portadoras de la luz.

Resiliencia

Muchos niños de nuestro entorno no disponen de un ambiente familiar adecuado para crecer. Una de las cosas que suele hacerse para intentar ayudarles es acogerles temporalmente en otra familia. La estancia se prolonga hasta que desaparezcan las dificultades en su familia de origen y puedan regresar con ella. En muchas ocasiones, cuando los niños regresan y los acogedores no están convencidos de que su situación familiar haya mejorado suficientemente, sienten –y lo sé por experiencia– que la acogida no ha tenido sentido.

La semana
Javier Romeu

Tú sabes que nuestro club, a pesar de ser uno de los grandes equipos de la Primera División, se creó, hace más de 75 años, para que los chavales del barrio se beneficiaran de practicar un deporte de equipo como el fútbol. Poco

---

* Sosias: Este mito relata que en alguna parte del mundo existe alguien idéntico a uno mismo y que en alguna parte de nuestra conciencia sentimos el impulso de encontrarlo.
Sócrates decía que en el origen de la vida un rayo nos divide en dos y nos distribuye en el mundo. El ser humano no puede alcanzar el equilibrio hasta que esas dos partes se reencuentran.

a poco, se fueron creando equipos de distintas edades y el primer equipo, el de los más mayores, fue promocionando hasta la primera categoría nacional.

Como miembro destacado del club conoces de sobra la tradición de «la semana». Te he llamado para hablarte de un secreto sobre la misma. Te lo revelaré a ti y si aceptas mi propuesta, lo guardarás hasta que tú mismo decidas transmitirlo a otra persona.

Desde un principio se impuso la costumbre de que cada jugador, de cualquier categoría, entrenara, al menos una semana, con el equipo de la categoría superior. Se pensó que esto influiría positivamente en la motivación de todos ellos y les ayudaría a esforzarse.

Sin embargo cuando el fútbol se fue convirtiendo en algo más que un deporte, y cantidades enormes de dinero comenzaron a manejarse en las categorías profesionales, los fichajes de figuras de otros países o clubes comenzaron a impedir que los jóvenes de la cantera llegaran al primer equipo.

Fue entonces cuando alguien planteó que la tradición era de una crueldad insultante. Que todos los jóvenes del equipo filial fueran sucesivamente entrenando con los del primer equipo, si sólo uno o dos de ellos llegaría a jugar en Primera División, no sólo no era motivador, sino simplemente una tortura.

No sé si conoces que un enconado debate se abrió al respecto entre los miembros de la Junta Directiva. Al final se encargó a una comisión de expertos que analizaran la cuestión y, sobre todo, que ofrecieran datos de si la tradición servía para algo. Durante meses los expertos repasaron los datos de promoción de los jugadores de una categoría a otra y los compararon con los obtenidos en otros clubes. Finalmente en una Asamblea General la comisión expuso sus conclusiones:

—Hemos encontrado que nuestro club tiene un porcentaje del 10 % más de promoción de la cantera al primer equipo que los competidores. Creemos que esta diferencia sí es atribuible a la tradición de «la semana» puesto que es lo único que hacemos diferente. Pero pensamos que este efecto no justifica el sufrimiento de todos aquellos canteranos que se quedan con «la miel en los labios».

Nuestra opinión es que tan sólo deben entrenar con el primer equipo aquellos jugadores del filial que apunten posibilidades de jugar en Primera División.

Cuando ya el presidente de la Asamblea se disponía a someter el asunto a votación, desde el fondo de la sala una antigua estrella del club, ahora ya retirado, pidió la palabra:

–Propongo que en lugar de el Sí o el No a «la semana» se vote qué porcentaje de promoción justificaría que se mantuviera y que se me concedan dos temporadas para trabajar en ello.

A la mayoría de la Asamblea la propuesta les pareció descabellada, pero todos recordaban los momentos de gloria que su promotor había supuesto para el nuestro club. La Asamblea estimó que un 20 % sería suficiente para que «la semana» tuviera sentido.

Aquel personaje, que se dedicaba entonces a entrenar al equipo filial, había repasado en su memoria «su semana» con el primer equipo cuando él sólo era un jugador mediocre del segundo. A su cabeza sólo venía la imagen de la cara y los gestos de admiración de varios jugadores del primer equipo cuando, en uno de los entrenamientos, él consiguió meter un bonito gol. Luego en su carrera profesional consiguió meter muchos más goles. Más bellos, más difíciles, más importantes... pero siempre le venía a la cabeza aquel gol.

Dos años después llegó el momento de rendir cuentas ante la Asamblea. Los datos eran contundentes. En la segunda temporada, dos de los veintitrés jugadores del segundo equipo comenzaron a jugar en la Primera División, y para la próxima temporada, el equipo técnico había propuesto la promoción de cuatro. Por tanto la Asamblea decidió seguir con la tradición de «la semana» siempre que el viejo entrenador se encargará de ella o una persona de su confianza.

Yo era esa persona a la que él confió su secreto y tú eres quien yo he elegido para su continuidad. Así que escucha, ponlo en práctica y en su momento transmítelo.

La clave no es que los chavales entrenen una semana con los de la Primera División. La clave es que durante la misma metan un gol. Para ello deberás trabajar duro y con discreción. Cada vez que un chaval vaya a entrenar con el primer equipo habla en privado con tres o cuatro jugadores del mismo, sin que cada uno de ellos sepa que has hablado con los otros. Pídeles, por favor, que en los partidillos sean generosos con el chaval y que si pueden le pongan el balón «a tiro». Así es fácil que el chaval consiga marcar al menos un gol y, te aseguro, que los primeros que se dirigirán a felicitarlo con admiración son tus cómplices secretos que no le facilitaron ese pase.

Sólo tienes que hacer esto. No te puedo asegurar que ese chaval sea de los que la temporada siguiente pasen al primer equipo, pero sí te aseguro que en todo caso, ese gol le ayudará a resistir la decepción de no hacerlo.

Por cierto, yo soy uno de ellos. Nunca jugué en Primera División pero mi vida es el fútbol y muchas veces les cuento a mis nietos el gol que le marqué al mítico portero que ganó cuatro veces la Gran Liga.

Y también me acuerdo de tu gol, en el que por cierto… no intervino ninguno de los «tutores» que yo había preparado.

Bueno… ¿qué? ¿Aceptas trabajar para que los chavales marquen un gol y que vuelvan a su equipo?

Evitar el sufrimiento

Muchas personas se vuelven de espaldas al sufrimiento, ponen en práctica un sinfín de planes y maniobras para evitar sufrir, y esto es precisamente lo que redobla su insatisfacción. A algunas de ellas les he relatado esta experiencia personal.

El problema contiene la solución
Bernardo Ortín

En contacto con mi hija de dos años asisto muchas veces a momentos cruciales de su crecimiento.

Por su gesto y por otros signos que me envía su cuerpo, noto a veces que es...
La primera vez en su vida que ve un objeto determinado...
La primera vez que conoce a alguien...
La primera vez que entra en contacto con una experiencia...

Recuerdo la primera vez que vio una bañera con agua caliente, o que conoció la luz eléctrica.

Recuerdo una ocasión en que le dimos unos pequeños recipientes de colores y de distintos tamaños. Recuerdo cómo se dedicó, absorta, a llenarlos y vaciarlos de agua una y otra vez, interminablemente, concentrada por completo.

También recuerdo la primera vez que vio un payaso... que acudió al teatro y la excitación que pasó con esas experiencias.

Cuando la conocí en China llevaba una vida muy sencilla: vivía en el campo, andaba desnuda la mayor parte del tiempo, su alimentación era poco elaborada, repetitiva y escasa. Estaba en estrecho contacto con el sol, el agua, la luna, la tierra, los árboles...

Los primeros días de nuestro encuentro transcurrían en un hotel de su pequeña ciudad: Nanchang.

En aquellos días tenía miedo...

...de los muñecos de todo tipo y tamaño

...del secador eléctrico de pelo

...de la voz que salía del teléfono

...de las máquinas que hacían ruido o se movían

...de la televisión y sus cambios de voz

Cuando tiene miedo está muy atenta a lo que teme, abre bien los ojos y mira con todo el cuerpo, orienta su postura como si fuera una prolongación de sus ojos: la cara, las manos, el tronco, las piernas están situadas de modo que ayudan a observar el mundo que le rodea.

Y así, se acerca a las cosas que teme, cada día un poco más. Ella va tirando del hilo de su temor para calcular la distancia de su acercamiento: a los muñecos, al teléfono... a todo lo que teme y, sobre todo, con la misma intensidad que lo teme, lo explora, lo conoce, me mira y se tranquiliza.

Su temor la conduce a la felicidad cuando deja de pensar y actúa. Hace lo necesario para estar plena, está en equilibrio con el mundo exterior y su interior.

Y todo eso me hace pensar que las malas experiencias orientan el aprendizaje:

...sufrir una separación amorosa puede ayudar que la persona exprese sus sentimientos más íntimos.
...el temor de atreverse con nuevos trabajos o proyectos te hace atender a tus propias capacidades escondidas.
...una depresión puede señalar el punto final de una etapa de emociones forzadas y falsas, de sistemas de puesta en escena antinaturales para ti.
...la ansiedad que sientes puede indicarte el camino a la satisfacción.

El vacío orienta la búsqueda.
El exterior y tu interior están relacionados, no se puede mantener el equilibrio corporal sobre una pierna cerrando los ojos.
El problema te conduce al equilibrio que necesitas...
Ahora mismo puedes dejar que tu inconsciente haga los cambios necesarios para convertir los problemas en exploraciones de futuras soluciones, de próximos caminos...
Y deja que tu mente te traiga esos senderos y evoquen en ti una sensación muy agradable...
Y cuando todo esté en orden y a tu satisfacción vuelve a orientar tu atención al espacio en el que estamos en este momento.

Atención enfocada, atención simultánea

Las exigencias de la vida nos obligan a enfocar la atención sobre aspectos demasiado concretos. Sin embargo, la mente humana está diseñada para abarcar en su conciencia grandes cosas. Lo que realmente cura la inquietud es la atención simultánea que no se centra sólo en pequeños objetos sino que aspira a intuir la totalidad del mundo.

Este cuento es un *Mitoi* y ha sido relatado a muchas personas que confían excesivamente en que deben mantener una alerta sobreesforzada sobre las cosas que les preocupan del mundo.

El origen del mundo
Michael Strassfeld

Para los místicos judíos, el mundo comenzó con un acto de retraimiento. Dios hizo «tzimtzum», contrayendo el yo de Dios mismo para dejar espacio al mundo y que pudiera existir. Antes de eso, Dios estaba en todas partes, rellenando cada espacio, cada dimensión. Después de ese retraimiento, ese «tzimtzum», alguna energía divina se quedó y penetró en el mundo que surgía, pero esa luz divina, esa energía divina era fuerte, tanto o más potente que el mundo que intentaba contenerla. De modo que el universo explotó en una bang cósmico. Fragmentos de luz divina se esparcieron por todos los lugares del universo. Las centellas de santidad están, en general, enterradas profundamente en la llama cósmica del universo, son difíciles de percibir, aunque están en todas partes, en todas las personas, en todas las situaciones. Son la vida y el sentido del universo.

Vivimos en ese mundo de fragmentos. Sentimos en nuestros cuerpos y nuestras almas el despedazamiento del mundo. También sentimos a veces en nosotros mismos ese astillamiento cósmico inicial. Nuestros cuerpos llevan esa energía de aquel mundo primordial. Pero como en el origen del mundo, nuestros cuerpos son frágiles y se van haciendo más frágiles con el paso del tiempo. Así comenzamos a vaciar nuestra energía divina. Tal vez, entonces, la dolencia sea realmente el vaciamiento de nuestras almas. En este mundo de esperanzas y expectativas astilladas en el que procuramos la completitud.

Moisés, despedazó las dos Tablas de la Ley de Dios, en la primera versión de los Diez Mandamientos. Entonces consiguió un segundo par, que ayudó a escribir. Cuando se construyó el arca para el santuario, los rabinos nos cuentan que cuando el segundo par de tablas fue colocado en el arca sagrada, también colocaron los pedazos del primero.

La integridad no surge de ignorar los pedazos esparcidos, sino de la esperanza de colocarlos todos mágicamente de nuevo.

Lo despedazado coexiste con lo entero, lo divino se encuentra entre las profundidades más oscuras.

Todo momento tiene potencial para la redención y unidad. Nuestra fragmentación nos da esa visión para retomar las centellas divinas esparcidas por el mundo.

(Rabino Michael Strassfeld. En Gilligan, S. 2001: 81-82
A coragem de amar)

Autoestima, percepción de la autovalía

Algunos trances de la vida nos hechizan de modo que olvidamos otras cosas que nos hacen disfrutar. Hay signos o síntomas que acaparan nuestra atención de tal manera que nos impiden recordar otras capacidades que nos aportan gran vitalidad. En realidad, la experimentación de baja autoestima suele estar relacionada con el olvido de nuestros puntos fuertes.

Will McDonald, excelente hipnotizador ya desaparecido, me inspiró el siguiente relato.

Hubo un tiempo en que...
Bernardo Ortín

Hubo un momento en el que naciste, percibiste el mundo, dormías profundamente muchas horas al día, sentías el abrazo de tu madre, de tu padre, oías voces a tu alrededor, recibías sonrisas, caricias...

Hubo un tiempo en el que llorabas cuando tenías la más mínima necesidad, era un llanto fuerte, liberador, sin pena, satisfactorio, como el de algunos sueños de la vida adulta, también reías con fuerza, con alegría...

Tantas y tantas veces te sentías muy bien, con la sensación de satisfacción plena...

Fue un tiempo en el que notabas la insatisfacción inmediatamente y potentemente, también la satisfacción...

Hubo un momento en el que comenzaste a explorar tu alrededor quizá a gatas, enseguida comenzaste a caminar...

Hubo un tiempo en el que te sentías muy bien explorando todas estas cosas...

Un tiempo en el que, a menudo, sentías un placer que ahora te es familiar, en alguna parte de tu conciencia.

Hubo un momento en el que sentiste mucha curiosidad por algo, te fascinaba llenar y vaciar recipientes de agua, cubos de arena, sacar y guardar objetos, pinzas de tender la ropa, botones, herramientas, objetos, casi no podías dejar de jugar con esas cosas, te enfrascabas a fondo...

Hubo un momento en el que sentías mucha curiosidad por las cosas de tus padres, los cajones de su armario, su mesita de noche, te llamaba la atención su forma de ordenar las cosas, el olor del interior de los armarios, la cómoda, la casa de tus padres...

Hubo un momento en el que te atrajo como un fuerte imán algún lugar de la casa, el despacho de tu padre, su taller, la *leonera* llena de trastos, la andana, el desván, la cocina al atardecer sin actividad, el sitio donde tu madre descansaba...

Hubo un tiempo en el que aprendiste las primeras letras, conociste los colores, las pinturas y aprendías tantas cosas...

...Y tantas veces y en tantas ocasiones tenías tantas maneras de apreciarte a ti misma/o...

Hubo un momento en el que conociste tus primeros amigos, estabas con ellos, muy juntos, sentiste la complicidad, la lealtad, la sensación de confidencia.

En esta época hubo muchos momentos en los que te mostraste inteligente, ocurrente, en los que dejaste ver tu lucidez, tu apoyo y afecto por los demás. Hubo momentos en los que notaste que te valoraban.

Hubo un tiempo en el que comenzaste a estudiar, empezaste a trabajar... sentiste la excitación de hacer cosas nuevas, sentiste que dirigías tu propia vida.

Hubo un momento en el que notaste que tu vida marchaba hacia delante.

Hubo una época en la que descubriste que las cosas se te daban bien, que podías fiarte de tu intuición, que tu pensamiento era certero, que eras capaz de solucionar muchas cosas...

...Y tantas veces y en tantas ocasiones tenías tantas maneras de apreciarte a ti misma/o...

Hubo un tiempo en el que se enamoraron de ti y tú sentiste esa inmensa emoción... Experimentaste cómo era ser el centro de la vida de otra persona. Fueron momentos en los que notabas que tus movimientos, tus palabras, tus silencios provocaban un gran impacto en el otro y tú te sentías mirada/o, querida/o...

Fue un momento en el que te decían cosas fantásticas sobre ti, cosas que ni tú misma/o sabías, o quizá intuías.

Hubo un momento en el que te marchaste de la casa de tus padres... A vivir de otro modo, a dirigir tus cosas, a orientar tu propia vida.

Hubo un momento de grandes planes para tu vida, de emoción intensa al pensar en cómo ibas a organizarte.

...Y tantas veces y en tantas ocasiones tenías tantas maneras de apreciarte a ti mismo/a...

Hubo un tiempo en el que notaste cómo confiaban en ti, cómo apreciaban tu modo de ser, de hacer cosas, de enfrentarte a problemas.

En algún momento descubriste que eras capaz de pasártelo muy bien, de disfrutar la vida, de sentir satisfacción... en tantos y tantos momentos, contextos, escenarios de la vida, con tantas personas queridas...

... Y has tenido muchos momentos para experimentar que eres una gran persona, porque te lo han dicho, porque tú lo sabes, porque lo notas en cómo te miran, cómo se dirigen a ti.

Y con esa sensación de aprecio a ti misma/o, deja que tu pensamiento se reorganice, deja que note todos esos episodios de tu vida y cuando tú quieras reorienta tu atención aquí y ahora trayendo contigo ese sentido de aprecio al valor de ti misma/o.

Referencias bibliográficas

Líbranos, ¡oh Alá!, del mar de los nombres.

(Ibn Al Arabi)

Nota. La bibliografía especialmente recomendada está señalada con topo.

ALEXANDER, G. (1983): *La eutonía*. Barcelona: Paidós.
ALLEN, W. (2001): *Cuentos sin plumas*. Barcelona: Tusquets.
ANDERSON IMBERT, E. (1992): *Teoría y técnica del cuento*. Barcelona: Ariel.
ANDREAS, C. E. (1994): *Cambia tu mente...* Madrid: Gaia.
BANDLER, R. y GRINDER, J. (1994). *La estructura de la magia. Vols. I y II*. Santiago Chile. Cuatrovientos.
BATESON, G. 1971. En Bateson, G. (1998): *Pasos hacia una ecología de la mente*. B. Aires: Lolhé-Lumen
BATESON, G. y otros (1994): *La nueva comunicación*. Barcelona: Kairós.
BATESON, G. (1998): *Pasos hacia una ecología de la mente*. B. Aires: Lolhé-Lumen.
BAUDELOT, CH. y ESTABLET, R. (1998): *El nivel educativo sube*. Madrid: Morata.

BERGER, P. y LUCKMANN, TH. (1983): *La construcción social de la realidad*. Buenos Aires: Amorrortu.

BENTHAM, J. 1767. En FOUCAULT, M. 1990 a. *Vigilar y castigar*. Madrid: Siglo XXI.

• BETTELHEIM, B. (2003): *Psicoanálisis de los cuentos de hadas*. Barcelona: Crítica.

BLOCH, E. (1952) En Bloch, E. 1966. *Avicena y la izquierda aristotélica*. Madrid: Ciencia Nueva.

• BLY, R. (1994). *Iron John*. Madrid: Gaia.

BOND, D. S. (1995): *La conciencia mítica*. Madrid: Gaia.

• BORGES, J. L. (1999): *El libro de los seres imaginarios (Bestiario)*. Madrid: Alianza Editorial.

BOSZORMENYI-NAGY, I. y SPARK, G. 1973. En Boszormenyi-Nagy, I. y Spark, G. (1994). *Lealtades invisibles*. B. Aires: Amorrortu.

BRASEY, E. y DEBAILLEUL, J. P. (1999): *Vivir la magia de los cuentos*. Madrid: EDAF

BRODKEY, H. (1989). *Primer amor y otros pesares*. Barcelona: Anagrama

BRYANT, S. (1987): *El arte de contar cuentos*. Madrid: Istmo.

BUCAY, G. (1998): *Cartas para Claudia*. B. Aires: Nuevo Extremo.

• BURNS, G. W. (2003): *El empleo de metáforas en psicoterapia*. Barcelona: Masson.

CADE, B. (1995): *Guía breve de terapia breve*. Barcelona: Paidós.

• CARRIÈRE, J. C. (2000). *El círculo de los mentirosos*. Barcelona: Círculo de Lectores.

CARROLL, L. (1999) *Alicia anotada. Alicia en el país de las maravillas*. Madrid: Akal.

CHEVALIER, J. y GHEERBRANT, A. (1999): *Diccionario de símbolos*. Barcelona: Herder.

CHOMSKY, N. (1976). En BANDLER, R. y GRINDER, J. (1994). *La estructura de la magia. Vols. I y II*. Santiago Chile. Cuatrovientos.

CORTÁZAR, J. (1998): *Cuentos completos. Vol. 1 y 2*. Madrid: Alfaguara.

DEMETRIO, D. (1999): *Escribirse*. Barcelona: Paidós.

DUNCAN, B. y otros. (2003): *Psicoterapia con casos «imposibles»*. Barcelona: Paidós.

ECO, U. (1994). *La búsqueda de la lengua perfecta*. Grijalbo Mondadori. Barcelona.

EDWARDS, B. (2000): *Aprender a dibujar con el lado derecho del cerebro*. Barcelona: Urano.

ELIADE, M. 1951. En Eliade 2000. El mito del eterno retorno. Madrid: Alianza.

• FERNÁNDEZ, A. (1990). La mano de la hormiga. Madrid. Fugaz.

FERNÁNDEZ, A. y ORTÍN, B. (1997): *«Saber ser» en el movimiento. Curso de enseñanza de danza*. Universidad Complutense de Madrid. Madrid: Material multicopiado.

FERNÁNDEZ -SANTOS, A. (1988): *Más allá del oeste*. Madrid: El País.

FIORENZA, A. (2003): *Niños y adolescentes difíciles*. Barcelona: Integral.

FORUM TRAINERS. (1995): *Curso Master en PNL.Notas y apuntes*. Portugal, Julio, 1995. Elvas: Material multicopiado.

FOUCAULT, M. (1974): *Las palabras y las cosas*. Madrid: Siglo XXI.

FOUCAULT, M. (1979): *Historia de la locura*. Madrid: Fondo de Cultura Económica.

FOUCAULT, M. (1981): *Espacios de poder*. Madrid: La piqueta.

FOUCAULT, M. (1990 a): *Vigilar y castigar*. Madrid: Siglo XXI.

FOUCAULT, M. (1990 b): *La vida de los hombres infames*. Madrid: Endymion.

FRANZ, M. L von (1990): *Símbolos de redención en los cuentos de hadas*. Barcelona: Luciérnaga.

FRANZ, M. L. von (1992): *Sobre los sueños y la muerte*. Barcelona: Kairós.

• FRANZ, M. L. von (1993): *Érase una vez...* Barcelona: Luciérnaga.

FRANZ, M. L. von (1999): *Sobre adivinación y sincronicidad*. Barcelona: Paidós.

• FRANZ, M. L. von (2002): *La gata (un cuento de redención femenina)*. Barcelona: Paidós.

• FREEMAN, J. EPSTON, D. y LOVOBITS, D. (2001): *Terapia narrativa para niños*. Barcelona: Paidós.

FREUD, S. (1925): «*El malestar en la cultura*». En Freud, S. (1975): *Obras Completas*. Madrid: Biblioteca Nueva.

FROMM, E. 1951. En Fromm (1980). *El lenguaje olvidado*. B. Aires. Hachette.

• GARDNER, J. (1990): *Para ser novelista*. Barcelona: Ultramar.

GILLIGAN, S. (2001): *A coragem de amar*. Belo horizonte: Caminhos.

GOLEMAN, D. (1996): *Inteligencia emocional*. Barcelona: Kairós.

GRINDER, J. (2000): *Curso de Programación Neurolingüística. Organizado por la AEPNL*. Madrid: Material policopiado.

GROF, S. (et al.). (1994): *La evolución de la conciencia*. Barcelona: Kairós.

HAES, U. (1991): *El niño y los cuentos*. Madrid: Rudolf Steiner.

HALL, E. (1993): *La dimensión oculta*. Madrid: Siglo XXI.

HELLINGER, B. (1999): *Felicidad dual*. Barcelona: Herder.

HILLMAN, J. (1999): *Re-imaginar la psicología*. Madrid: Siruela.

HITCHCOCK, J. (1997): *Curso de hipnosis*. Palafrugell (Girona). Material multicopiado.

HOFFMANN, Y. (2001): *Poemas japoneses a la muerte (Escritos por monjes zen y poetas de Haiku en el umbral de la muerte)*. Barcelona: DVD.

IBÁNEZ, J. (1986): *Más allá de la sociología*. Madrid: Siglo XXI.

JODOROWSKY, A. (1994): *Donde mejor canta un pájaro*. Buenos Aires: Planeta.

JODOROWSKY, A. 1995. *Psicomagia*. Barcelona: Seix Barral.

JODOROWSKY, A. (2001): *La sabiduría de los cuentos*. Barcelona: Obelisco.

JUNG, C. G. (et al.). (1994): *Espejos del yo. (Imágenes arquetípicas que dan forma a nuestras vidas)*. Barcelona: Kairós.

JUNG, C. y otros. (2000): *El encuentro con la sombra*. Barcelona: Kairós.

KEEN, S. y otros. (1973). En Keen, 1993. *Su viaje mítico*. Barcelona: Kairós.

LIEDLOFF, J. (2003). *El concepto del Continuum: en busca del bienestar perdido*. Sta. Cruz Tenerife: Ob Stare.

LOFLAND, D. (1997): *Elimina los virus mentales con PNL*. Barcelona: Urano.

MANSFIELD, K. (1999): *Cuentos completos*. Barcelona: Alba.

MCDERMOTT, I. y O'CONNOR, J. (1996): *PNL para la salud*. Barcelona: Urano.

MCDONALD, W. (1996): *Curso de hipnosis y patrones ericksonianos. Taller 1º. Notas y apuntes. Instituto Gestalt de Barcelona: Noviembre, 1996*. Barcelona: Material multicopiado.

MCDONALD, W. (1997): *Curso de hipnosis y patrones ericksonianos. Taller 2º. Notas y apuntes. Instituto Gestalt de Barcelona: Abril,1997*. Barcelona: Material multicopiado.

MCWHIRTER, J. (1998): *Curso de Developmental Behavioural Modelling (DBM)*. Madrid: Material multicopiado.

• MONTERROSO, A. y JACOBS, B. (1992): *Antología del cuento triste*. Barcelona: Edhasa.

NARDONE, G. (2002): *Psicosoluciones*. Barcelona: Herder.

O'CONNOR, J. y MCDERMOTT, I. (1997): *El lenguaje corporal. Conceptos básicos. (PNL aplicada)*. Barcelona: Plaza & Janés.

O'CONNOR, J y SEYMOUR, J. (1996): *PNL para formadores*. Barcelona: Urano.

O'HANLON, W. H. (1995): *Raíces profundas*. Barcelona: Paidós.

O'HANLON, W.; DAVIS, M. W. (1993): *En busca de soluciones*. Barcelona: Paidós.

ORTÍN, B. (2003): *Los niños invisibles*. Barcelona: Octaedro.

PASCAL, E. (1999): *Jung para la vida cotidiana*. Barcelona: Obelisco.

PESSOA, F. (1991): *El libro del desasosiego*. Barcelona: Seix Barral.

PROPP, V. (2000): *Morfología del cuento.* Madrid: Fundamentos.
- RODRÍGUEZ-IZQUIERDO, F. (2001): *El Haiku japonés. Historia y traducción.* Hiperión: Madrid.
- ROSEN, S. (1994): *Mi voz irá contigo.* Barcelona: Paidós.

RULFO, J. (1972): *Pedro Páramo y El llano en llamas.* Barcelona: Planeta.

SÁNCHEZ-MEJÍAS, R. (2002): *Antología del cuento chino maravilloso.* Barcelona: Océano.

SANTOS, A. (1996): *Curso de Programación Neurolingüística. Organizado por el Instituto Gestalt de Barcelona y Synapsis.* Barcelona. Material multicopiado.

SATIR, V. (1991): *Ejercicios para la comunicación humana.* México: Pax.

SATIR, V. (1992): *En contacto íntimo. Cómo relacionarse consigo mismo y con los demás.* México: Concepto.

SHAZER, S. (1989): *Pautas de terapia familiar breve.* Barcelona: Paidós.

SHAZER, S. (1991): *Claves para la solución en terapia breve.* Barcelona: Paidós.

SELEKMAN, M. (1996): *Abrir caminos para el cambio. Terapia estratégica con adolescentes en crisis y familias.* Barcelona: Gedisa.

SUZUKI, D. T. (1996): *El zen y la cultura japonesa.* Barcelona: Paidós.

SUZUKI, D. T.; FROMM, E. (1985): *Budismo zen y psicoanálisis.* México: Fondo de Cultura Económica.

TAYLOR, S. J. y BOGDAN, R. (1986): *Introducción a los métodos cualitativos de la investigación.* Buenos Aires: Paidós.

TISSERON, S. y otros. (1997): *El psiquismo ante la prueba de las generaciones.* Buenos Aires: Amorrortu.

WATZLAWICK, P. (1992 a): *El lenguaje del cambio.* Barcelona: Herder.

WATZLAWICK, P. (1992 b): *¿Es real la realidad?* Barcelona: Herder.

WATZLAWICK, P. (1992 c): *El arte del cambio.* Barcelona: Herder.

WATZLAWICK, P. (1993): *Teoría de la comunicación humana.* Barcelona: Herder.

WATZLAWICK, P. (1994): *Cambio.* Barcelona: Herder.

WATZLAWICK, P. (1995): *El arte de amargarse la vida.* Barcelona: Herder.

WATZLAWICK, P. y NARDONE, G. (2000): *Terapia breve estratégica.* Barcelona: Paidós.

WEERTH, R. (1998): *La PNL y la imaginación.* Buenos Aires; Málaga: Sirio.
- WHITE, M. y EPSON, D. (1993): *Medios narrativos para fines terapéuticos.* Barcelona: Paidós.

WHITE, M. (2002): *Reescribir la vida*. Barcelona: Gedisa.

WILHELM, R. (1976): *I Ching (El libro de las mutaciones)*. B. Aires: Edhasa.

YOUNG, P. (2002): *El nuevo paradigma de la Programación Neurolingüística*. Urano: Barcelona.

YUAN, G. (1995): *Las 36 estrategias chinas*. Madrid: EDAF.

ZEIG, J. (1992): *Un seminario didáctico con Milton Erickson*. Buenos Aires: Amorrortu.

ZEIG, J. y GILLIGAN, S. (1994): *Terapia breve. Mitos, métodos y metáforas*. Buenos Aires: Amorrortu.

NOTA EDITORIAL

Las imágenes a color encartadas en este libro corresponden (y deberían anteceder) a las aperturas de los ocho capítulos:

- Introducción (pág. 17).
- El uso de las metáforas en la comunicación (pág. 31).
- El origen de los cuentos (pág. 53).
- Hechizos y antídotos (pág. 73).
- La construcción de la metáfora (el método) (pág. 117).
- Relatos eficaces (pág. 161).
- Recuperar la biografía (pág. 259).
- Cuentos que curan (pág. 285).